宋史卷二百八十六

列傳第四十五

魯宗道 薛奎 王曙子益柔 蔡齊從子延慶

魯宗道字貫之，亳州譙人。少孤，鞠于外家，諸舅皆武人，頗易宗道，宗道益自奮厲讀書。袖所著文謁戚綸，綸器重之。舉進士，爲濠州定遠尉，再調海鹽令。縣東南舊有港，導海水至邑下，歲久堙塞，宗道發鄉丁疏治之，人號「魯公浦」。改歙州軍事判官，再遷秘書丞。陳堯叟辟通判河陽。

天禧元年，始詔兩省置諫官六員，考所言爲殿最，首擢宗道與劉燁爲右正言。諫章由閤門始得進而不賜對，宗道請面論事而上奏通進司，遂爲故事。嘗言：「守宰去民近，而無以區別能否。今除一守令，雖資材低下，而考任應格，則左司無擯斥，故天下親民者黷貨害政，十常二三，欲裕民而美化，不可得矣。漢宣帝除刺史守相，必親見而考察之。今守佐雖未暇親見，宜令大臣延之中書，詢考以言，察其應對，設之以事，觀其施爲才不肖，皆得進退之。吏部之擇縣令放此，庶得良守宰宣助聖化矣。」眞宗納之。

宗道風聞，多所論列，帝意頗厭其數。後因對，自訟曰：「陛下用臣，豈欲徒事納諫之虛名邪？臣竊恥尸祿，請得罷去。」帝撫諭良久，他日書殿壁曰「魯直」，蓋思念之也。尋除戶部員外郎兼右諭德。踰年，遷左諭德、直龍圖閣。

仁宗即位，遷戶部郎中、龍圖閣直學士兼侍講、判吏部流內銓。宗道在選調久，患銓格煩密，及知吏所以爲奸狀，多釐正之，悉揭科條廡下，人便之。雷允恭擅易山陵，詔與呂夷簡等按視。還，拜右諫議大夫、參知政事。

章獻太后臨朝，問宗道曰：「唐武后何如主？」對曰：「唐之罪人也，幾危社稷。」后默然。時有請立劉氏七廟者，太后問輔臣，衆不敢對。宗道不可，曰：「若立劉氏七廟，如嗣君何？」帝、太后將同幸慈孝寺，欲以大安輦先帝行，宗道曰：「夫死從子，婦人之道也。」太后遽命輦後乘輿。

時執政多任子於館閣讀書，宗道曰：「館閣育天下英才，豈紈袴子弟得以恩澤處邪？」樞密使曹利用恃權驕橫，宗道屢於帝前折之。自貴戚用事者皆憚之，目爲「魚頭參政」，因其姓，且言骨鯁如魚頭也。再遷尙書禮部侍郎、祥源觀使。在政府七年，務抑僥倖，不以名器私人。疾劇，帝臨問，賜白金三千兩。既卒，皇太后臨奠之，贈兵部尚書。

宗道爲人剛正，疾惡少容，遇事敢言，不爲小謹。爲諭德時，居近酒肆，嘗微行就飲肆中，偶眞宗亟召，使者及門久之，宗道方自酒肆來。使者先入，約曰：「卽上怪公來遲，何以爲對？」宗道曰：「第以實言之。」使者曰：「然則公當得罪。」曰：「飲酒，人之常情；欺君，臣子之大罪也。」眞宗果問，使者具以宗道所言對。帝詰之，宗道謝曰：「有故人自鄉里來，臣家貧無杯盤，故就酒家飲。」帝以爲忠實可大用，嘗以語太后，太后臨朝，遂大用之。初，太常議謚曰剛簡，復改爲肅簡。議者以爲「肅」不若「剛」爲得其實云。

薛奎字宿藝，絳州正平人。父化光，善數術，嘗以平晉策干太宗行在，召見不用，罷歸。適奎始生，撫其首曰：「是子必至公輔。」奎舉進士，爲州第一，乃推與里人王嚴，而處嚴下。進士及第，爲隰州軍事推官。州民常聚博僧舍，一日，盜殺寺奴取財去，博者適至，血偶涴衣，邏卒捕送州，考訊誣伏。奎獨疑之，白州緩其獄，後果得殺人者。徙儀州推官，嘗部丁夫運糧至鹽州，會久雨，粟麥潰腐，奎白轉運盧之翰，請縱民還州而償所失。之翰怒，欲劾奏之。奎徐曰：「用兵久，人疲轉餉，今幸兵食有餘，安用此陳腐以困民哉！」之翰意解，凡民所失，悉奏除之。改大理寺丞、知莆田縣。請蠲南閩時稅鹹魚、蒲草錢。

遷殿中丞、知長水縣，徙知興州。州有錢監，歲調兵三百人采鐵，而歲入不償費。奎奏聽民自采，而所輸輒倍之。遷太常博士。向敏中薦爲殿中侍御史，出爲陝西轉運使。趙德明言延州蕃落侵其地黑林平，下詔按驗。奎閱郡籍，德明嘗假道黑林平，移文錄示之，德明遂伏。未幾，坐失舉免。

數月，起通判陝州，改尚書戶部員外郎、淮南轉運副使，遷江、淮制置發運使。疏漕河、廢三堰以便餉運，進吏部員外郎。父喪，奪哀，擢三司戶部副使。與使李士衡爭論事，改戶部郎中、直昭文館、知延州。

趙元昊每遣吏至京師請奉予，吏因市禁物，隱關算爲姦利，奎廉得狀，請留蜀道縑帛於關中，轉致給之。遷吏部，擢龍圖閣待制、權知開封府。爲政嚴敏，擊斷無所貸，帝益加重。使契丹，還，遷右諫議大夫、權御史中丞。上疏論擇人、求治、崇節儉、屏聲色，凡十數事。章獻太后稱制，契丹使蕭從順請見太后，且言南使至契丹者皆見太后，而契丹使來乃不得見。奎時館伴，折之曰：「皇太后垂簾聽政，雖本朝羣臣，亦未嘗見也。」從順乃已。或讒云奎漏禁中語，改授集賢院學士、知并州，改秦州。州宿重兵，經費常不足，奎務爲儉約，教民水耕，謹商算。歲中積粟三百萬，征算餘三千萬，覈民隱田數千頃，得芻粟十餘萬。加樞密直學士、知益州。秦民與夷落數千人列奎治狀，請留，璽書褒諭，不許。成都民婦訟其子不孝，詰之，乃曰：「貧無以爲養。」奎出俸錢與之，戒曰：「若復失養，吾不貸汝矣！」其母子遂如初。嘗夜燕，有戍卒殺人，人皆奔走，奎密遣捕殺之，坐客莫有知者。臨事持重明決，多此類也。

召爲龍圖閣學士、權三司使，遂參知政事。帝諭曰：「先帝嘗以爲卿可任，今用卿，先帝意也。」俄遷給事中。帝嘗謂輔臣曰：「臣事君鮮有克終者。」奎曰：「保終之道，匪獨臣下然也〔一〕。」歷數唐開元、天寶時事以對，帝然之。遷尚書禮部侍郎。

太后謁太廟，欲被服天子衮冕，奎曰：「必御此，若何爲拜？」力陳其不可，終不見聽。及太后崩，帝見左右泣曰：「太后疾不能言，猶數引其衣若有所屬，何也？」奎曰：「其在衮冕也。服之豈可見先帝於地下！」帝悟，卒以后服斂。因上言請逐內侍羅崇勳等。時二府大臣多罷去，奎得喘疾，數辭位，罷爲戶部侍郎、資政殿學士、判尚書都省。帝手書禁方賜之，小間，入見。疾尋作，卒，贈兵部尚書，謚簡肅。

奎性剛不苟合，遇事敢言。眞宗時數宴大臣，至有霑醉者。奎諫曰：「陛下卽位之初，勵精萬幾而簡宴幸。今天下誠無事，而宴樂無度，大臣數被酒無威儀，非所以重朝廷也。」

眞宗善其言。及參政事，謀議無所避。能知人，范仲淹、龐籍、明鎬自爲吏部選人，皆以公輔許之。無子，以從子爲嗣。

王曙字晦叔，隋東皋子績之後。世居河汾，後爲河南人。中進士第，再調定國軍節度推官。咸平中，舉賢良方正科，策入等，遷秘書省著作佐郎、知定海縣。還，爲羣牧判官，考集古今馬政，爲羣牧故事六卷，上之。遷太常丞、判三司憑由理欠司。坐舉進士失實，降監廬州茶稅，再遷尙書工部員外郎、龍圖閣待制。以右諫議大夫爲河北轉運使，坐部吏受賕，降知壽州。徙淮南轉運使，勾當三班院，權知開封府。

以樞密直學士知益州。繩盜以峻法，多致之死。有卒夜告其軍將亂，立辨其僞，斬之。蜀人比之張詠，號「前張後王」。入爲給事中。仁宗爲皇太子，與李迪同選兼賓客，復坐貢舉失實，黜官。復爲給事中兼羣牧使。其妻，寇準女也。準罷相且貶，曙亦降知汝州。準再貶，曙亦貶郢州團練副使。起爲光祿卿、知襄州，又徙汝州。復給事中、知潞州。州有殺人者，獄已具，曙獨疑之。既而提點刑獄杜衍至，事果辨。曙爲作辨獄記以戒官吏。

徙河南府、永興軍，召爲御史中丞兼理檢使，理檢置使自此始。玉淸昭應宮災，繫守衞者御史獄。曙恐朝廷議修復，上言：「昔魯桓、僖宮災，孔子以爲桓、僖親盡當毀者也。遼東高廟及高園便殿災，董仲舒以爲高廟不當居陵旁，故災。魏崇華殿災，高堂隆以臺榭宮室爲戒，宜罷之勿治，文帝不聽，明年，復災。今所建宮非應經義，災變之來若有警者。願除其地，罷諸禱祠，以應天變。」仁宗與太后感悟，遂減守衞者罪。已而詔以不復繕修諭天下。又請三品以上立家廟，復唐舊制。以尚書工部侍郎參知政事。以疾請罷，改戶部侍郎、資政殿學士、知陝州，徙河陽。再知河南府，遷吏部。召爲樞密使，拜同中書門下平章事。逾月，首發疽，卒。贈太保、中書令，謚文康。

曙方嚴簡重，有大臣體，居官深自抑損。喜浮圖法，齋居蔬食，泊如也。初，錢惟演留守西京，歐陽修、尹洙爲官屬。修等頗游宴，曙後至，嘗厲色戒修等曰：「諸君縱酒過度，獨不知寇萊公晚年之禍邪！」修起對曰：「以修聞之，萊公正坐老而不知止爾！」曙默然，終不怒。及爲樞密使，首薦修等，置之館閣。有集四十卷，周書音訓十二卷，唐書備問三卷，莊子旨歸三篇，列子旨歸一篇，戴斗奉使錄〔三〕二卷，集兩漢詔議四十卷。

子益恭、益柔。益恭字達夫，以蔭爲衞尉寺丞。性恬淡，慕唐王龜之爲人，數解官就養。曙參知政事，治第西京，益恭勸曙引年謝事，曙不果去。終父喪，遂以尚書司門員外郎致仕，間與浮圖、隱者出游，洛陽名園山水，無不至也。以子登朝，累遷司農少卿，卒。

益柔字勝之。爲人伉直尚氣，喜論天下事。用蔭至殿中丞。元昊叛，上備邊選將之策。杜衍、丁度宣撫河東，益柔寓書言：「河外兵饟無法，非易帥臣、轉運使不可。」因條其可任者。衍、度使還，以學術政事薦，知介丘縣。慶曆更用執政，異意者指爲朋黨，仁宗下詔戒敕，益柔上書論辨，言尤切直。

尹洙與劉滬爭城水洛事，自涇原貶慶州。益柔訟之曰：「水洛一障耳，不足以拒賊。滬裨將，洙爲將軍，以天子命呼之不至，戮之不爲過；顧不敢專執之以聽命，是洙不伸將軍之職而上尊朝廷，未見其有罪也。」不聽。

范仲淹未識面，以館閣薦之，除集賢校理。預蘇舜欽奏邸會〔三〕，醉作傲歌。時諸人欲遂傾正黨，宰相章得象、晏殊不可否，參政賈昌朝陰主之，張方平、宋祁、王拱辰攻排不遺力，至列狀言益柔罪當誅。韓琦爲帝言：「益柔狂語何足深計。方平等皆陛下近臣，今西陲用兵，大事何限，一不爲陛下論列，而同狀攻一王益柔，此其意可見矣。」帝感悟，但黜監復州酒。久之，爲開封府推官、鹽鐵判官。凡中旨所需不應法式，有司迎合以求進者，悉論之不置。

出爲兩浙、京東西轉運使。上言：「今考課法區別長吏能否，必明有顯狀，顯狀必取其更置興作大利。夫小政小善，積而不已，然後能成其大。取其大而遺其細，將競利圖功，恐事之不舉者日多，而虛名無實之風日起。願參以唐四善，兼取行實，列爲三等。」不行。

熙寧元年，入判度支審院。詔百官轉對，益柔言：「人君之難，莫大於辨邪正；邪正之辨，莫大於置相。相之忠邪，百官之賢否也。若唐高宗之李義甫，明皇之李林甫，德宗之盧杞，憲宗之皇甫鎛，帝王之鑑也。高宗、德宗之昏蒙，固無足論；明皇、憲宗之聰明，乃蔽於二人如此。以二人之庸，猶足以致禍，況誦六藝、挾才智以文致其姦說者哉！」意蓋指王安石也。

判吏部流內銓。舊制，選人當改京官，滿十人乃引見。由是士多困滯，且遇舉者有故，輒不用。益柔請才二人卽引見，衆論翕然稱之。直舍人院、知制誥兼直學士院。董氈遇明堂恩，中書熟狀加光祿大夫，而舊階已特進，益柔以聞。帝謂中書曰：「非翰林，幾何不爲羌夷所笑。」宰相怒其不申堂，用他事罷其兼直。遷龍圖閣直學士、秘書監，知蔡揚亳州、江寧應天府。卒，年七十二。

益柔少力學，通羣書，爲文日數千言。尹洙見之曰：「贍而不流，制而不窘，語淳而厲，氣壯而長，未可量也。」時方以詩賦取士，益柔去不爲。范仲淹薦試館職，以其不善詞賦，乞試以策論，特聽之。司馬光嘗語人曰：「自吾爲資治通鑑，人多欲求觀讀，未終一紙，已欠伸思睡。能閱之終篇者，惟王勝之耳。」其好學類此。

蔡齊字子思，其先洛陽人也。曾祖綰，爲萊州膠水令，因家焉。齊少孤，依外家劉氏。舉進士第一。儀狀俊偉，舉止端重，眞宗見之，顧宰相寇準曰：「得人矣。」詔金吾給七騶，傳呼以寵之。狀元給騶，自齊始也。除將作監丞、通判兗州，徙濰州〔四〕。以秘書省著作郎直集賢院。

仁宗初，爲司諫、修起居注，改尙書禮部員外郎兼侍御史知雜事。錢惟演守河陽，請曲賜鎭兵錢，章獻太后將許之。齊曰：「上新卽位，惟演外戚，請偏賞以示私恩，不可許。」遂劾奏惟演。

以起居舍人知制誥，入爲翰林學士，加侍讀學士。太后大出金帛修景德寺，遣內侍羅崇勳主之，命齊爲文記之。崇勳陰使人誘齊曰：「趣爲記，當得參知政事矣。」齊久之不上，崇勳讒之，罷爲龍圖閣學士、知河南府。參知政事魯宗道固爭留之，不能得。以親老，改密州，徙應天府，召爲右諫議大夫、御史中丞。

太后崩，遺誥以楊太妃爲皇太后，同裁制軍國事。閤門趣百官賀，齊使臺吏毋追班，乃入白執政曰：「上春秋富，習知天下情僞，今始親政事，豈宜使女后相踵稱制乎！」遂罷預政。復爲龍圖閣學士、權三司使。有飛語傳荆王元儼爲天下兵馬都元帥者，捕得繫獄，連逮甚衆。帝怒，使齊按問之。齊曰：「此小人無知，不足治，且無以安荆王。」帝悟，遽釋之。拜樞密副使。

交阯虐其部人，款宜州自歸者八百餘人，議者謂不可內。齊曰：「蠻人去暴而歸有德，卻之不祥，請給荆湖閑田使自營；若縱去，當不復還舊部，必聚而爲盜賊矣。」不從。後數年，蠻果爲亂。

蜀大姓王齊雄坐殺人除名。齊雄，太后姻家，未更赦，復官。齊曰：「果如此，法撓矣！」明日，入奏事曰：「齊雄恃勢殺人，不死，又亟授以官，是以恩廢法也。」帝曰：「降一等與官可乎？」齊曰：「以恩廢法，如朝廷何！」帝勉從之，乃抵齊雄罪。

錢惟演附丁謂，樞密題名，輒削去寇準姓氏，云「逆準不書」。齊言於仁宗曰：「寇準忠義聞天下，社稷之臣也，豈可爲姦黨所誣哉！」仁宗遽令磨去。

郭皇后廢，將立富人陳氏女爲后，齊極論之。拜禮部侍郎、參知政事。契丹祭天於幽州，以兵屯境上。輔臣欲調兵備邊，與齊迭議帝前，齊畫三策，料契丹必不叛盟。王曾與齊善，曾與夷簡不相能，曾罷相，齊亦以戶部侍郎歸班。尋出知潁州，卒，年五十二，贈兵部尚書，謚曰文忠。潁人見其故吏朱寀會喪，猶號泣思之。

齊方重有風采，性謙退，不妄言。有善未嘗自伐。丁謂秉政，欲齊附己，齊終不往。少與徐人劉顏善，顏罪廢，齊上其書數十萬言，得復官。顏卒，又以女妻其子庠。所薦龐籍、楊偕、劉隨、段少連，後率爲名臣。始，齊無子，以從子延慶爲後。既歿，有遺腹子曰延嗣。

延慶字仲遠，中進士第，通判明州。歷福建路轉運判官，提點京東、陝西刑獄。神宗初，以集賢校理歷開封府推官。有衛士告黃衣老卒筒火入直，延慶察卒色辭，疑焉，詢之，果爲所誣，即反坐告者。事聞，帝重之，加直史館、知河中府。明年，同修起居注，直舍人院、判流內銓，拜天章閣待制、秦鳳等路都轉運使，以應辦熙河軍須功，進龍圖閣直學士。王韶進師河州，羌斷其歸路。延慶曰：「兵事非吾所宜預，然主帥在難，不急援之，恐敗國事。」遂檄兵赴救，羌解去，韶得全師還。轉運判官蔡曚劾其擅興，朝廷問知狀，易曚他道。韶入朝，延慶攝熙帥。元夕張燈，羌乘隙伏兵北關下，遣其種二十九人僞請來屬，將舉火內應。延慶覘知，悉斬以徇，伏者宵潰。蕃官詐稱木征欲降，邀大將景思立來迎。延慶命毋輒出，即違節制，雖有功亦誅，思立不從，卒敗死。

徙知成都府兼兵馬都鈐轄。本道舊不置都鈐轄，至是特命之。茂州羈縻州蠻族九，自推一人爲將統其衆，將常在州聽要束。州居羣蠻中，無城塹，惟樹鹿角爲固。蠻屢夜入剽人畜，徼貨來贖。民患苦，詣郡守李琪請築城。琪上于朝，詔延慶度其利便，延慶下其事，琪已去。後守范百常以爲利，築之。蠻酋訴謂侵其土地，乞罷築，不許。蠻數百奄至，拒卻之。明日，又大至，盡焚鹿角及民廬舍，引梯衝攻牙城，百常扞禦，殺二蠻酋，乃退。然游騎猶遶四山，南北路皆爲所據，城中不敢出。百常募人間道告急於成都。延慶命與之和，奏乞遣近上內臣共經蠻事。詔押班王中正往，中正受旨，凡軍事皆令與都鈐轄議。將行，言茂去成都遠，一一與議，慮失事機，請得專決。於是事無巨細皆自處，延慶不復預。監司附中正，奏延慶區理失宜，致生邊患。徙知渭州，仍降爲天章閣待制。

夏人禹臧苑麻疑邊境有謀，使人入塞賣馬，吏執以告。延慶曰：「彼疑，故來覘。執之，是成其疑。」約馬直授之使去。疆吏入敵境攘羊馬，得而戮諸境上，且告之曰：「兩境不相侵，則相保以安，故戮以戒。若有之，亦當爾也。」夏人悅服。

嘗得安南行軍法讀之，倣其制，部分正兵弓箭手人馬，團爲九將，合百隊，分左右前後四部。隊有駐戰、拓戰之別，步騎器械，每將皆同。以蕃兵人馬爲別隊，各隨所近分隸焉。諸將之數，不及正兵之半，乃所以制之。處老弱於城砦，較其遠近而爲區別。使蕃、漢無得相雜，以防其變。具爲書上之。時鄜延呂惠卿亦分晝兵，延慶條其不便，神宗善其議。召

宋史卷二百八十七

列傳第四十六

楊礪 子良規 孫君錫　宋湜　王嗣宗　李昌齡 從子紘　趙安仁 父孚　陳彭年

楊礪字汝礪，京兆鄠人。曾祖守信，唐山南西道節度、同平章事，本宦官復恭假子也。祖知禮，後唐均州刺史。父仁儼，入蜀仕王氏，爲丹稜令。蜀平，補渭南主簿，累遷永和令。礪，建隆中舉進士甲科。父喪，絕水漿數日。服除，以祿不足養母，閑居無仕進意，鄉舊移書敦諭，礪乃赴官。解褐鳳州團練推官，歲餘，又以母疾棄官。開寶九年，詣闕獻書，召試學士院，授隴州防禦推官。入遷光祿寺丞，丁內艱，起就職。久之，轉秘書丞，改屯田員外郎、知鄂州，以善政聞。

端拱初，眞宗在襄邸，遷庫部，充記室參軍，賜金紫。初，廣順中，周世宗節制澶州，礪贄文見之，館接數日。世宗入朝，礪處僧舍，夢古衣冠者曰：「汝能從乎？」礪隨往，覩宮衞若非人間，殿上王者秉珪南向，總三十餘。礪升謁之，最上者前有按，置簿錄人姓名，礪見已名居首，因請示休咎。王者曰：「我非汝師。」指一人曰：「此來和天尊，異日汝主也，當問之。」其人笑曰：「此去四十年，汝功成，予名亦顯矣。」礪再拜，寤而志之。礪初名勵，以籍作礪，遂改之。至是，受命謁見藩府，歸謂子曰：「吾今見襄王儀貌，卽所夢來和天尊也。」

遷水部郎中。眞宗尹開封，礪爲推官。眞宗嘗問礪：「何年及第？」礪唯唯不對。後知其唱名第一，自悔失問，謂礪不以科名自伐，甚重之。儲宮建，兼右諭德，轉度支郎中。卽位，拜給事中、判吏部銓。未幾，召入翰林爲學士。咸平初，知貢擧，俄拜工部侍郎、樞密副使。二年，卒，年六十九。眞宗軫悼，謂宰相曰：「礪介直清苦，方當任用，遽此淪謝。」卽冒雨臨其喪。礪僦舍委巷中，乘輿不能進，步至其第，嗟憫久之。廢朝，贈兵部尙書，中使護葬。

礪爲文尙繁，無師法，每詩一題或數十篇。在翰林，制誥迂怪，見者哂之。有文集二十卷。子嶠至祠部郎中，嶧至太常博士，峭至太子中舍。少子嵎，至道初與張庶凝刊校眞宗儲邸書籍，眞宗卽位，皆賜進士出身、直史館。嵎至祠部郎中，庶凝至太常丞。

宋湜字持正，京兆長安人。曾祖擇，牟平令。祖贊，萬年令。父温故，晉天福中進士，至左補闕；弟温舒，亦進士，至職方員外郎，兄弟皆有時名。湜幼警悟，早孤，與兄泌勵志篤學，事母以孝聞。温舒典耀州，湜侍行，代作牋奏，詞敏而麗。温舒拊背曰：「此兒眞國器，恨吾兄不及見也。」

太平興國五年進士，釋褐將作監丞、通判梓州榷鹽院，就遷右贊善大夫。宋準薦其文，拜著作郎、直史館，賜緋。雍熙三年，以右補闕知制誥，與王化基、李沆並命，仍賜白金五百兩、錢五十萬。加戶部員外郎，與蘇易簡同知貢舉，俄判刑部，賜金紫。

淳化二年，祆尼道安訟大理斷獄不當，湜坐累，降均州團練副使。時母老，湜留其室奉養。移汝州，與王禹偁並召入，爲禮部員外郎、直昭文館。五年，以職方員外郎再知制誥、判集賢院，知銀臺、通進、封駮司。至道元年，爲翰林學士，知審官院、三班。又兼修國史、判昭文史館事，加兵部郎中。

眞宗卽位，拜中書舍人。丁內艱，起復。咸平元年冬，改給事中，充樞密副使。眞宗北巡，將次大名，以扈從軍列爲行陣，親御鎧甲於中，諸王、樞密介胄以從，命湜與王顯分押後陣。駐蹕數日，常召見便殿，方奏事，疾作仆地。內侍掖出，太醫診視，撫問相繼，以疾亟聞。明年正月，眞宗臨視，許以先歸，賜衾褥，曰：「此朕嘗御者，雖故暗，亦足禦道途之寒。」又遣內侍護送供帳，至澶州，卒，年五十一。廢朝，贈吏部侍郎。以子綸爲太祝，純爲奉禮郎；弟某爲光祿寺丞，湛爲大理寺丞；姪孫選同學究出身。眞宗再幸河朔，追悼之，加贈刑部尙書，謚曰忠定。

湜風貌秀整，有醞藉，器識沖遠，好學，美文詞，善談論飲謔，曉音律，妙於奕棋。筆法遒媚，書帖之出，人多傳傚。喜引重後進有名者，又好趨人之急，當世士流，翕然宗仰之。有文集二十卷。

湜兄泌，太平興國二年進士，至起居郎、直史館、越王府記室參軍。

溫舒三子，沆、澥、濤。沆，剛率，喜談兵。太平興國五年進士，歷左正言、京西轉運使、度支判官。淳化二年，呂蒙正罷相，沆坐親黨，貶宜州團練副使，起爲太子中允，換如京副使。咸平中，遣與梅詢使西京爲安撫使，未行，罷爲環慶路都監。與知環州張從古擅發兵襲敵，不與部署叶謀，又士卒有死傷者，責授供奉官。後爲文思副使、京西提點刑獄，卒。澥有淸節，居長安不仕，與种放、魏野遊，多篇什酬唱。濤，端拱二年進士，歷殿中丞、知襄城縣，以政績聞，賜緋魚。歷鹽鐵判官，累遷監察御史、知虢州。純及泌子緯皆至殿中丞。

王嗣宗字希阮，汾州人。曾祖同節，寶鼎令。祖待價，汾州防禦推官。父夢證，成州軍事判官。嗣宗少力學自奮，遊京師，以文謁王祐，頗見優待。開寶八年，登進士甲科，補秦州司寇參軍。侍御史路沖知州事，爲政苛急，盜賊羣起。嗣宗乘間極言其闕失，沖大怒，繫嗣宗於獄，又教無賴民被罪者訟嗣宗治獄枉濫。朝廷遣殿中丞王廷範按之，具獲訟者誣罔狀，嗣宗乃得釋。

太宗征河東，嗣宗陳邊事，召赴行在，授大理寺丞、通判睦州，改右贊善大夫、徙河州。太宗遣武德卒潛察遠方事，嗣宗械送京師，因奏曰：「陛下不委任天下賢俊，猥信此輩以爲耳目，臣竊不取。」太宗怒其横，遣使械嗣宗下吏，削秩。會赦，復官，尋以秘書丞通判澶州，並河東西，植樹萬株，以固隄防。上言：「本州榷酤斗量，校以省斗不及七升，民犯法釀者三石以上坐死，有傷深峻，臣恐諸道率如此制，望詔自今並準省斗定罪。」從之。

入爲三司開拆推官，以左正言充河北轉運副使。時邊境用兵，崔翰爲大將，嗣宗每以苦言激其展効，就賜緋魚。太宗將議親征，嗣宗上疏言契丹必不至之狀，甚見嘉納。改左司諫，賜白金千兩。入爲度支判官，改駕部員外郎。妻病，夜抉本司署門取藥，爲直官宋鎬所發，坐罷職。頃之，出知興元府，徙京西轉運使。又移河北，賜金紫。貝州驍捷卒五十餘人謀竊發，嗣宗率吏悉擒之，優詔嘉獎。遷虞部郎中，賜錢百萬。

至道初，移河東轉運使，以爲政暴率聞。徙知耀州，又知同州，加比部郎中、淮南轉運使、江浙荆湖發運使。揚、楚間有窣家神廟，民有疾不餌藥，但竭致祀以徼福。嗣宗徹其廟，選名方，刻石州門，自是民風稍變。初，漕運經泗州浮橋，舟多覆壞，嗣宗徙置城隅，遂獲安濟。又建議外任官奉薄，貪猥者或致豐給，廉謹者終婁貧匱，請以公田均賜之。就改職方郎中。

咸平三年，以漕運稱職，就拜太常少卿。踰年，以右諫議大夫充三司戶部使，改鹽鐵使。嘗與度支使梁鼎、戶部使梁顥同對，言曰：「國家經費甚繁，賦入漸少，加以冗食者衆，尤爲耗蠹，所宜裁節。若用度不足，即復重擾於民矣。況西北二邊未平，有饋運之煩，臣等會議，事可省者，願條列以聞。」從之。明年，將郊祀，嗣宗因條上應奉諸物以及工作，凡減雜物十萬六千，省工九萬九千。又言計省條奏，事有可紀者，望令判使一員，撰錄送史館。詔以三司務繁，不當日有纂錄，可逐季錄送。

會罷三部使，改左諫議大夫，知通進、銀臺司兼門下封駮事，出知幷州兼幷代部署。州境有臥龍王廟，每窮冬，闔境致祭，值風雪寒甚，老幼踣于道，嗣宗亟毀之。轉運使鄭文寶上其政績，有詔褒美。先是，西邊市馬，以給北邊戰士，有瘠弱者即送闕下，暑月道遠多死。嗣宗建議，以汾州地涼，接樓煩諸監，美水草，請就牧放，從之。召拜御史中丞。

大中祥符間，眞宗告謁太廟，嗣宗立班失儀，因自首。眞宗謂憲官當守禮法，以其性麤略，不之責。加兼工部侍郎、權判吏部銓。嗣宗剛果率易，無所畏憚，每進見，極談時事，或及人間細務。頗輕險好進，深詆參知政事馮拯之短，遂結宰相王旦弟旭，使達意於旦以爲助。旦疾其醜行，因力庇拯，嗣宗大怒。

知制誥王曾從妹適孔冕家，閨門不睦。曾從東封，至冕家啜茗中毒，得良藥乃解。事已暴露，曾密疏方行大禮，願罷推究。宰相亦以冕先聖後，將有褒擢，乃隱其事。嗣宗獨謂曾誣構冕，懼反坐，乃求寢息。會愆雨，嗣宗請對，言：「孔冕爲王曾所訟，儻朝旨鞫問，加之鍛鍊，則冕終負寃枉。又侯德昭援赦敍緋，年考未滿，以欺詐得之，非吏部令史自首，亦無由知。沿堂行首李永錫坐贓除名，復引充舊職，尋送銓授令錄。」眞宗亟召王旦等詰之。旦曰：「孔冕之罪，朝議特爲容隱，不令按問，誠非寃枉也。德昭據吏部奏驗，乃行制命，及其首露，卽已追奪。永錫先爲縣吏，坐爲本部節度市羊不輸算除名，及沿堂闕人，李沆以其魁梧，因選擬官，復用爲副行首。在省祗事四年，陳牒乞班敍用，因復送銓。」眞宗曰：「止此，乃致旱邪？」嗣宗理屈，復以他辭侵旦，旦不與抗，乃已。

明年十月，嗣宗復請對，言：「去歲八月至今年十月不雨，宿麥不登。及秋，兗、鄆苦雨，河溢害稼，刑政有失，致成災沴。孔冕寃枉，播在人口，王曾尙居近班，願示黜退，以正朝典，臣請露章以聞。」眞宗語王旦等曰：「曾實無罪，若嗣宗上章，亦須裁處。」旦曰：「冕不善之迹甚衆，但以宣聖之後不欲窮究，謂其寃枉，感傷和氣，恐未近理。」趙安仁曰：「今若再行按問，冕何能免罪？」王欽若曰：「臣請審問嗣宗，若再鞫冕，不能自隱，如何區處？」明日，嗣宗復對，且謝前言之失，眞宗亦優容之。其強妄多此類。

將祀汾陰，以永興重地，思得大臣才兼文武者鎭之。因謂宰相曰：「嗣宗嘗自言知武事，可授廉車以當此任，宜召問之。」嗣宗願奉詔，卽拜耀州觀察使、知永興軍府。眞宗作詩賜之。時种放得告歸山，嗣宗逆於傳舍，禮之甚厚。放旣醉，稍倨，嗣宗怒，以語譏放。放曰：「君以手搏得狀元耳，何足道也！」初，嗣宗就試講武殿，搏趙昌言帽，擢首科，故放及之。嗣宗愧恨，因上疏言：「所部兼幷之家，侵漁衆民，凌暴孤寡，凡十餘族，而放爲之首。放弟姪無賴，據林麓樵採，周回二百餘里，奪編氓厚利。願以臣疏下放，賜放終南田百畝，徙放嵩山。」疏辭極于詬辱，至目放爲魑魅。眞宗方厚待放，令徙居嵩陽避之。

四年，邠寧陳興擅釋刼盜，徙嗣宗知邠州兼邠寧環慶路都部署。城東有靈應公廟，傍有山穴，羣狐處焉，妖巫挾之爲人禍福，民甚信向，水旱疾疫悉禱之，民語爲之諱「狐」音。前此長吏，皆先謁廟然後視事。嗣宗毀其廟，燻其穴，得數十狐，盡殺之，淫祀遂息。徙知鎭州，發邊肅姦贓，肅坐貶。嗣宗嘗言徙种放、掘邠狐、按邊肅，爲去三害。

居一歲，召還，授樞密副使、檢校太保。寇準爲使，嗣宗與之不叶，累表解職，授檢校太傅、大同軍節度、知許州。嗣宗嘗游是州，別墅在焉，時人以爲榮。移知河南府。天禧初，改感德軍節度，洛下訛言相驚。徙知陝州，再表請老，且求入覲，遣使召還。郊祀，改靜難軍節度。既至闕下，病足，不能朝謁，乃求再知許州，不復議休退。

寇準爲相，素惡之，特命以左屯衞上將軍、檢校太尉致仕。表求面辭，以足疾艱於拜起，特免舞蹈，許其子扶掖之。對數刻，賜錢百萬，還許下。準貶，朝議以嗣宗藩輔舊臣，特令月給奉五十千。嗣宗尤睦宗族，撫諸姪如己子，著遺戒以訓子孫勿得析居，又令以孝經、弓劍、筆硯置壙中。五年，卒，年七十八。廢朝，贈侍中。謚曰景莊。錄其子二人、甥一人官。

嗣宗事三朝，最爲宿舊。所至以嚴明御下，尤傲狠，務以醜言凌挫羣類。爲中丞日，嘗忿宋白、郭贄、邢昺七十不請老，屢請眞宗敕其休致，又遣親屬諷激之。及嗣宗晚歲疾甚，猶享厚祿，徘徊不去，嘗謂人曰：「僕惟此一事，未能免物議。」衆皆嗤之。

嗣宗好爲文，而札尤甚。奉祀之歲，近臣皆爲頌記，宰相以嗣宗所撰，不足發揮盛德，慮爲後所誚，乃不許刻石。所著有中陵子三十卷。

子堯臣，內殿承制；唐臣，太子中舍。從子舜臣，供奉官、閤門祗候；禹臣，太子中舍。

李昌齡字天錫，宋州楚丘人。曾祖確，膠水令。祖譚，邯鄲令。父運，太常卿。昌齡，太平興國三年舉進士，大理評事、通判合州。歷將作監丞、右贊善大夫、通判銀州。京城開金明池，昌齡獻詩百韻，太宗嘉之，擢右拾遺、直史館，賜緋。改右補闕，出知滁州。丁內艱，起爲淮南轉運使，轉戶部員外郎、知廣州。

廣有海船之饒，昌齡不能以廉自守，淳化二年代還。初，運嘗典許州，有第在城中，昌齡包苴輜重悉留貯焉，其至京城，但藥物藥器而已。會有言其貪者，太宗以爲誣，召賜金紫，擢禮部郎中，逾月，爲樞密直學士。昌齡上言：「廣州市舶，每歲商舶至，官盡增價買之，良苦相雜，少利。自今請擇其良者，官如價給之，苦者恣其賣，勿禁。雷、化、新、白、惠、恩等州山林有羣象，民能取其牙，官禁不得賣。自今宜令送官，以半價償之，有敢隱匿及私市與人者，論如法。」詔皆從之。

是秋，初置審刑院於禁中。凡獄具上奏，先申審刑院，印付大理、刑部斷覆以聞，又下審刑中覆裁決，以付中書，當者行之，否則宰相閙以論決。命昌齡知院事。月餘，又權判吏部流內銓，數日，授右諫議大夫，充戸部使。

三年，改度支使，拜御史中丞。下詔御史臺，合行故事並條奏以聞，獄無大小，自中丞以下皆親臨鞫問，不得專責所司。李繼隆受命河朔征討，不赴臺辭，昌齡糾之，遣吏追還，罰奉。又劾陝西轉運使鄭文寶生事邊境，築城沙磧，輕變禁法，文寶坐貶湖外。

至道二年，以本官參知政事。占謝便殿，太宗謂曰：「中書政本，當進用善良，博詢衆議，以正道臨之，卽怨謗無由而生矣。」昌齡居位，頗選愞無所建明。眞宗卽位，加戸部侍郎。坐交結王繼恩，貶忠武軍節度行軍司馬。

咸平二年，起爲殿中少監。會詔羣臣言邊事，昌齡求面陳事機，不報。王均之亂，命知梓州。知雜御史范正辭劾其廣船宿犯，亟代還，知河陽。丁外艱，起復，奉朝請，以風恙求領小郡，復得光州，就改光祿卿。疾，不能治事。轉運使以聞，命守本官分司西京。尋請致仕，眞宗曰：「昌齡素無清譽。」乃授秘書監，遂其請。大中祥符元年，卒，年七十二。廢朝，錄子虞卿試將作監主簿。昌齡兄昌圖至國子博士，弟昌言至太子中舍。昌言子晉卿、仲卿、耀卿，並進士及第，晉卿爲秘書丞。從子紘。

紘字仲綱。父克明，仕至提點廣東刑獄。紘，進士及第，試秘書省校書郎、知歙縣。地產黃金，民輸以代賦，後金竭，責其賦如故。紘奏罷之。歷知於潛、剡縣，治有惠愛。御史知雜呂夷簡薦之，改著作佐郎、監丹陽縣酒稅，知靈池縣。

劉均、蔡齊舉爲御史臺推直官，拜監察御史。時召成都府樂工許朝天等補敎坊，紘言：「陛下卽位，尙未能顯巖穴之士，而首召伶人，非所以廣德美於天下。」朝天等遂罷歸。遷殿中侍御史。閤門使王遵度領皇城，遣卒刺事，告賈人有爲契丹間諜者，捕繫皇城司按劾。命紘覆訊，紘悉得其寃，抵卒罪，降遵度曹州兵馬都監。

判三司開拆司。輔郡旱，流星墜西南有聲，會禬禳于文德殿，紘奏曰：「文德殿布政會朝之正位，每災異，輒聚緇黃讚唄于其間，何以示中外？」改鹽鐵判官，歷梓州、陝西、河北路轉運使，遷侍御史。建言：「西北久通好，士習安佚，不知戰陣之法。宜擇良將，練精卒，去冗惰，實倉廩，豐財用，爲守禦備。」舉种世衡等數人，及奏罷貢餘物遺近臣。遷知雜事、權同判流內銓。

爲三司度支副使，使契丹。故事，奉使者以皇城卒二人與偕，察其舉措，使者悉姑息以避中傷。前此劉隨爲所誣，坐貶，久未復。紘使還，具言其枉，稍徙隨南京。除天章閣待制、河北都轉運使，遷刑部郎中，還，同知通進、銀臺司，進龍圖閣直學士、知秦州，卒。

紘方介有吏材，篤於交游，與劉顏爲友，顏死，移任子恩官其子。

弟緯，起家三班借職，杜衍薦爲閤門祇候，鎭戎軍瓦亭砦都監。積勞累遷至河北緣邊安撫副使。韓琦薦知保州，以左騏驥使、榮州刺史知雄州。治兵頗嚴，不事廚傳，數與宦者爭利害。積公使錢貯米三千斛爲常平倉，奏下其法他州。遷西上閤門使，留再任，卒。子師中至天章閣待制。

趙安仁字樂道，河南洛陽人。曾祖武唐，虢州刺史。父孚字大信。周顯德初，舉進士，調補開封尉。乾德中，爲浦江令，持父喪，服闋，攝永寧令。會親征太原，部送本邑糧饋，民懷其惠，列狀以聞，即眞授其任，擢宗正丞。開寶中，初置衣庫，令孚主之。俄坐事連逮抵罪，語見趙普傳。太宗卽位，起爲國子監丞、知袁州。還，知開封府司錄參軍事，受詔與殿中侍御史柴成務、供奉官葛彥恭、殿直郭載行視黃河，分南北岸按行，復遙隄以紓湍決。孚言治遙隄不如分水勢，於是建議於澶、滑二州立分水之制。時決河未平，重惜民力而寢焉。朝廷議行封禪，孚上封禪頌，召拜秘書丞，賜緋魚。受詔鞫開封獄，得其非辜者，卽日授推官。遷監察御史，出知舒州，改殿中侍御史。

雍熙中，詔詢文武禦戎之策。孚奏議曰：「臣愚以爲不用干戈，不勞飛輓，爲萬世之利者，敢獻其說，惟明主擇之。古者兵交使在其間，雖飛矢在上，走驛在下，蓋信義不可廢也。昔苗民逆命，帝乃誕敷文德，而有苗格。又仲尼曰：『有能一日克己復禮，天下歸仁。』只如幷門一方，歷代難取，聖襟英斷，一舉成功。當其逆城危於累卵，生聚懷伏，而陛下猶遣通事舍人薛文寶入城諭之。日者北邊未賓，全燕猶梗，再興軍旅，將復土疆。臣竊計屯戍邊陲，故非獲已，暴露原野，豈是願爲？欲望朝廷通達國信，近鑒唐高祖之降禮，遠法周古公之讓地。聖人以百姓之心爲心，君子見幾而作，諭以禍福，示以恩威，議定邊疆，永息征戰。養民事天，濟時利物，莫過於此。臣又計彼雖嗜好不同，然去危就安，厭勞喜逸，亦人情之所同也。」上嘉之。雍熙中，廷策貢士，而安仁預爲考會，賜金紫，因顧安仁問孚年幾，安仁曰：「臣父年六十二。」上曰：「孚，名士也。」亟召對，亦賜金紫。明年，卒。

安仁生而穎悟，幼時執筆能大字，十三通經傳大旨，早以文藝稱。趙普、沈倫、李昉、石熙載咸推奬之。雍熙二年，登進士第，補梓州榷鹽院判官，以親老弗果往。會國子監刻五經正義板本，以安仁善楷隸，遂奏留書之。

歷大理評事、光祿寺丞，召試翰林，以著作佐郎直集賢院，賜緋。時王侯、內戚家多以銘誄爲託。太宗製九絃琴、五絃阮，時多獻賦頌，上嘉文物之盛，悉閱覽，訂其工拙。時稱安仁、李宗諤〔一〕、楊億辭雅贍，召詣中書奬諭。翌日，改遷太常丞。

眞宗卽位，拜右正言，預重修太祖實錄。上出師大名，安仁上疏曰：「臣以爲有急務者三，大要者五。急務三者：其一，激勵戎臣，擧勸懲之典；其二，振救邊民，行優恤之惠；其三，車駕還京，重神武之威。大要五者：其一，選將略；其二，持兵勢；其三，求軍謀；其四，修軍政；其五，愛民力。」

咸平三年，同知貢擧。未幾，知制誥，副夏侯嶠巡撫江南，還，知審刑院。嘗有將校笞所部卒死，罪議大辟。安仁以軍中之令，非嚴不整，遂獲免死。繼判尙書刑部兼制置羣牧使，同知三班、審官院。景德初，翰林學士梁顥召對，詢及當世臺閣人物，上稱安仁文行。尋顥卒，卽以安仁爲工部員外郎，充翰林學士。

初，孚極陳和好之利。至是，安仁從幸澶州，會北邊請盟，首命安仁撰答書，又獨記太祖時聘問書式。遼使韓杞至，首命接伴，凡覲見儀制，多所裁定。館舍夕飲，杞擧橙子曰：「此果嘗見高麗貢。」安仁曰：「橙橘産吳、楚，朝廷職方掌天下圖經，凡他國所産靡不知也。今給事中呂祐之嘗使高麗，未聞有橙柚。」杞失於誇誕，有愧色。杞旣受襲衣之賜，且以長爲解，將辭復左衽。安仁曰：「君將升殿受還書，天顏咫尺，如不衣所賜之衣，可乎？」杞乃服以入。

及姚東之至，又令安仁接伴。東之談次，頗矜兵強戰勝。安仁曰：「老氏云：『佳兵者不祥之器，聖人不得已而用之。』勝而不美，而美之者，是樂殺人也，樂殺人者不得志於天下。」東之自是不敢復言。王繼忠將兵陷沒，不能死節而反事之，東之屢稱其材。安仁曰：「繼忠早事藩邸，聞其稍謹，不知其他。」其敏於酬對，切中事機，類如此。時論翕然，稱其得體，上益器之，自是有意柄用。安仁又集和好以來事宜，及采古事，作戴斗懷柔錄三卷以獻。

二年春，又與晁迥等同知貢舉。三年，以右諫議大夫參知政事，俄修國史。大中祥符初，議封禪，與王欽若並爲泰山經制度置使、判兗州。禮畢，復拜工部侍郎。內外書詔有切要者，必經其裁。進秩刑部。五年，以兵部侍郎仍兼修史，奉祀，又同知禮儀院。八年，知貢舉。三典春闈，擇士平允，是故獨無譏誚，上再賜詩嘉之。

尋知兼宗正卿。舊制，宮闈令，凡有議奏與寺連署。上以安仁舊德，俾知寺，以次列狀取裁。寺掌玉牒屬籍，梁周翰始創其制而未備，安仁重加詳定，又爲仙源積慶圖，皆統例精簡。奏置修玉牒官，事具職官志。國史成，遷右丞。是夏，又爲景靈宮副使。屢得對言事，嘗奏曰：「方今治定功成，固軼前代，陛下尙親庶政，旰食忘倦，然而君臨之大，所宜分飭有司，爲式於天下。」遂詔諸司掌常務有條例者，毋或奏稟。天禧二年，改御史中丞。請給御寶印歷，書三院御史彈糾事。五月，暴疾卒，年六十一。廢朝，贈吏部尚書，謚文定，以其子温瑜爲大理寺丞，良規爲奉禮郎，承裕爲正字。

安仁質直純慤，無所矯飾，寬恕謙退，與物無競，雖家人僕使，未嘗見其喜愠。女弟適董氏，早寡，取歸給養。其甥董靈運尚幼，躬自訓導，爲畢婚娶。幼少與宋元輿同學，元輿門地貴盛，待安仁甚厚。元輿蚤卒，家緒寖替，安仁屢以金帛濟之。善訓諸子，各授一經。尤嗜讀書，所得祿賜，多以購書。雖至顯寵，簡儉若平素。時閱典籍，手自讎校。三館舊闕虞世南北堂書鈔，惟安仁家有本，眞宗命內侍取之，嘉其好古，手詔褒美。尤知典故，凡近世典章人物之盛，悉能記之。喜誨誘後進，成其聲名，當世推重之。有集五十卷。温瑜，後爲國子博士。

良規字元甫。父安仁奏爲秘書省正字、同判太常寺。張知白薦之，召試，賜進士及第。用王曙舉，擢集賢校理兼宗正丞，預修會要。坐宗正吏盜太廟神御物，出通判蘄州，徙河南府，知泰、滁二州。歷京西陝西路提點刑獄、荆湖南路轉運使，奏罷馬氏時所賦丁口米數萬石。權判三司開拆司、度支勾院，直集賢院、知廬州，積官至光祿卿，罷職。初與張憲、掌禹錫、齊廓、張子思並爲太常少卿兼館職，當進諫議大夫，而執政靳之，止遷卿。故事，卿不兼職，故皆罷。未幾，皆還之。

改直秘閣、同判宗正事，遷秘書監，知同、陝、相三州。陝歲饑，百姓請閣殘稅二分，爲官伐茭，以給河埽。或以爲須報乃可行，良規曰：「若爾，無及矣。」檄縣遂行，而以擅命自劾。進太子賓客、權判殿中省，遷尚書工部侍郎、判本部、知濠州，卒。良規所至州郡，爲政不甚力，然善委任佐屬，祿賜多分贍族人，餘皆輸之酒家。子君錫。

君錫字無愧。性至孝。母亡，事父良規不違左右，夜則寢於傍。凡衾裯薄厚、衣服寒溫、藥石精粗、飲食旨否、櫛髮翦爪、整冠結帶，如內則所載者，無不親之。及登進士第，以親故不願仕。良規每出，必扶掖上下，至雜立僕御中。嘗從謁文彥博，彥博異其容止，問而知之，語諸子，令視以爲法。

良規沒，調知武強縣。從韓琦大名幕府。彥博及吳充在樞筦，更薦之爲檢詳吏房文字，徙知大宗正丞，加秘閣校理，改宗正丞。時增諸宗院講書教授官，而逐院自備縉錢爲月餽，貧者或不能以時致，宗師輒移文督取。君錫言：「國家養天下士於太學，尚不較其費，安有教育宗室令自行束脩之理！」詔悉從官給。歷開封府推官。

元祐初，遷司勳右司郎中、太常少卿，擢給事中。論蔡確、章惇有罪不宜復職；大河不可輕議東回，請亟罷修河司，以省邦費，寬民力。蘇軾出知杭州，君錫言：「軾之文，追攀六經，蹈藉班、馬，知無不言。壬人畏憚，爲之消縮；公論倚重，隱如長城。今飄然去國，邪黨必謂朝廷稍厭直臣，且將乘隙復進，實係消長之機。不若留之在朝，用其善言則天下蒙福，聽其讜論則聖心開益，行其詔令則四方風動，爲利博矣。」進刑部侍郎、樞密都承旨，拜御史中丞。卽上疏勸哲宗親講學，廣諮問，爲躬政之漸。

君錫素有志行，後隨人低昂，無大建明。初稱蘇軾之賢，遇賈易劾軾題詩怨謗，卽繼言「軾負恩懷逆，無禮先帝，願亟正其罪。」宣仁后覽之不悅，曰：「君錫全無執守。」復以吏部侍郎、天章閣待制知鄭陳澶三州、河南府，徙應天。因清明出郊，具奠謁杜衍、張昪、張方平、趙槩、王堯臣、蔡抗、蔡挺之塋，邀七家子孫，陪祭於側，時人傳其風義。紹聖中，貶少府少監，分司南京，卒，年七十二。紹興六年，贈徽猷閣直學士。

陳彭年字永年，撫州南城人。父省躬，鹿邑令。彭年幼好學，母惟一子，愛之，禁其夜讀書。彭年篝燈密室，不令母知。年十三，著皇綱論萬餘言，爲江左名輩所賞。唐主李煜聞之，召入宮，令子仲宣與之遊。金陵平，彭年師事徐鉉爲文。太平興國中，舉進士，在場屋間頗有雋名。嘗因京城大酺，跨驢出游構賦，自東華門至闕前，已口占數千言。然佻薄好嘲詠，頗爲宋白所黜，雍熙二年始中第。

調江陵府司理參軍。因監決死囚，怖之，換江陵主簿，歷澧、懷二州推官。在懷，深爲知州喬惟岳倚任。會樊知古爲河北轉運，以親嫌，徙澤州，丁內艱免。御史中丞王化基薦其才，改衞尉寺丞，遷秘書郎，爲大理寺詳斷官。坐事出監湖州鹽稅，尋又停官。彭年素貧寠，居喪免職，賴僕人傭販以濟。眞宗卽位，復爲秘書郎。喬惟岳刺史海州，及知蘇、壽二州，並表彭年通判州事。

咸平三年，屢上疏言事，召試學士院，遷秘書丞、知閬州。未行，改金州。四年，上疏曰：「夫事有雖小而可以建大功，理有雖近而可以爲遠計者，其事有五：一曰置諫官，二曰擇法吏，三曰簡格令，四曰省冗員，五曰行公舉。此五者，實經世之要道，致治之坦塗也。」會詔舉賢良方正，翰林學士朱昂以彭年聞，召之，辭以貧乏，請終秩。

景德初，代還，直秘閣。杜鎬、刁衎薦其該博，命直史館兼崇文院檢討。又代潘愼修起居注，賜緋魚。獻大寶箴曰：

二儀之內，最靈者人。生民之中，至大者君。民旣可畏，天亦無親。所輔者德，所歸者仁。恭己御下，輝光益新。載籍斯在，謀猷備陳。

內綏萬姓，外撫百蠻。治亂所始，言動之間。觀之則易，處之甚難。由是先哲，喻彼投艱。苟能慮未，乃可防閑。審求逆耳，無惡犯顏。既庶而富，敎化乃施。慈儉之政，富庶之基。鰥寡孤獨，人之所悲。發號施令，宜先及之。黃髮鮐背，心實多知。左右侍從，何尙於玆。

瞻言百辟，咸代天工。儻無虛授，可建大中。克彰愼柬，惟藉至公。知人則哲，聽德則聰。才固難備，道亦少同。葑菲罔捨，杞梓乃充。

不扶自直，惟蓬在痲。非揀莫見，惟金在沙。參備顧問，必辨忠邪。獻替以正，裨益無涯。自匿草澤，亦有國華。訪此髦士，可拒朋家。

三章之立，庶民作程。欽哉恤哉，可以措刑。七代之建，姦孽是平。本仁本義，可以弭兵。是爲齊禮，亦曰好生。有敎無類，自誠而明。

宗廟社稷，饗之以恭。宮室苑囿，誠之在豐。春蒐秋獮，不廢三農。擊石拊石，用格神宗。使人以悅，乃克成功。治國以政，罔或不從。

濟濟多士，用之有光。硜硜小器，謀之弗臧。忠言致益，豈讓膏粱。六藝爲樂，寧後笙簧。任賢勿貳，堯所以昌。改過不吝，湯所以王。

六合至廣，萬彙尤多。風俗靡一，嗜欲相摩。如馭朽索，若防決河。左契斯執，六轡遂和。導之以德，民免嬰羅。不懈于位，俗乃偃戈。先王之訓，罔不咸然。吾君之治，亦取斯焉。小心翼翼，終日乾乾。三靈降鑒，百祿無愆。由茲率土，永戴先天。巍巍洪業，億萬斯年。

頃之，預修册府元龜。三年，遷右正言，充龍圖閣待制，賜金紫。先是，詔諫官御史舉職言事，唯彭年與侍御史賈翺數有章奏，建白彈射，眞宗令中書置籍記之。加刑部員外郎。與晁迥同知貢舉，請令有司詳定考試條式。眞宗因命彭年與戚綸參定，多革舊制，專務防閑。其所取者，不復揀擇文行，止較一日之藝，雖杜絕請託，然置甲等者，或非宿名之士。

大中祥符中，議建封禪，彭年預詳定儀注，上言辨正包茅之用。禮成，進秩工部郎中，加集賢殿修撰。三年，改兵部郎中、龍圖閣直學士。遷右諫議大夫兼秘書監，詔就賜食廳編次太宗御集，賜勳上柱國。

嘗因奏對，眞宗謂之曰：「儒術汙隆，其應實大，國家崇替，何莫由斯。故秦衰則經籍道息，漢盛則學校興行。其後命歷迭改，而風教一揆。有唐文物最盛，朱梁而下，王風寖微。太祖、太宗丕變弊俗，崇尚斯文。朕獲紹先業，謹導聖訓，禮樂交舉，儒術化成，實二后垂裕之所致也。又君之難，由乎聽受；臣之不易，在乎忠直。其君以寬大接下，臣以誠明奉上，君臣之心皆歸於正。直道而行，至公相遇，此天下之達理，先王之成憲，猶指諸掌，孰謂難哉！」彭年曰：「陛下聖言精詣，足使天下知訓，伏願躬演睿思，著之篇翰。」眞宗爲製崇儒術、爲君難爲臣不易二論示之。彭年復請示輔臣，刻石國子監焉。

六年，召入翰林，充學士兼龍圖閣學士，同修國史。彭年嘗謁王旦，旦辭不見。翌日，見向敏中。敏中以彭年所上文字示旦，旦瞑目不覽，曰：「是不過興建符瑞，圖進取耳。」眞宗奉祀亳州太淸宮，丁謂爲經度制置使，以彭年副之。又與謂同知禮儀院，禮成，加給事中。時謂懇讓進秩，彭年亦辭之，不許，又爲天書同刻玉副使。國史成，遷工部侍郎。九年，拜刑部侍郎、參知政事，判禮儀院，充會靈觀使。

天禧大禮，爲天書儀衞副使。又爲參詳儀制奉寶册使。正月九日，侍眞宗朝天書，將詣太廟，退就中書閣中如廁，眩仆，肩輿還家。遣中使挾醫診療，且夕存問。進兵部侍郎，表求罷奉，不許。二月，卒，年五十七。眞宗親臨，涕泗久之。又覩所居陋弊，歎息數四。廢朝，贈右僕射，謚曰文僖，錄子佺期大理寺丞，孫彥先太常寺奉禮郎。眞宗前後賜彭年御製歌詩凡六篇。彭年妻入謁，出彭年像示之，錫賚甚厚。

彭年性敏給，博聞強記，慕唐四子爲文，體制繁靡。貴至通顯，奉養無異貧約。所得奉賜，惟市書籍。大中祥符間，附王欽若、丁謂，朝廷典禮，無不參預。其儀制沿革、刑名之學，皆所詳練，若前世所未有，必推引依據以成就之。故時政大小，日有諮訪，應答該辯，一無凝滯，皆與眞宗意諧。

及升內閣，李宗諤、楊億皆在後。宗諤卒，億病退，而彭年專任矣。事務旣叢，形神皆耗，遂舉止失措，顚倒冠服，家人有不記其名者。奉詔同編景德朝陵地里、封禪、汾陰三記，閤門、客省、御史臺儀制，又受詔編御集及宸章，集歷代婦人文集。所著文集百卷，唐紀四十卷。

論曰：楊礪遭遇龍飛，致位崇顯，自以夢協其兆，而忠言善政，一無可述。惟棄官侍母，不以科名自伐，蓋有取焉。宋湜懿文多識，名動人主，至與李沆同命。雖去沆遠甚，然樂善好施，士類歸之，亦可尙也。王嗣宗治家能睦，爲政可稱，所至立徹淫祀，亦人之所難。至於剛愎少文，謀害王旦、王曾，與寇準相忤，其餘不足觀也矣。李昌齡累更劇任，遂階大用，黨邪徇貨，遂貽終身之玷，良可醜也。趙安仁言事，切中時弊，及答契丹書，不失祖宗規式，又能以凶器之言折敵，不使矜戰，可謂才辨之臣矣。其孫君錫於元祐反正，論格蔡確、章惇復官之命，庶幾無忝所生。陳彭年以辭藻被遇，上表獻箴，詳練儀制，若可嘉尙。乃附王欽若、丁謂，溺志爵祿，甘爲小人之歸，豈不重可嘆也哉！

校勘記

〔一〕李宗諤　「宗」字原脫，據長編卷三八、玉海卷一一〇補。

宋史卷二百八十八

列傳第四十七

任中正弟中師　周起　程琳　姜遵　范雍孫子奇　曾孫坦
趙稹　任布　高若訥　孫沔

任中正字慶之，曹州濟陰人。父載，右拾遺。中正進士及第，爲池州推官。歷大理評事、通判邵州，改太府寺丞、通判濮州。以翰林學士錢若水薦，遷秘書省著作佐郎、通判大名府。

轉運使陳緯徙陝西，舉中正自代，太宗曰：「朕自知之。」召爲秘書丞、江南轉運副使。中正軀幹頎長，帝擇大笏，命內臣取緋衣之長者賜之。至部，歲大稔，民出租賦、平糴皆盈羨。發運使王子輿欲悉調餉京師，中正曰：「東南歲輸五百餘萬，而江南所出過半。今歲有餘，或歲少歉則數不登，患及吾民矣。」乃止。

擢監察御史、兩浙轉運使。民饑，中正不俟詔，發官廩振之。按晉州盛梁獄，論如法。遷殿中侍御史、判三司憑由司。既而有與梁善者，密中之，出爲荆湖轉運使。遷左司諫、直史館、知梓州。擢樞密直學士，代張詠知益州。在郡五載，遵詠條教，蜀人便之。知審刑院，出知幷州。遷給事中、權知開封府。

大中祥符九年，拜尚書工部侍郎、樞密副使。馬知節知密院，改同知院事。明年，曹利用爲樞密使，復爲副使，再進兵部侍郎、參知政事。

仁宗在東宮時，以右丞兼賓客。遷工部尚書。帝旣卽位，乃拜兵部尚書。中正素與丁謂善，謂且貶，左右莫敢言者，中正獨營救謂，降太子賓客、知鄆州。中正弟尚書兵部員外郎、判三司鹽鐵勾院中行，右正言中師，皆坐貶。頃之，以母老徙曹州，遷禮部尚書。卒，贈尚書左僕射，謚康懿。

初，中正母入謁禁中，與陳彭年、王曾、張知白妻同見眞宗，命中正母爲班首，且賜坐。中正事親孝，平居簡素，而飲食極豐美。

中師字祖聖，進士及第，試祕書省校書郎、知平陸縣。眞宗將祀汾陰，命陳堯叟判河中府，以經制祀事，辟掌牋奏，累遷著作佐郎，歷知千乘、襄邑縣，改祕書丞。以張知白薦，遂爲右正言。中正貶，中師亦降太常博士、監宿州酒稅。未幾，通判應天府。曹利用辟爲羣牧判官，徙知滑州，入爲開封府判官。累遷尚書度支郎中、直史館、知澶州。以太常少卿、直昭文館知廣州。視事之明日，吏白，故事當謁諸祠廟，而廨有淫祠，中師遽命撤去之。兼市舶使，市舶置使自此始。

還，爲諫議大夫、判尚書刑部。加集賢院學士，再知澶州。未行，進龍圖閣直學士、知幷州，許便宜從事。改樞密直學士、知益州。先是，轉運使韓瀆急於籠利，自薪芻、蔬果之屬皆有算，而中師盡奏蠲之。

康定中，任布守河陽，數上書論事，帝欲用之。呂夷簡薦中師才不在任布下，遂並召爲樞密副使。明年，建北京，令中師領修建。進給事中，宣撫河東，不行。求補郡，以尚書禮部侍郎、資政殿學士知永興軍。求內徙，得知陳州。

踰年，上書言：「臣老矣，家本曹人，願得守曹。」遂以知曹州。改戶部侍郎。明年，請老，拜太子少傅致仕，進少師。卒，贈太子太傅，謚安惠。中師性樂易，平居自奉甚儉約，晚知養生之術，號大塊翁。

周起字萬卿，淄州鄒平人。生而豐下，父意異之，曰：「此兒必起吾門。」因名起。幼敏慧如成人。意知衞州，坐事削官，起才十三，詣京師訟父寃，父迺得復故官。舉進士，授將作監丞、通判齊州。擢著作佐郎、直史館，累遷戶部、度支判官。

眞宗北征，領隨軍糧草事。以右正言知制誥，權判吏部流內銓。尋爲東京留守判官，判登聞鼓院。封泰山，攝御史中丞、考制度副使，所過得採訪官吏能否及民利病以聞。東封還，近臣率頌功德，起獨以居安爲戒。進金部員外郎、判集賢院。

初置糾察刑獄司，因命起，起迺請諸已決而事有所枉及官吏非理榜掠者，並聽受訴，從之。擢樞密直學士、權知開封府。起聽斷明審，舉無留事。眞宗嘗臨幸問勞，起請曰：「陛下昔龍潛於此，請避正寢，居西廡。」詔從之，名其堂曰繼照。

起嘗奏事殿中，適仁宗始生，帝曰：「卿知朕喜乎？宜賀我有子矣。」卽入禁中，懷金錢出，探以賜起。改勾當三班院兼判登聞檢院。從祀汾陰，留權知河中府，徙永興、天雄軍，所至有風烈，數賜書褒諭。三遷右諫議大夫、知并州。拜給事中、同知樞密院事。進禮部侍郎，爲樞密副使。嘗與寇準過同列曹瑋家飲酒，旣而客多引去者，獨起與寇準盡醉，夜漏上乃歸。明日入見，引咎伏謝。眞宗笑曰：「天下無事，大臣相與飲酒，何過之有？」

起素善寇準。準且貶，起亦罷爲戶部郎中、知青州，又降太常少卿、知光州。稍遷祕書監，徙揚、杭二州，又徙應天府。復爲禮部侍郎、判登聞鼓院。以疾請知潁州，徙陳州、汝州。卒，贈禮部尚書，謚安惠。

起性周密，凡奏事及答禁中語，隨輒焚草，故其言，外人無知者。家藏書至萬餘卷。起能書。弟超，亦能書，集古今人書并所更體法，爲書苑十卷，累官主客郎中。起子：延荷，以孝友聞，官殿中丞；延儁，頗雅厚，官太常少卿。

程琳字天球，永寧軍博野人。舉服勤辭學科，補泰寧軍節度推官。改祕書省著作佐郎、知壽陽縣，監左藏庫，召試，直集賢院。改太常博士、權三司戶部判官，契丹館伴使。契丹使者謂琳曰：「先皇帝嘗通使承天，太后獨無使，何也？」琳曰：「南北，兄弟也。先皇帝視承天猶從母，故無嫌；今皇太后迺嫂也，禮不通問。」契丹使者語屈。後修眞宗實錄，而大中祥符以來起居注闕，琳追述上之，遂修起居注，提舉在京諸司庫務，知制誥、判吏部流內銓。

權三司使范雍使契丹，命琳發遣三司使。太倉贍軍粟陳腐不可食，歲且饑，琳盡發以貸民，凡六十萬斛，饑民賴以全活，而軍得善粟。鹽鐵官任布請鑄大錢一當十，度支判官許申請以銅鐵雜鑄，下其議。琳曰：「第五琦用大錢，法卒不可行。乞令申試之。」鑄卒不就。

契丹遣蕭蘊、杜防來，蘊出位圖示琳曰：「中國使者坐殿上高位，今我位乃下，請升之。」琳曰：「此眞宗所定，不可易。」防曰：「大國之卿，可以當小國之君。」琳曰：「南北雖兩朝，無小大之異，卿嘗坐我殿上，我顧小國耶？」防無以對。宰相將許之，琳曰：「許其小必啓其大。」

以右諫議大夫權御史中丞。宰相張知白尤器之，當除命，喜曰：「不辱吾筆矣。」時歲饑，上疏請罷諸土木營造，蠲被災郡縣租賦。改樞密直學士、知益州。上元張燈，州人夜聚遊嬉，琳戒曰：「有火則隨救之，毋白也。」已而果有火，終宴人無知者。或告振武軍變，琳曰：「軍中動靜我自知之，苟有謀，不待告也。」

遷給事中、權知開封府。王蒙正子齊雄捶老卒死，貸妻子使以病告。琳察其色辭異，令有司驗得捶死狀。蒙正連姻章獻太后家，太后謂琳曰：「齊雄非殺人者，乃其奴嘗捶之。」琳曰：「奴無自專理，且使令與己犯同。」太后嘿然，遂論如法。外戚吳氏離其夫而挈其女歸，夫訴于府。琳命還女，吳氏曰：「已納宮中矣。」琳請于帝曰：「臣恐天下人有竊議陛下奪人妻女者。」帝亟命出之。笞而歸其妻。

遷工部侍郎、龍圖閣學士，復爲御史中丞。不拜，以翰林侍讀學士兼龍圖閣學士再知開封府。改三司使，出納尤謹，禁中有所取，輒奏罷之。內侍言琳專，琳曰：「三司財賦，皆朝廷有也。臣爲陛下惜，於臣何有？」帝然之。或請併天下農田稅物名者，琳曰：「合而爲一，易於句校，可也。後有興利之臣，復用舊名增之，是重困民，無已時也。」再遷吏部侍郎，遂參知政事，遷尚書左丞。

時元昊反，猶遣使來朝，衆請按誅之。琳曰：「遣使，常事也，殺之不祥。」後使者益驕橫，大臣患之。琳曰：「始不殺，無罪也；今旣驕橫，可暴其惡誅之，國法也，又何患耶？」又議重賄唃廝囉使討賊，得地卽與之。琳曰：「使唃廝囉得地，是復生一元昊矣。不若用間，使二羌勢不合，中國利也。」

故樞密副使張遜第在武成坊，其曾孫偕才七歲，宗室女生也，貧不自給。乳媼擅出券鬻第，琳欲得之，使開封府吏密諭媼，以偕幼，宜得御寶許鬻乃售。乳媼以宗室女故，入宮見章惠太后。旣得御寶，琳乃市取之。又令吏市材木，買婦女。已而吏以贓敗，御史按劾得狀，降光祿卿、知潁州。

頃之，爲戶部侍郎，尋復吏部、知天雄軍。又以左丞爲資政殿學士。及建天雄軍爲北京，內侍皇甫繼明主營宮室，欲侈大以要賞。琳以爲方事邊陲，又事土木以困民，不可。旣而繼明數有論奏，帝遣御史魚周詢按視，遂罷繼明，命琳獨主之。遷工部尚書，加大學士、河北安撫使。改武昌軍節度使、知永興軍、陝西安撫使。以宣徽北院使判延州，仍爲陝西安撫使。

元昊死，諒祚立，方幼，三大將分治其國。議者謂可因此時，以節度使啖三將，使各有所部分，以弱其勢，可不戰而屈矣。琳曰：「幸人之喪，非所以柔遠人，不如因而撫之。」議者惜其失幾。

既而遣使册命，夏人方圍慶陽。琳曰：「彼若貪此，可緩慶州之難矣。」具禮幣賜予之數移報之，果喜，卽日迎册使，慶陽之圍亦解。嘗獲戎首，不殺，戒遣之，夏人亦相告毋捕漢民。久之，以五百戶驅牛羊扣邊請降，且言：「契丹兵至衙頭矣，國中亂，願自歸。」琳曰：「彼詐也。契丹至帳下，當舉國取之，豈容有來降者？聞夏人方捕叛者，此其是邪？不然，誘我也。」拒不受。已而賊果以騎三萬臨境上，以捕降者爲辭。琳諜知之，閉壁倒旗，戒諸將勿動，賊疑有備，遂引去。

拜同中書門下平章事、判大名府。琳持重不擾，前後守魏十年，度要害，繕壁壘，增守禦備。植雜木數萬，曰：「異時樓櫓之具，可不出於民矣。」人愛之，爲立生祠。改武勝軍，又換鎭安軍節度使。上書曰：「臣雖老，尙能爲國守邊。」未報，得疾卒。贈中書令，謚文簡。

琳爲人敏厲深嚴，長於政事，辨議一出，不肯下人。然性嗇於財，而厚自奉養。章獻太后時，嘗上武后臨朝圖，人以此薄之。

姜遵字從式，淄州長山人。進士及第，爲蓬萊尉，就辟登州司理參軍，開封府右軍巡判官。有疑獄，將抵死，遵辨出之。遷太常博士，王曾薦爲監察御史，殿中侍御史，開封府判官。知吉州高惠連與遵有隙，發遵在廬陵時贓事，按驗無狀，猶降通判延州。復入爲侍御史、判戶部勾院。利州路饑，以遵爲體量安撫，遷知邢州。仁宗卽位，徙滑州，爲京東轉運使，徙京西。未幾，以刑部郎中兼侍御史知雜事。建言三司、開封府日接賓客，廢事，有詔禁止。歷三司副使，再遷右諫議大夫、知永興軍。奏罷咸陽富民元氏歲貢梨。召拜樞密副使，遷給事中，卒。贈吏部侍郎。

遵長於吏事，爲治尙嚴猛，所誅殘者甚衆。在永興，太后嘗詔營浮屠，遵毀漢、唐碑碣代磚甓，既成，得召用。

范雍字伯純，世家太原。曾祖仁恕，仕蜀爲宰相。祖從龜，刑部侍郎，入朝，改右屯衞將軍，後葬河南，遂爲河南人。雍中進士第，爲洛陽縣主簿。累官殿中丞、知端州。遷太常博士。寇準辟爲河南通判，還，判三司開拆司。河決滑州，選爲京東轉運副使。歷河北、陝西轉運使，入爲三司戶部副使，又徙度支。以尙書工部郎中爲龍圖閣待制、陝西都轉運使。還，提舉諸司庫務，勾當三班院。

環、原州屬羌擾邊，以雍爲安撫使。建言：「屬羌因罪罰羊者，舊輸錢，而比年責使出羊，羌人頗以爲患。請輸錢如舊，罪輕者以漢法贖金。」從之。遷右諫議大夫、權三司使。

雍在京東時，平滑州水患。以勞加龍圖閣直學士。明年，拜樞密副使。丁母憂，起復，遷給事中。玉淸昭應宮災，章獻太后泣對大臣曰：「先帝竭力成此宮，一夕延燎幾盡，惟一二小殿存爾。」雍抗言曰：「不若悉燔之也。先朝以此竭天下之力，遽爲灰燼，非出人意；如因其所存，又將葺之，則民不堪命，非所以畏天戒也。」時王曾亦止之，遂詔勿葺。遷尙書禮部侍郎。

太后崩，罷爲戶部侍郎、知陝州，改永興軍。是歲饑疫，關中爲甚，雍爲振恤。以疾，請近郡，遂知河陽。進吏部侍郎，徙應天府，又改河南府，進資政殿學士。陳安邊六事，又請於天雄軍聚甲兵以備河北，於永興軍、河中府益募士兵以備陝西，即涇原、環慶有警，河中援之。

既而元昊反，拜振武軍節度使、知延州。因言：「延州最當賊衝，地闊而砦栅疏，近者百里，遠者二百里，士兵寡弱，又無宿將爲用，而賊出入於此，請益師。」不報。元昊先遣人通款於雍，雍信之，不設備。一日，引兵數萬破金明砦，乘勝至城下。會大將石元孫領兵出境，守城者纔數百人。雍召劉平于慶州，平帥師來援，合元孫兵與賊夜戰三川口，大敗，平、元孫皆爲賊所執。雍閉門堅守，會夜大雪，賊解去，城得不陷。左遷戶部侍郎、知安州。居一歲，復吏部侍郎、知河中府。

又爲資政殿學士、知永興軍兼轉運司事，遷尚書左丞，加大學士。初，完永興城，或言其非便，詔止其役，雍匿詔而趣成之。明年，賊犯定川，邠、岐之間皆恐，而永興獨不憂寇。復徙河南府，又遷禮部尚書，卒。贈太子太師，謚忠獻。

雍爲治尚恕，好謀而少威。在陝西，嘗請於商、虢置監鑄鐵錢，後不可行；又括諸路牛以興營田，亦隨廢。頗知人，喜薦士，後多至公卿者。狄青爲小校時，坐法當斬，雍貸之。子宗傑，爲兵部員外郎、直史館，歷陝西轉運使，先雍卒。宗傑子子奇。

子奇字中濟，階祖雍蔭，簽書幷州判官。以唐介薦，神宗賜對，提舉修在京倉。三司使又薦，按覆營繕，匠吏積爲欺隱，懼罪，造飛語間之。神宗遣大閹張茂則察其無私，勞之曰：「爲吏當如是，無恤人言。」授戶部判官，爲湖南轉運副使。建言：「梅山蠻恃險爲邊患，宜拓取之。」後章惇開五溪，議由此起。

入判將作監。使於遼，導者改路回遠，子奇謂曰：「此去雲中有直道，旬日可至，何爲出此？」導者又欲沮子奇下馬館門外，子奇曰：「異時於中門下馬，今何以輒易？」導者詘屈。歷河東、陝西、河北、京東四路轉運使，工部、左司二郎中，加直龍圖閣，使河北。諸郡猶榷鹽，奏罷之。

元祐初，爲將作監、司農卿，復使陝西，以病解。起知鄭州，加集賢殿修撰、知河陽。召權戶部侍郎，删酒戶苛禁及奴婢告主給賞法。未幾，出知慶州，廣儲蓄，繕城柵，嚴守備，羈黠羌，推誠待下，人樂爲用。入爲吏部侍郎，以待制致仕，卒，年六十三。子坦。

坦字伯履，以父任爲開封府推官、金部員外郎、大理少卿，改左司員外郎。押伴夏國使，應對合旨，賜進士第，權起居舍人。使於遼，復命，具語錄以獻。徽宗覽而善之，付鴻臚，令後奉使者視爲式。遷殿中監，知開封府，再命使遼。時興邊議，非時遣使以觀釁，坦以不宜始禍，辭其行。徽宗怒，責舒州團練副使，稍復集賢殿修撰，知江寧府、洪揚二州。

召爲戶部侍郎，論當十及夾錫錢之弊。以便親請外，知河陽。入辭，徽宗曰：「夾錫錢之害，甚於當十，宜速正之，爲一道率。」坦至，卽奏罷之。政和初，復爲戶部，遂改當十錢爲當三；罷淮鹽入東北；鬻諸州公田，以實常平。又上疏言：「戶部歲入有限，用則無窮。今節度使八十員，留後至刺史數千員，自非軍功得之，宜減其半奉；及他工技末作，一切裁損。」時以爲當。

時張商英爲相，坦多與之合。及商英去，言者論坦助爲匱竭之說，以搖衆聽；又言坦建議鬻田、改常平法、廢元符令及罷夾錫錢之罪，貶黃州團練副使，安置韶州。以赦，復徽猷閣待制，卒，年六十二。

趙稹，字表微。其先單父人，後徙宣城。爲人誠質寬厚，少好學。吳太府卿田霖退居郡中，名有風鑒，故以女妻稹。擢進士第，歷平定軍判官、台州推官。改大理寺丞、知崑山縣，通判楚州。遷殿中丞、知通州。召還，同判宗正寺，樞密直學士李濬薦爲監察御史，再遷侍御史、判登聞鼓院、開封府判官，徙三司開拆、憑由司。帝祀汾陰，爲留守推官。

遷尙書兵部員外郎、益州路轉運使，眞宗諭曰：「蜀遠而數亂，其利害朕所欲聞。卿至，悉條上之，祇附常奏，毋著姓名。」稹至，數言部中事，至一日章數上。蒲江縣捕劫盜不得，反逮繫平民，楚掠誣服。稹適行部，意其冤，馳入縣獄，問得狀，悉縱之。遷工部郎中。

召爲侍御史知雜事、同判吏部流內銓，糾察在京刑獄。愼從吉知開封府，其子鈞、銳受賕，事連錢惟演。稹與王曾白其姦狀，從吉坐免，惟演亦罷去。

改三司鹽鐵副使，擢右諫議大夫、集賢院學士、知益州。度支市錦六千匹，召工計歲織裁千餘匹，止以歲所織數上供。久之，或言稹不達民情，喜尊大，降知同州，徙鳳翔、京兆府，三遷工部侍郎，復糾察在京刑獄。加樞密直學士、知幷州，代還，遷刑部侍郎。

天聖八年，擢樞密副使，遷吏部侍郎。時，權出宮掖，稹厚結劉美人家婢，以故致位政府。命未出，人馳告稹，稹問曰：「東頭？西頭？」蓋意在中書也。聞者皆以爲笑。章獻太后崩，罷爲尙書左丞、知河中府，遷禮部尙書。既病，乞骸骨，拜太子少傅致仕。卒，贈太子太保，謚僖質。

任布字應之，河南人。後唐宰相圜四世孫也。力學，家貧，嘗從人借書以讀。進士及第，補安肅軍判官，輒刺問虜中事，上疏請飭邊備，仍奏河北利害。後契丹至澶淵，眞宗識其名，特改大理寺丞、知安陽縣。通判嘉州，還，知開封府司錄事，通判大名府。初置提點刑獄，選布領荆湖南路。

入權三司鹽鐵判官，判度支勾院。京城東南有泉湧出，爲築祥源觀，男女徒跣奔走瞻拜。布論之曰：「明朝不宜以神怪衒愚俗。」遂忤宰相意。又與徐奭、龐温其試開封府進士，而奭潛發封卷視之。降監鄧州稅，徙知宿州。

時越州守闕，寇準曰：「越州有職分田，歲入且厚，今爭者頗衆，非廉士莫可予。」乃徙布越州。有祖訟其孫者「醉酒詈我」，已而悔，日哭于庭曰：「我老無子，賴此孫以爲命也。」布聞之，貸其死，上書自劾，朝廷亦不之責。

寇準貶，布亦徙建州，累遷尚書職方員外郎。丁謂既逐，稍用爲白波發運使。歲餘，判三司開拆司，出爲梓州路轉運使。富順監鹽井，歲久鹵薄而課存，主者至破產，或鬻子孫不能償。布奏除之。遷祠部郎中、權戶部判官，擢江、淮制置發運使。前使者多聚山海珍異之物以餉權要，布一切罷去。

召爲三司度支副使，奉使契丹。還，加直史館、知荆南。爲鹽鐵副使，命管伴契丹使。歷兵部、刑部郎中，拜右諫議大夫、知眞定府。或欲省河北兵，布言：「契丹、西夏方窺伺中國，備未可弛也。」築甬道屬滹沱河，跨絕泥潦。徙滑州，改天雄軍。遷給事中、集賢院學士、知許州。未幾，爲龍圖閣直學士，徙澶州。黃德和誣劉平降賊，欲收平家，布力言平非降賊者。復徙眞定，又徙河南府，未至，召爲樞密副使。

布純約自守，及秉政，無所建明。子逊嘗上書，詆大臣及布皆爲不才，御史魚周詢因奏疏曰：「布不才，其子能知之。」乃以尙書工部侍郎罷知河陽。議者以周詢引逊語逐其父，爲不知體。改蔡州，授太子少保致仕，進少傅。皇祐間，詔陪祀明堂，稱疾不赴。賜一子進士出身，遷少師。

始，布歸洛中，作五知堂，謂知恩、知道、知命、知足、知幸也。卒，贈太子太傅，謚恭惠。子達，性亦恬遠，尙釋氏學，歷官爲司封郎中。

高若訥字敏之，本幷州榆次人，徙家衞州。進士及第，補彰德軍節度推官，改秘書省著作佐郎，再遷太常博士、知商河縣。縣有職分田，而牛與種皆假於民，若訥獨廢不耕。御史知雜楊偕薦爲監察御史裏行，遷尙書主客員外郎、殿中侍御史裏行。改左司諫、同管勾國子監，遷起居舍人、知諫院。時范仲淹坐言事奪職知睦州，余靖、尹洙論救仲淹，相繼貶斥。歐陽脩乃移書責若訥曰：「仲淹剛正，通古今，班行中無比。以非辜逐，君爲諫官不能辨，猶以面目見士大夫，出入朝廷，是不復知人間有羞恥事耶！今而後，決知足下非君子。」若訥忿，以其書奏，貶脩夷陵令。未幾，加直史館，以刑部員外郎兼侍御史知雜事。

王蒙正知蔡州，若訥言：「蒙正起裨販，因緣戚里得官。向徙郴州，物論猶不平，今予之大州，可乎？」詔寢其命。大慶殿設祈福道場，若訥奏曰：「大慶殿非行禮不御，非法服不坐，國之路寢也，豈可聚老、釋爲瀆慢？」閻文應爲入內都知，若訥言其肆橫不法，請出之，遂出文應爲相州兵馬鈐轄。又奏三公坐而論道，今二府對纔數刻，何以盡萬幾？宜賜坐從容，如唐延英故事。

擢天章閣待制、知永興軍，留判吏部流內銓，出爲河東路都轉運使。召還，兼侍讀、權判尙書刑部。丁母憂，始許行服，給實奉終喪。服除，加龍圖閣直學士、史館修撰，以右諫議大夫權御史中丞。時宰相賈昌朝與參知政事吳育數爭事上前。明年春，大旱，帝問所以然者，若訥曰：「陰陽不和，責在宰相。洪範，大臣不肅，則雨不時若。」於是昌朝及育皆罷，若訥遂代育爲樞密副使。

王則據貝州，討之，踰月未下。或議招降，若訥言：「河朔重兵所積，今釋不討，後且啓亂階。」及破城，知州張得一送御史臺劾治，有臣賊狀。朝廷議貸死，若訥謂：「守臣不死，自當誅，況爲賊屈？」得一遂棄市。

以工部侍郎、參知政事爲樞密使。凡內降恩，若訥多覆奏不行。入內都知王守忠欲得節度使，固執爲不可。若訥畏惕少過，而前騶敺路人輒至死，御史奏彈之。皇祐五年，罷爲觀文殿學士兼翰林侍讀學士、尚書左丞、同羣牧制置使、判尚書都省，止命舍人草詞。卒，贈右僕射，謚文莊。

若訥彊學善記，自秦、漢以來諸傳記無不該通，尤喜申、韓、管子之書，頗明曆學。因母病，遂兼通醫書，雖國醫皆屈伏。張仲景傷寒論訣、孫思邈方書及外臺秘要久不傳，悉考校訛謬行之，世始知有是書。名醫多出衞州，皆本高氏學焉。

皇祐中，詔累黍定尺以制鐘律，爭論連年不決。若訥以漢貨泉度一寸，依隋書定尺十五種上之。并損益祠祭服器，悉施用。有集二十卷。

孫沔字元規，越州會稽人。中進士第，補趙州司理參軍。跌蕩自放，不守士節，然材猛過人。後以秘書丞爲監察御史裏行。

景祐元年，禮院奏用冬至日册后，沔奏：「喪未祥禫而行嘉禮，非制也。」同安縣尉李安世上書指切朝政，被劾，沔奏：「加罪安世，恐杜天下言者，請勿治。」黜知衡山縣。道上書言時事，再貶永州監酒。移通判潭州、知處州。復爲監察御史，再知楚州。所在皆著能迹。召爲左正言，論事益有直名。遷尙書工部員外郎，提舉兩浙刑獄，遂以起居舍人爲陝西轉運使。

時宰相呂夷簡求罷，仁宗優詔弗許。沔上書言：「自夷簡當國，黜忠言，廢直道，及以使相出鎭許昌，乃薦王隨、陳堯叟代己。才庸負重，謀議不協，忿爭中堂，取笑多士，政事寖廢。又以張士遜冠台席，士遜本乏遠識，至隳國事。蓋夷簡不進賢爲社稷遠圖，但引不若己者爲自固之計，欲使陛下知輔相之位非己不可，冀復思己而召用也。陛下果召夷簡還，自大名入秉朝政，于茲三年，不更一事。以姑息爲安，以避謗爲智。西州將帥累以敗聞，契丹無厭，乘此求賂。兵殲貨悖，天下空竭，刺史牧守，十不得一。法令變易，士民怨咨，隆盛之基，忽至於此。今夷簡以病求退，陛下手和御藥，親寫德音，乃謂『恨不移卿之疾在于朕躬』，四方義士傳聞詔語，有泣下者。夷簡在中書二十年，三冠輔相，所言無不聽，所請無不行，有宋得君，一人而已，未知何以爲陛下報？天下皆稱賢而陛下不用者，左右毀之也；皆謂憸邪而陛下不知者，朋黨蔽之也。比契丹復盟，西夏款塞，公卿忻忻，日望和平。若因此振紀綱，修廢墜，選賢任能，節用養兵，則景德、祥符之風，復見於今矣。若恬然不顧，遂以爲安，臣恐土崩瓦解，不可復救。而夷簡意謂四方已寧，百度已正，欲因病默默而去，無一言啓沃上心，別白賢不肖，雖盡南山之竹，不足書其罪也。」

書聞，帝不之罪，議者喜其謇切。居兩月，以天章閣待制爲都轉運使，又遷禮部郎中，爲環慶路都總管、安撫經略使、知慶州。元昊死，諸將欲乘其隙，大舉滅之。沔曰：「乘危伐喪，非中國體。」三司所給特支，物惡而估高，軍士有語，優人因戲及之。沔曰：「此朝廷特賜，何敢妄言動衆！」命斬之徇。將佐爭言：「此特戲爾，不足深罪也。」沔徐呼還，杖脊配嶺南，謂之曰：「汝賴戲我前，卽私議動衆，汝必死，而告者超遷矣。」明日，給特支，士無敢讙者。

歷知陝西、河東都轉運使，又知慶州，聚戰亡遺骸葬祭之，軍中感泣。凡三知慶州，邊人服其能。遷龍圖閣直學士，又遷樞密直學士、知成都府，未至，以母喪罷。服除，爲陝西都轉運使。求知明州，會京東多盜，乃以知徐州，明購賞，嚴誅罰，盜遂止。

徙秦州，時儂智高反，沔入見，帝以秦事勉之。對曰：「臣雖老，然秦州不足煩聖慮，陛下當以嶺南爲憂也。臣覩賊勢方張，官軍朝夕當有敗奏。」明日，聞蔣偕死，帝諭執政曰：「南事誠如沔所料。」宰相龐籍奏遣沔行，以爲湖南、江西路安撫使，以便宜從事，加廣南東、西路安撫使。沔請益發騎兵，且增選偏裨二十八人，求武庫精甲五千。參知政事梁適折之曰：「毋張皇！」沔曰：「前日惟亡備，故至此。今指期滅賊，非可以徼倖勝，乃欲示鎭靜耶？夫實備不至而貌爲鎭靜，危亡之道也。」居二日，促行，才與兵七百。沔憂賊度嶺而北，乃檄湖南、北曰：「大兵且至，其繕治營壘，多具宴犒。」賊疑不敢北侵。會遣狄青爲宣撫使，沔與青會。青與智高遇，戰歸仁鋪，智高敗走。青還，沔留治後事，遷給事中。及還，帝問勞，解御帶賜之，以知杭州。至南京，召爲樞密副使。

張貴妃薨，追册爲皇后，命沔讀册。故事，正后，翰林學士讀册。沔旣陳不可用宰相護葬，且曰：「陛下若以臣沔讀册則可，以樞密副使讀册則不可。」遂求罷職。以資政殿學士知杭州。遷大學士，徙知青州。又遷觀文殿學士、知幷州。而諫官吳及、御史沈起奏沔淫縱無檢，守杭及幷所爲不法，乃徙壽州。

詔按其迹，而使者奏：「沔在處州時，於遊人中見白牡丹者，遂誘與姦。及在杭州，嘗從蕭山民鄭旻市紗，旻高其直，沔爲恨。會旻貿紗有隱而不稅者，事覺，沔取其家簿記，積計不稅者幾萬端，配隸旻他州。州人許明有大珠百，沔妻弟邊珣以錢三萬三千強市之。沔愛明所藏郭虔暉畫鷹圖，明不以獻。初，明父禱水仙大王廟生明，故幼名『大王兒』。沔卽捕按明僭稱王，取其畫鷹，刺配之。及沔罷去，明詣提點刑獄，斷一臂自訟，乃得釋。杭州人金氏女，沔白晝使吏卒輿致，亂之。有趙氏女已許嫁莘旦，沔見西湖上，遂設計取趙女至州宅，與飲食臥起。所刺配人以百數，及罷，盜其按去，後有訴冤者多以無按，不能自解。在并州，私役使吏卒，往來青州、麟州市賣紗、絹、綿、紙、藥物。官庭列大梃，或以暴怒擊訴事者，嘗剔取盜足後筋，斷之。」奏至，乃責寧國節度副使，監司坐失察，皆被絀。其後復光祿卿，分司南京，居宿州。會恩，知濠州，以尚書禮部侍郎致仕。

英宗卽位，遷戶部。帝與執政議守邊者，難其人，參知政事歐陽脩奏：「孫沔向守環慶，養練士卒，招撫蕃夷，恩信最著。今雖七十，心力不衰，中間曾以罪廢，然宜棄瑕使過。」遂起爲資政殿學士、知河中府，又以爲觀文殿學士、知慶州，徙延州，道卒。

沔居官以才力聞，彊直少所憚，然喜宴遊女色，故中間坐廢。妻邊氏悍妬，爲一時所傳。初，陝西用兵，朝廷多假邊帥倚以集事，近臣出帥或驕恣越法。及沔廢後，眞定路安撫使呂溱繼得罪，自此守帥之權宜微矣。

論曰：君子惟能立身，而後可以佐國。中正、起自陷朋黨，遵、稹憸邪，沔頗知兵而以汚敗。琳有才器，能斷大事，然獻武后臨朝圖於章獻，君子鄙之。雍任邊寄而覆軍敗將，幾不自保。若訥喜申、韓、管子之書，中師、布少所建明，殆亦未足與議也。

宋史卷二百八十九

列傳第四十八

高瓊 子繼勳 繼宣　范廷召　葛霸 子懷敏

高瓊，家世燕人。祖霸，父乾。五代時，李景據江南，潛結契丹，歲遣單使往復。霸將契丹之命，以乾從行使景。方至江左，諜間北使與中夏搆隙，以紓疆埸之難，遂殺霸，居乾濠州，聲言爲汴人所殺。乾在濠州生三子，以江左衰弱，尋挈族歸中朝，給田亳州之蒙城，因土著焉。

瓊少勇鷙無賴，爲盜，事敗，將磔于市，暑雨創潰，伺守者稍怠，即掣釘而遁。事王審琦，太宗尹京邑，知其材勇，召置帳下。太宗嘗侍宴禁中，甚醉，及退，太祖送至苑門。時瓊與戴興、王超、李斌、桑贊從，瓊左手執靮，右手執鐙，太宗乃能乘馬。太祖顧瓊等壯之，因賜以控鶴官衣帶及器帛，且勖令盡心焉。

太宗卽位，擢御龍直指揮使。從征太原，命押弓弩兩班，合圍攻城。及討幽薊，屬車駕倍道還，留瓊與軍中鼓吹殿後，六班扈從不及，惟瓊首率所部見行在，太宗大悅，慰勞之。太平興國四年，遷天武都指揮使、領西州刺史。明年，改爲神衞右廂都指揮使、領本州團練使。車駕巡師大名，命瓊與日騎右廂都指揮使朱守節分爲京城內巡檢。坐事，出爲許州馬步軍都指揮使。

會有龍騎亡命卒數十人，因知州臧丙出郊，謀刼其導從以叛。瓊聞卽白丙，趣還城，因自率從卒數十人，挾弓矢單騎追捕，至楡林村，及之。賊入村後舍，登牆以拒。賊首靑脚狠者注弩將射瓊，瓊引弓一發斃之，遂悉擒送于州。丙上其事。會將北伐，召歸。授馬步軍都軍頭、領薊州刺史、樓船戰櫂都指揮使，部船千艘赴雄州。又城易州。師還，爲天武右廂都指揮使、領本州團練使。

端拱初，遷左廂，改領富州團練使。是秋，出爲單州防禦使，改貝州部署。其出守也，與范廷召、王超、孔守正並命焉。數月，廷召等皆復補兵職，瓊頗悒悒。時王承衍鎭貝丘，公主每入禁中，頗知上於瓊厚，承衍每寬慰之。二年，召還。故事，廉察以上入朝，始有茶藥之賜，至是特賜瓊焉。三月，遷朔、易帥臣，制授瓊侍衞步軍都指揮使、領歸義軍節度，廷召輩始加觀察使，不得與瓊比。出爲幷州馬步軍都部署，時潘美亦在太原，舊制，節度使領軍職者居上，瓊以美舊臣，表請居其下，從之。戍兵有以廩食陳腐譁言者，瓊知之，一日，出巡諸營，士卒方聚食，因取其飯自啖之，謂衆曰：「今邊鄙無警，爾等坐飽甘豐，宜知幸也。」衆言遂息。改鎭州都部署。至道中，就改保大軍節度，典軍如故。

眞宗卽位，加彰信軍節度，充太宗山陵部署，復爲并代都部署。咸平中，契丹犯塞，其母車帳至狼山大夏。上親巡河朔，遣楊允恭馳往，召瓊率所部出土門，與石保吉會鎭、定。旣而傅潛以逗留得罪，卽召瓊代之。兵罷，復還本任。轉運使言其政績，詔褒之。

咸平三年，代還，以手創不任持笏，詔執梃入謁，授殿前都指揮使。先是，范廷召、桑贊所將邊兵臨敵退衄，言者請罪之。以問瓊，瓊對曰：「兵違將令，於法當誅。然陛下去歲已釋其罪，今復行之，又方屯諸路，非時代易，臣恐衆心疑懼。」乃止。

景德中，車駕北巡。時前軍已與敵接戰，上欲親臨營壘，或勸南還，瓊曰：「敵師已老，陛下宜親往，以督其成。」上悅，卽日進幸澶淵。明年，以罷兵，料簡兵卒諸班直十年者出補軍校，年老者退爲本班剩員。瓊進曰：「此非激勸之道，宿衞豈不勞乎？」自是八年者皆得敍補焉。

馬軍都校葛霸權步軍司，會以疾在告，令瓊兼領二司。瓊從容上言曰：「臣衰老，儻又有犬馬之疾，則須一將總此二職。臣事先朝時，侍衞都虞候以上常至十員，職位相亞，易於遷改，且使軍伍熟其名望，邊藩緩急，亦可選用。」上深然之。未幾，以久疾求解兵柄，授檢校太尉、忠武軍節度。三年冬，疾甚，上欲親臨問之，宰相不可，乃止。卒，年七十二，贈侍中。

瓊不識字，曉達軍政，然頗自任，罕與副將參議。善訓諸子：繼勳、繼宣、繼忠、繼密、繼和、繼隆、繼元。繼勳、繼宣最知名。

繼勳字紹先，初補右班殿直。儀狀頎偉，太宗見而異之，召問其家世，以瓊子對。擢寄班祗候，累遷內殿崇班。

咸平初，王均據益州。以崇儀副使爲益州兵馬都監、提舉西川諸州軍巡檢公事。招安使雷有終以兵五百授繼勳，守東郭二門〔一〕，會賊攻彌牟砦，繼勳引兵轉鬥至嘉州，敗之，獲黃繖、金塗鎗以還。有終益以勁兵復進攻二門，克之，乃建幟城上。諸將知城拔，有終乃引軍薄天長門，賊復來拒戰。會日暮，有終欲少休，繼勳曰：「賊窘矣，急擊之，無失也。」率十數騎鏖戰，身被數創，血濡甲；馬死，更馬以進。會入內都知秦翰來援，賊退保子城，不敢出。繼勳潛知賊欲夜遁，開圍使得潰去，均卒敗滅。以功遷崇儀使。賊餘黨保山藪中，時出剽劫，乃徙綿漢劍門路都巡檢使。繼勳募惡少年偵賊動靜，窮躡巖穴，掩其不備，悉擒殺之。

又徙峽路鈐轄，還朝，遷洛苑使、幷代州鈐轄。徙屯嵐軍。契丹聚兵五萬屯草城川，繼勳登高望之，謂軍使賈宗曰：「彼衆而陣不整，將不才也。我兵雖少，可以奇取勝。先伏兵山下，敵見我弱，必急攻我。我誘之南走，爾起乘之，當大潰。」轉戰至寒光嶺，伏發，契丹果敗，相蹂躪死者萬餘人，獲馬、牛、槖駝甚衆。遷弓箭庫使，賜金帶、錦袍，領滎州刺史，徙麟、府州鈐轄。

時屯兵河外，饋運不屬。繼勳扼兎毛川，援送軍食，師乃濟。徙知環州，又徙瀛州。時歲饑，募富人出粟以給貧者。明年大稔，木生連理者四，郡人上治狀請留。遷內藏庫使，以宮苑使奉使契丹。還，知定州，遷西上閤門使、昭州團練使，徙鄜延路鈐轄，坐市馬虧價失官。已而復爲西上閤門使、滎州刺史、知冀州、領果州團練使。徙貝州，復知瀛州。

仁宗卽位，改東上閤門使，眞授隴州團練使、知雄州。其冬，契丹獵燕薊，候卒報有兵入鈔，邊州皆警。繼勳曰：「契丹歲賴漢金繒，何敢損盟好邪？」居自若，已，乃知渤海人叛契丹，行剽兩界也。擢捧日天武四廂都指揮使、連州防禦使，又知瀛州。歷步軍馬軍殿前都虞候、步軍副都指揮使、邕州觀察使、涇原路副都總管兼知渭州。入宿衞，出爲天雄軍都總管，頗復護邊，既而留不遣。後爲眞定府定州路都總管，改威武軍節度觀察留後，遂拜保順軍節度使、馬軍副都指揮使。

恭謝禮成，徙昭信軍節度使，爲莊獻明肅太后山陵、莊懿太后園陵都總管，以老病乞骸骨。召見便殿，許一子扶掖，俾勿拜，聽辭管軍。授建雄軍節度使、知滑州。河水暴溢，齧堤岸，繼勳雖老，躬自督役，露坐河上，暮夜猶不輟，水乃殺怒，滑人德之。卒，年七十八，輟視朝一日，贈太尉。繼勳性謙，有機略，善撫御士卒，臨戰輒勝。在蜀有威名，號「神將」。

子遵甫，官至北作坊副使。嘉祐八年，遵甫女正位皇后，神宗卽位，册皇太后。累贈繼勳太師、尙書令兼中書令，追封康王，諡穆武。熙寧九年，帝詔宰相王珪爲神道碑，御篆碑首曰「克勤敏功鍾慶之碑」。遵甫亦贈太師、尙書令兼中書令，追封楚王。

繼宣字舜舉。幼善騎射，頗工筆札，知讀書。以恩補西頭供奉官、惠民河巡督漕船。會歲饑多盜，兼沿河巡檢捉賊，遷閤門祗候、邠州兵馬都監。曹瑋守邠，數與言兵，薦其可用。

乾興初，以內殿崇班爲益州都監。蜀人富侈，元夕大張燈，知府薛奎戒以備盜，繼宣籍惡少年飲犒之，使夜中潛誌盜背，明日皆獲。歷磁、相、邢、洺都巡檢使，知安肅軍，徙保州。累遷禮賓使、益州路兵馬鈐轄。還，爲西上閤門使、涇原路鈐轄兼安撫使、知渭州，遷四方館使、昭州刺史、知雄州。

初，元昊反，聲言侵鄜延。繼宣請備麟府。未幾，羌兵果入寇河外，陷豐州。擢捧日天武四廂都指揮使、恩州團練使、知幷州。俄寇麟府，繼宣帥兵營陵井，抵天門關。是夕大雨，及河，師半濟，黑凌暴合，舟不得進，乃具牲酒爲文以禱。已而凌解，師濟，進屯府谷，間遣勇士夜亂賊營。又募黥配廂軍，得二千餘人，號淸邊軍，命偏將王凱主之。軍次三松嶺，賊數萬衆圍之，淸邊軍奮起，斬首千餘級。其相躪藉死者不可勝計。築寧遠砦，相視地脉，鑿石出泉。已而城五砦，遷眉州防禦使，卒。

范廷召，冀州棗強人。父鐸，爲里中惡少年所害。廷召年十八，手刃父讎，剖取其心以祭父墓。弱冠，身長七尺餘，有膂力。嘗爲盜，以勇壯聞。周廣順初，應募爲北面招收指揮使。世宗卽位，入補衞士。從征高平，戰疾力，遷殿前指揮使。從征淮南，戰紫金山，流矢中左股。

宋初，從平李筠、李重進，轉本班都知。又從征太原，再轉散都頭、都虞候、領費州刺史。太平興國中，以日騎軍都指揮使從平太原，征范陽。秦王廷美嘗遣親吏閻懷忠、趙瓊犒禁軍列校，廷召預焉，坐出爲唐州馬步軍都指揮使。

雍熙三年，議北征，召入爲馬步軍都軍頭、領平州刺史、幽州道前軍先鋒都指揮使。與賊遇固安南，破其衆三千，斬首千餘級，克固安、新城二縣，乘勝下涿州。廷召復與賊戰，中流矢，血漬甲縷，神色自若，督戰益急，詔褒之。師還，遷日騎右廂都指揮使、領本州團練使，又遷左廂，移領高州。端拱初，出爲齊州防禦使，數月，授捧日天武四廂都指揮使、領澄州防禦使。二年，轉殿前都虞候、領涼州觀察使、鎭州副都部署。大破契丹三萬衆于徐河，斬首數千級。

淳化二年，爲平虜橋砦都部署，歷并代、環慶兩路副部署。至道中，遣將從五路討李繼遷，命廷召副李繼隆爲環慶靈都部署。廷召出延州路，與賊遇白池，獲米募軍主吃囉等兵器、鎧甲數萬。是役也，諸將失期，獨廷召與王超大小數十戰，屢克捷，上嘉之。俄又爲并代兩路都部署。三年，遷侍衞馬軍都指揮使、領河西軍節度，爲定州行營都部署。

咸平二年，契丹入塞，車駕北巡。廷召與戰瀛州西，斬首二萬級，逐北至莫州東三十里，又斬首萬餘，奪其所掠老幼數萬口，契丹遁去。師還，錄功加檢校太傅，益賦邑，又改殿前都指揮使。四年正月被疾，車駕臨問，卒，年七十五，贈侍中。廷召在軍四十餘年，由顯德以來，凡親征，未嘗不從。善騎射，嘗出獵，有羣烏飛過，廷召發矢，並貫其三，觀者駭異。性惡飛禽，所至處彈射殆絕。尤不喜驢鳴，聞必擊殺之。子守均至散員都虞候、演州刺史；守信內殿承制、閤門祇候；守宣內殿崇班；守慶更名珪，後爲西京作坊副使、淮南江浙荆湖制置發運副使。

葛霸，眞定人。姿表雄毅，善擊刺騎射。始事太宗于藩邸；踐阼，補殿前指揮使，稍遷本班都知，三遷至散員都虞候。雍熙中，幽州之師失律，大補軍校，以霸爲驍騎軍都指揮使、領檀州刺史，戍定州。嘗遇敵唐河，與戰，敗走之，斬獲甚衆。俄召爲御前忠佐馬步軍都軍頭。端拱初，出爲博州團練使，歷潞、代二州部署。淳化元年，擢殿前都虞候、領潘州觀察使，爲高陽關副都部署，進都部署。凡七戰。召還，制授保順軍節度，典軍如故。出爲鎭州都部署，徙天雄軍。

咸平三年，車駕勞師于大名，霸與石保吉同來覲。時康保裔沒于河間，卽日以霸爲貝、冀、高陽關前軍行營都部署。二月，就遷副都指揮使。未幾，改邠寧、涇原、環慶三路都部署。

四年，遷侍衞馬軍都指揮使，領感德軍節度。景德元年，河決澶州橫壠埽，命爲修河都部署。未行，屬北邊有警，眞宗議親征，以霸爲駕前西面邢洺路都部署，又副李繼隆爲駕前東面排陣使，駐澶州。明年召還，以功特加封邑。上言朝廷居明德心喪，尙遏音樂，請停迎授之制，奏可。是年冬，以霸久典兵，年且老，罷軍職，授昭德軍節度、幷代都部署。時廷臣有隸麾下者，頗擾軍民，霸昏耄，爲所罔，眞宗知之，故有是召。

四年夏，徙知耀州。霸雖懦，然能謹直自持。會東封，表求扈蹕。既以疾不能從，車駕還次衞南，疾少閒，迎謁行在。上嘉其意，勞問久之。未幾卒，年七十五，贈太尉。子懷信、懷正、懷敏、懷煦。懷信至如京副使，懷煦內殿承制，懷正博州團練使、知滄、莫二州。

懷敏以蔭授西頭供奉官，加閤門祗候。歷同提點益州路刑獄、襄鄧都巡檢。使契丹，知隰、莫、保三州，累遷東染院使、康州刺史、知雄州，就遷西上閤門使。上平燕策。會歲旱，塘水涸，懷敏慮契丹使至測知其廣深，乃擁界河水注之，塘復如故。召對邊事，復還雄州，改萊州團練使。濁流砦兵叛，殺官吏潰去，懷敏發兵掩襲，盡誅其黨。在雄州五年，徙滄州。

懷敏爲王德用妹婿，德用貶，亦降知滁州。陝西用兵，起爲涇原路馬步軍副總管兼涇原秦鳳兩路經略、安撫副使。既入對，以曹瑋嘗所被介冑賜之，令制置鄜延、環慶兩路存廢砦栅。擢龍神衞四廂都指揮、眉州防禦使、本路副都總管、知涇州〔二〕。遷捧日天武四廂都指揮使、鄜延路副都總管。進殿前都虞候、知延州。范仲淹言其猾懦不知兵，復徙涇原路兼招討、經略、安撫副使。

慶曆二年，元昊寇鎭戎軍，懷敏出瓦亭砦，督砦主都監許思純、環慶路都監劉賀、天聖砦主張貴，及緣邊都巡檢使向進、劉湛、趙瑜等禦敵。軍次安邊砦，給芻秣未絕，懷敏輒離軍，夜至開遠堡北一里而舍。既而自鎭戎軍西南，又先引從騎百餘以前，承受趙正曰：「敵近，不可輕進。」懷敏乃少止。日暮趨養馬城，與知鎭戎軍曹英及涇原路都監李知和王保王文、鎭戎軍都監李岳、西路都巡檢使趙璘等會兵。聞元昊徙軍新壕外，懷敏議質明襲之，乃命諸將分四路趣定川砦〔三〕：劉湛、向進出西水口，涇原路都監趙珣出蓮華堡，曹英、李知和出劉璠堡，懷敏出定西堡。知和與英督軍夜發。翌日，湛、進行次趙福堡，遇敵，戰不勝，保向家峽，懷敏使珣、英幷鎭戎軍西路巡檢李良臣、孟淵援之。

俄報敵已拔栅踰邊壕，懷敏入保定川砦，敵毁板橋，斷其歸路，別爲二十四道以過軍，環圍之。又絕定川水泉上流，以饑渴其衆。劉賀率蕃兵〔四〕鬥于河西，不勝，餘衆潰去。懷敏爲中軍屯砦門東偏〔五〕，英等陣東北隅。敵自褊江三〔六〕、葉燮會出，四面環之。先以銳兵衝中軍，不動，回擊英軍。會黑風起東北，部伍相失，陣遂擾。士卒攀城堞爭入，英面被流矢，仆壕中，懷敏部兵見之亦奔駭。懷敏爲衆蹂躪幾死，輿致甕城，久之乃蘇。復選士據門橋，揮手刃以拒入城者。趙珣等以騎軍四合禦敵，敵衆稍卻，然大軍無鬥志。珣馳入，勸懷敏還軍中。

是夕，敵聚火圍城四隅，臨西北呼曰：「爾得非總管廳點陣圖者邪？爾固能軍，乃入我圍中，今復何往！」夜四鼓，懷敏召曹英、趙珣、李知和、王保、王文、許思純、劉賀、李良臣、趙瑜計議，莫知所出，遂謀結陣走鎮戎軍。雞鳴，懷敏自諭：「親軍左右及在後者皆毋得動，平明，從吾往安西堡。以英、珣爲先鋒，賀、思純爲左右翼，知和爲殿，聽中軍鼓乃得行。」至卯，鼓未作，懷敏先上馬，而大軍按堵未動。懷敏周麾者再，將徑去，有執鞚者勸不可，懷敏不得已而還。使參謀郭京等取芻城中，未至，懷敏復上馬，叱執轡者使去，不聽，拔劍且擊之，士遂散。懷敏驅馬東南，馳二百里〔七〕至長城壕，路已斷，敵周圍之，遂與諸將皆遇害。餘軍九千四百餘人，馬六百餘匹，爲敵所斷。其子宗晟與趙正、郭京、承受王昭明等還保定川。

初，懷敏令軍中步兵毋得動，及前陣已去，後軍多不知者，故皆得存。時韓質、郝從政、胡息〔八〕以兵六千保蓮華堡，劉湛、向進兵一千保向家峽，皆不赴援。於是敵長驅抵渭州，幅員六七百里，焚蕩廬舍，屠掠民畜而去。奏至，帝嗟悼久之，贈懷敏鎭戎軍節度使兼太尉，英、知和、珣、保、文、質〔九〕、岳、貴、璘、思純、良臣及同時戰沒者，及涇原巡檢楊遵、籠竿城巡檢姚奭、涇原都巡檢司監押董謙、同巡檢唐斌、指使霍達，皆贈官有差。復降向進等官，落郝從政、趙瑜職。

懷敏通時事，善候人情，故多以才薦之。及用爲將，而輕率昧於應變，遂至覆軍。帝念之，賜謚忠隱。子宗晟、宗壽、宗禮、宗師，皆遷官。

論曰：眞宗澶淵之役，高瓊之功亦盛矣。范廷召年十八，能手刃父讎；瓊將磔于市，幸以逃免；葛霸善擊刺馬射，給事藩邸：皆非素習韜略者也。及其出身戎行，洊居節鎭，而卓有可觀，由所遇之得其時也。或謂瓊頗自用，謀議不及參佐，而洞曉軍政；霸雖失於巽懦，而能謹直自持；廷召性雖癖，在軍中四十年，累從征討，所至有功：皆不害其爲驍果也。廷召諸子，珪爲最賢，霸子懷敏以戰死，固皆足稱。若繼宣、繼勳之將業，則過其父遠甚，此

「克勤敏功鍾慶之碑」所由以立歟！夫以三子之自樹如此，而不得與狄青、郭逵同日而論者，豈非拳勇之有餘，而器識之不足也歟！

校勘記

〔一〕守東郭二門　按王珪華陽集卷三六高繼勳神道碑作「攻東郭二門未下」，本傳下文「有終紿以勁兵復進攻二門」。疑「守」字當作「攻」。

〔二〕知涇州　「州」原作「原」，據長編卷一三七、東都事略卷四二本傳改。

〔三〕定川砦　原作「定州砦」，據同上書同卷同篇改。

〔四〕蕃兵　「蕃」原作「藩」，據長編卷一三七、東都事略卷四二本傳改。

〔五〕屯砦門東偏　「砦」原作「寨」，據長編卷一三七、太平治蹟統類卷七改。

〔六〕褊江三　長編卷一三七作「偏江州」，太平治蹟統類卷七作「偏江川」。

〔七〕馳二百里　同上書同卷都作「馳行二里許」。

〔八〕胡息　同上書同卷都作「胡恩」。

〔九〕質　按上文葛懷敏諸將有劉賀；長編卷一三七載戰沒諸將有劉賀而無名「質」者，又卷一三八載贈卹戰沒諸將亦有劉賀而無名「質」者，疑「質」爲「賀」之訛。

宋史卷二百九十

列傳第四十九

曹利用 孫繼鄴附　張耆 子希一等　楊崇勳　夏守恩 弟守贇 子隨
狄青 張玉 孫節附　郭逵

曹利用字用之，趙州寧晉人。父諫，擢明經第，仕至右補闕，以武略改崇儀使。利用少喜談辯，慷慨有志操。諫卒，補殿前承旨，改右班殿直，選爲鄜延路走馬承受公事。景德元年，契丹寇河北，眞宗幸澶州，射殺契丹大將撻覽，契丹欲收兵去，使王繼忠議和，擇可使契丹者。利用適奏事行在，樞密院以利用應選，帝曰：「此重事也，毋輕用人。」明日，樞密使王繼英又薦利用，遂授閤門祗候、崇儀副使，奉書詣契丹軍。帝語利用曰：「契丹南來，不求地則邀賂爾。關南地歸中國已久，不可許；漢以玉帛賜單于，有故事。」利用憤契丹，色不平，對曰：「彼若妄有所求，臣不敢生還。」帝壯其言。

利用馳至軍中，耶律隆緒母見利用車上，車軛設横板，布食器，召與飲食，其從臣重行坐。飲食畢，果議關南地，利用拒之。遣其臣韓杞來報命，利用再使契丹。契丹母曰：「晉德我，畀我關南地，周世宗取之，今宜還我。」利用曰：「晉人以地畀契丹，周人取之，我朝不知也。若歲求金帛以佐軍，尚不知帝意可否，割地之請，利用不敢以聞。」其政事舍人高正始遽前曰：「我引衆以來，圖復故地。若止得金帛歸，則愧吾國人矣。」利用曰：「子盍爲契丹熟計，使契丹用子言，恐連兵結釁，不得而息，非國利也。」契丹度不可屈，和議遂定，利用奉約書以歸。擢東上閤門使、忠州刺史，賜第京師。契丹遣使來聘，遂命利用迎勞之。

知宜州劉永規馭下殘酷，軍校乘衆怨，殺永規叛，陷柳城縣，圍象州，分兵掠廣州，嶺南騷動。帝謂輔臣曰：「向者司天占候當用兵，朕固憂遠方守將非其人，以起邊釁，今果然。曹利用曉方略，盡心于事，其以爲廣南安撫使。」利用至嶺外，遇賊武仙縣。賊持健標，蒙采盾，衣甲堅利，鋒鏑不能入。利用使士持巨斧長刀破盾，遂斬首以徇。嶺南平，遷引進使。歷客省使、嘉州防禦使，出爲鄜延路總管。大中祥符七年，拜樞密副使，加宣徽北院使、同知院事，進知院事，遂拜樞密使、同中書門下平章事。

利用在位既久，頗恃功。天禧二年，輔臣丁謂、李迪爭論帝前，迪斥謂姦邪，因言利用與之爲朋黨。利用曰：「以片文遇主，臣不如迪；捐軀以入不測之虜，迪不逮臣也。」迪坐是免，而利用以檢校太師兼太子少保爲會靈觀使，進尙書右僕射。

乾興初，加左僕射兼侍中、武寧軍節度使、景靈宮使，詔如曹彬給公使錢歲萬緡。契丹使者蕭從順桀驁，稱疾留館下，不時發。朝廷遣使問勞，相望於道。利用請一切罷之，從順乃引去。

加司空。舊制，樞密使雖檢校三司兼侍中、尙書令，猶班宰相下。乾興中，王曾由次相爲會靈觀使，利用由樞密使領景靈宮使，時重宮觀使，詔利用班曾上，議者非之。未幾，曾進昭文館大學士、玉淸昭應宮使，將告謝，而利用猶欲班曾上，閤門不敢裁。帝與太后坐承明殿久之，遣押班趣班，閤門惶懼莫知所出，曾抗聲目吏曰：「但奏宰臣王曾等告謝。」班既定，而利用怏怏不平。帝使同列慰曉之，仍詔宰臣、樞密使序班如故事，而利用益驕，尙居次相張知白上。尋召張旻于河陽，爲樞密使，利用疑代己，始悔懼焉。

初，章獻太后臨朝，中人與貴戚稍能軒輊爲禍福，而利用以勳舊自居，不恤也。凡內降恩，力持不予。左右多怨，太后亦嚴憚利用，稱曰「侍中」而不名。利用奏事簾前，或以指爪擊帶鞓，左右指以示太后曰：「利用在先帝時，何敢爾邪？」太后頷之。利用奏抑內降恩難屢卻，亦有不得已從之者。人揣知之，或給太后曰：「蒙恩得內降輒不從，今利用家媪陰諾臣請，其必可得矣。」下之而驗，太后始疑其私，頗銜怒。

內侍羅崇勳得罪，太后使利用召崇勳戒敕之，利用去崇勳冠幘，詬斥良久，崇勳恨之。會從子汭爲趙州兵馬監押，而州民趙德崇詣闕告汭不法事。奏上，崇勳請往按治，遂窮探其獄。汭坐被酒衣黃衣，令人呼萬歲，杖死。初，汭事起，卽罷利用樞密使，加兼侍中判鄧州。及汭誅，謫左千牛衞將軍、知隨州。又坐私貸景靈宮錢，貶崇信軍節度副使，房州安置，命內侍楊懷敏護送。諸子各奪二官，沒所賜第，籍其貲，黜親屬十餘人。宦者多惡利用，行至襄陽驛，懷敏不肯前，以語逼之，利用素剛，遂投繯而絕，以暴卒聞。

後其家請居鄧州，帝惻然許之，命其子內殿崇班淵監本州稅。明道二年，追復節度兼侍中，後贈太傅，還諸子官，賜謚襄悼，命學士趙槩作神道碑，帝爲篆其額曰「旌功之碑」，詔歸所沒舊產。

利用性悍梗少通，力裁僥倖，而其親舊或有因緣以進者，故及於禍。然在朝廷忠藎有守，始終不爲屈，死非其罪，天下寃之。

孫繼鄴字元嗣，其先金陵人。祖謙，事李昪爲長劍都指揮使，南伐閩，援兵不至，戰死。父承睿時爲小校，憤將兵者不如期，致其父沒，乃刺殺之，亡去，轉徙淮、楚間。久之，入京師，以策上太宗，授左班殿直，終左藏庫使。

繼鄴初以三班奉職監涔陽酒稅。會宜州陳進反，曹利用辟以自隨，爲前驅，破賊于象州大烏嶺。以功遷左侍禁、端州兵馬監押。徙秦州永寧砦，總徒城洛門，改西頭供奉官。晁迥薦爲閤門祗候，上禦戎策十數事。又用曹瑋薦，爲鄜延路兵馬都監，徙知環州，累遷崇儀副使。會修築洪德砦，與總兵者論事不協，紬爲冀州兵馬都監，起知保安軍，徙涇州。使契丹。

樞密使曹利用欲用之，繼鄴惡其權盛，陰知利用將有禍，數以疾辭，遂除左龍武軍統軍致仕。利用貶，復爲崇儀副使，遷供備庫使、知石州，徙保州，領恩州刺史、知雄州。累遷西上閤門使，擢爲龍神衞四廂都指揮使、端州防禦使。出爲環慶路副都總管，道改涇原路，兼知渭州。建言：「蕭關故道，前控大川，善水草，賊騎所從出也。誠得屬羌，與奉賜，且羈其酋領，使爲藩籬，則可無西顧憂矣。」爲步軍都虞候，徙眞定路，卒。

張耆字元弼，開封人。年十一，給事眞宗藩邸，及卽位，授西頭供奉官。嘗與石知顒侍射苑中，連發中的，擢供備庫副使、帶御器械。

咸平中，契丹犯邊，以功遷南作坊使、昭州刺史、天雄軍兵馬鈐轄。邊兵未解，徙鎭州行營鈐轄，又徙定州。契丹圍望都，耆與諸將從間道往援，比至，城已陷矣。耆與敵戰，身被數創，殺契丹梟將。遲明復戰，而王繼忠爲契丹所執。耆還，因言天道方利先舉者，請大舉討之，及上興師出境之日。帝以問輔臣，以爲不可。遷昭州團練使、幷代州鈐轄。明年，契丹兵復入，帝欲親征，耆奏邊事十餘條，多論兵貴持重及所以取勝者。召還，入對，帝曰：「卿嘗請北伐，契丹入塞，與卿所請興師之日同，悔不用卿策。今領守澶州而未得人，如何？」耆請行。帝喜，命爲駕前西面鈐轄，令至澶州候契丹遠近。耆馳騎往，改東面排陣鈐轄。

事平，會曹州趙諫告耆受金，爲人求薦禮部，貶供備庫使、潞州都監。久之，事稍辨，復官管勾皇城司。帝以耆歷河東，稔邊事，召耆至宣和閣，問地里險易狀。耆因言：「雲、應、蔚、朔四郡，間遣人以文移至幷、代間，非覘邊虛實，卽欲熟道路。宜密諭代州，使自雲、應、蔚至者由大石谷入，自朔至者由土墱入，餘間道皆塞之以示險。」景德罷兵，耆與曹璨、李神祐、岑保正閱軍籍，請汰罷癃者。遷英州防禦使、侍衞親軍馬軍都虞候。

從帝東封，遷絳州防禦使、殿前都虞候。時建玉淸宮，耆奏疏謂殫國財力，非所以承天意。遷相州觀察使、馬軍副都指揮使。從祀汾陰，授威塞軍節度使，進宣徽南院使兼樞密副使。罷，判河陽。丁父母憂，起復，徙武寧軍節度使，拜同中書門下平章事、判陳州。累遷鎮安軍、淮南節度使、判壽州。遣中書舍人張師德就賜告敕。尋召爲樞密使兼羣牧制置使、會靈觀使。

先名旻，至是表改名耆。加尙書左僕射，歷河陽、泰寧、山南東道、昭德軍節度使，進兼侍中，封鄧國公。章獻太后崩，以左僕射、護國軍節度出判許州，移襄、鄧、孟、許、陳、壽六州，封徐國公。

耆爲人重密，有智數，眞宗在東宮，嘗命授以論語、左氏春秋，後又賜宸戒二十條及聖政記、册府元龜，故頗知傳記及術數之學，言象緯輒中。章獻太后微時嘗寓其家，耆事之甚謹。及太后預政，寵遇最厚，賜第尙書省西，凡七百楹，安佚富盛踰四十年。家居爲曲闌，積百貨其中，與羣婢相貿易。有病者親爲診切，以藥饋之，欲錢不出也。所歷藩鎭，人頗以爲擾。然御諸子嚴，日一見之，卽出就外舍，論者亦以此多之。以太子太師致仕，卒，贈太師兼侍中，謚榮僖。

子二十四人。得一，慶曆中守貝州，妖人王則作亂，不能死，又與之草禮儀，伏誅；可一，坐與羣婢賊殺其妻，棄市；利一，團練使；誠一，客省使、樞密都承旨。

希一字簡翁，以父耆任，累官引進使，歷知冀、邢等九州。貝州叛，希一先引兵至，得其水門。猶坐兄得一累，監洪州鹽。復爲河北緣邊安撫副使。請徙邊兵內地以寬糴費，每州歲爲市平以糴邊穀，使人不能高下其價；戍卒之孥給糧，先軍士一日，使其家爲伍保，坐以逃亡之累，皆著爲法。徙成都利州路鈐轄、眞定府路總管。

累使遼及館客，遼人嘗以雄州不當禁漁界河、及役白溝兩屬民爲言。希一曰：「界河之禁，起於大國統和年，今文移尚存。白溝本輸中國田租，我太宗特除之，自是大國侵牟立稅，故名兩屬，惡有中國不役之理？」遼人詞塞。以均州防禦使提舉集禧觀，卒。弟利一。

利一字和叔。以蔭補供奉官、光州都監。提點京東、淮南刑獄，知莫、冀二州，爲河北緣邊安撫都監兼閤門通事舍人、知廣信軍。

諜告遼人宋元寇邊，利一置酒高會於譙門，元率衆遁去。徙知保州、雄州，累遷西上閤門使、嘉州團練使。遼人刺兩屬民爲兵，民不堪其辱，利一綏徠之。有大姓舉族南徙，慕而來者至二萬。利一發廩振恤，且移詰涿州，自是不敢復刺。

巡檢趙用有罪，坐不察舉，改衞州鈐轄。久之，爲定州路鈐轄，進馬步軍總管〔一〕，徙眞定、大名府路。歷知代、滄、澶、鄭、相州，終雄州團練使。

楊崇勳字寶臣，薊州人。祖守斌，事太祖爲龍捷指揮使。父全美，事太宗爲殿前指揮使。崇勳以父任爲東西班承旨，事眞宗于東宮。帝嘗曰：「聞若嗜學，吾授若書。」崇勳自是稍通兵法及前代興廢之事。眞宗卽位，遷右侍禁、西頭供奉官、寄班祗候。

雷有終討王均，崇勳承受公事，以奏捷擢內殿崇班。累遷西上閤門使、羣牧都監，改副使，以左衞大將軍、恩州刺史爲樞密都承旨，尋提舉樞密諸房、通進銀臺司事。以英州防禦使爲馬軍都虞候、幷代州馬步軍副都總管〔二〕，留爲客省使、領羣牧使。

眞宗久不豫，寇準罷。入內副都知周懷政謀奉帝爲太上皇，傳位太子，復相準。嘗以謀訪崇勳，崇勳以變告。丁謂得其辭，夜造曹利用，共議發之。翌日，誅懷政，擢崇勳鄧州觀察使，不拜，乃以內客省使領桂州觀察使，復兼羣牧使。初，羣牧置使皆以文臣領之，崇勳曰：「馬者戰備，雖無事，可去邪？」

仁宗卽位，以彰德軍節度觀察留後知陳州，授殿前都虞候、眞定府定州路副都總管、知定州，歷馬軍副都指揮使、殿前都指揮使、振武軍節度使，拜宣徽南院使兼樞密副使。宮中火，爲修葺副使。又歷鎭南、定武軍、山南東道節度使。

章獻與仁宗言，先帝最稱崇勳質信，可任大事，乃進樞密使。百官詣洪福院上章懿册，退而立班奉慰，宰相張士遜過崇勳園飲，日中期不至。御史中丞范諷劾奏，與士遜俱罷，以同平章事、河陽三城節度使判許州。翌日，改陳州。景祐初，懷政家人訟寃，遂罷同平章事，知壽州，徙亳州，復知陳州。

契丹將渝盟，朝廷擇將備邊，崇勳請行，復拜同平章事、判定州。既而老不任事，徙成德軍，又徙鄭州。坐其子宗誨納賕枉法，以左衞上將軍致仕，改太子太保，卒。贈太尉，謚恭密，尋改謚恭毅。

崇勳性貪鄙，久任軍職。當眞宗時，每對，輒肆言中外事，喜中傷人，人以是畏之。在藩鎭日，嘗役兵工作木偶戲人，塗以丹白，舟載鬻於京師。

夏守恩字君殊，并州楡次人。父遇，爲武騎軍校，與契丹戰，歿。時守恩纔六歲。補下班殿侍，給事襄王宮，累遷西頭供奉官。

眞宗卽位，四遷至北作坊使、普州刺史。帝幸澶淵，守恩從行，數見任使。遷博州刺史，歷龍神衞、捧日天武四廂都指揮使，泰州防禦使。帝不豫，中宮預政，以守恩領親兵，倚用之。擢殿前都虞候，以安遠軍節度使觀察留後管勾殿前馬步軍都指揮使事。

天聖初，加步軍副都指揮使、威塞軍節度使，爲永定陵總管。雷允恭、邢中和徙皇堂，穿地得水泉，土石相半，人疫，功不就。守恩以聞，允恭等伏誅。徙節河陽三城，歸本鎮，知澶、相、曹三州，并代路馬步軍都總管，歷天雄、泰寧、武寧節度使，爲眞定府定州路都總管。

守恩所至，恃寵驕恣不法。其子元吉通賂遺，市物多不予直。定州通判李參發其贓，命侍御史趙及與大名府通判李鉞鞫問得實，法當死，帝命貸之，除名連州編管，卒貶所。

守贇字子美。初，守恩給事襄王邸，王問其兄弟，守恩言守贇四歲而孤，日侍王邸，不得時撫養，心輒念之。王爲動容，卽日召入宮，而憐其幼，聽就外舍。後二年，復召入，王乳母齊國夫人使傅婢拊視之。

稍長，習通文字。王爲太子，守贇典工作事。及卽位，授右侍禁。李繼遷叛，命使綏、夏伺邊釁，遷西頭供奉官、寄班祗候。帝幸大名，爲駕前走馬承受。康保裔與賊戰，沒，部曲畏誅，聲言保裔降賊，密詔守贇往察之。守贇變服入營中，廉問得狀，還奏稱旨。詔恤保裔家，以守贇爲眞定路走馬承受公事。

帝幸澶淵及祀汾陰，皆爲駕前巡檢，累遷東綾錦副使。從幸亳州，命修行宮。轉崇儀使、提舉倉草場。帝甚親信之，遣中使問守贇曰：「欲管軍乎？爲横行使乎？」守贇曰：「臣得日近冕旒足矣。」尋遷西上閤門使、提舉諸司庫務，以右千牛衞大將軍、昭州刺史爲樞密都承旨，兼領三班院。

每契丹使至，與楊崇勳迭爲館伴副使，凡十餘年。擢侍衞親軍步軍都虞候，改馬軍、并代州都總管。累遷步軍、馬軍殿前副都指揮使，建武、鎭東、保大軍節度使。俄以修大內勞，除殿前都指揮使，徙定國軍節度使。

守恩坐贓廢，守贇亦以鎭海軍節度使罷管軍，之本鎭。踰年，徙定州路都總管，召知樞密院事。既入見，帝問西事，守贇言：「平時小障屯兵馬不及千餘，賊兵盛至，固守不暇，安能出鬭邪？宜併其兵以據衝要，伺便邀擊，功或可成。」帝然之。

劉平、石元孫敗，人有以降賊誣告者。守贇頗辨其枉，引康保裔事爲質，自請將兵擊賊。換宣徽南院使、陝西馬步軍都總管兼經略、安撫、緣邊招討使，命勾當御藥院張德明、黎用信掌御劍以隨之。然守贇性庸怯，寡方略，不爲士卒所服。

尋詔駐軍河中，居數月，徙屯鄜州。其子隨爲陝西緣邊招討副使。時晏殊、宋綬知樞密院，又召守贇同知院事。隨卒，守贇請罷，以宣徽南院使、天平軍節度使判澶州，以疾徙相州。疾稍平，復爲眞定府定州等路都總管，未至，徙高陽關，就判瀛州。卒，贈太尉，謚忠僖。

隨字君正，頗好儒術，多從士大夫游。以父蔭爲茶酒班殿侍，遷右班殿直。仁宗在東宮，爲率府副率兼春坊謁者。及卽位，除內殿承制、閤門祗候，累遷西上閤門使，出爲天雄軍兵馬鈐轄。以母疾召還，領三班院，再遷四方館使、營州刺史。出知衞州，眞拜韶州團練使。徙邠州，遷泰州防禦使。

元昊反，爲鄜延路副都總管。隨本名元亨，與元昊有嫌，因奏改焉。尋徙環慶路，未幾，復還鄜延。元昊爲書及錦袍、銀帶投境上，以遺金明李士彬，且約與同叛。候人得之，諸將皆疑士彬，獨隨曰：「此行間爾。士彬與羌世仇，若有私約，通贈遺，豈使衆知邪？」乃召士彬與飲，厚撫之。士彬感泣，後數日，果擊賊，斬首獲羊馬自效。

及守贇知樞密院事，除耀州觀察使〔三〕、知亳州。劉平、石元孫敗，以隨知河中府。守贇經略安撫陝西，留領會靈觀事。守贇還，復爲陝西副都總管兼緣邊招討副使。帝曰：「朝廷方以邊事委卿，卿毋以父在機密爲嫌。」時隨已病，次陝州，卒。贈昭信軍節度使，謚莊恪。隨在邊陲無多戰功，然愼重少過。

論曰：曹利用挺身不測之淵，以口舌啖契丹，使河北七十年無鋒鏑之虞，勳業固偉矣。嶺南之戰，亦豈可少哉！恃功怙寵，禍萌而弗悟，可悲也已！耆、崇勳二夏奮闒茸，位將相，皆驕侈貪吝，恃私恩，違淸議，君子所不取也。

狄靑字漢臣，汾州西河人。善騎射。初隸騎御馬直，選爲散直。寶元初，趙元昊反，詔擇衞士從邊，以靑爲三班差使、殿侍、延州指使。時偏將屢爲賊敗，士卒多畏怯，靑行常爲先鋒。凡四年，前後大小二十五戰，中流矢者八。破金湯城，略宥州，屠嚨咩、歲香、毛奴、尙羅、慶七、家口等族，燔積聚數萬，收其帳二千三百，生口五千七百。又城橋子谷，築招安、豐林、新砦、大郎等堡，皆扼賊要害。嘗戰安遠，被創甚，聞寇至，卽挺起馳赴，衆爭前爲用。臨敵被髮、帶銅面具，出入賊中，皆披靡莫敢當。

尹洙爲經略判官，靑以指使見，洙與談兵，善之，薦於經略使韓琦、范仲淹曰：「此良將材也。」二人一見奇之，待遇甚厚。仲淹以左氏春秋授之曰：「將不知古今，匹夫勇爾。」靑折節讀書，悉通秦、漢以來將帥兵法，由是益知名。以功累遷西上閤門副使，擢秦州刺史、涇原路副都總管、經略招討副使，又加捧日天武四廂都指揮使、惠州團練使。

仁宗以青數有戰功，欲召見問以方略，會賊寇渭州，命圖形以進。元昊稱臣，徙眞定路副都總管，歷侍衞步軍殿前都虞候、眉州防禦使，遷步軍副都指揮使、保大安遠二軍節度觀察留後，又遷馬軍副都指揮使。

青奮行伍，十餘年而貴，是時面涅猶存。帝嘗敕青傅藥除字，青指其面曰：「陛下以功擢臣，不問門地，臣所以有今日，由此涅爾，臣願留以勸軍中，不敢奉詔。」以彰化軍節度使知延州，擢樞密副使。

皇祐中，廣源州蠻儂智高反，陷邕州，又破沿江九州，圍廣州，嶺外騷動。楊畋〔四〕等安撫經制蠻事，師久無功。又命孫沔、余靖爲安撫使討賊，仁宗猶以爲憂。青上表請行，翌日入對，自言：「臣起行伍，非戰伐無以報國。願得蕃落騎數百，益以禁兵，羈賊首致闕下。」帝壯其言，遂除宣徽南院使、宣撫荆湖南北路、經制廣南盜賊事，置酒垂拱殿以遣之。時智高還據邕州，青合孫沔、余靖兵次賓州。

先是，蔣偕、張忠皆輕敵敗死，軍聲大沮。青戒諸將毋妄與賊鬥，聽吾所爲。廣西鈐轄陳曙乘青未至，輒以步卒八千犯賊，潰于崑崙關，殿直袁用等皆遁。青曰：「令之不齊，兵所以敗。」晨會諸將堂上，揖曙起，幷召用等三十人，按以敗亡狀，驅出軍門斬之。沔、靖相顧愕眙，諸將股栗。

已而頓甲，令軍中休十日。覘者還，以爲軍未卽進。青明日乃整軍騎，一晝夜絕崑崙關，出歸仁鋪爲陣。賊既失險，悉出逆戰。前鋒孫節搏賊死山下，賊氣銳甚，沔等懼失色。青執白旗麾騎兵，縱左右翼，出賊不意，大敗之，追奔五十里，斬首數千級，其黨黃師宓、儂建中智中及僞官屬死者五十七人，生擒賊五百餘人，智高夜縱火燒城遁去。遲明，青按兵入城，獲金帛鉅萬、雜畜數千，招復老壯七千二百嘗爲賊所俘脅者，慰遣之。梟黃師宓等邕州城下，斂尸築京觀于城北隅。時賊尸有衣金龍衣者，衆謂智高已死，欲以上聞。青曰：「安知非詐邪？寧失智高，不敢誣朝廷以貪功也。」初，青之至邕也，會瘴霧昏塞，或謂賊毒水上流，士飲者多死，青殊憂之。一夕，有泉湧砦下，汲之甘，衆遂以濟。

復爲樞密副使，遷護國軍節度使、河中尹。還至京師，帝嘉其功，拜樞密使，賜第敦教坊，優進諸子官秩。初，青既行，帝每憂之曰：「青有威名，賊當畏其來。左右使令，非青親信者不可；雖飲食臥起，皆宜防竊發。」乃馳使戒之。及聞青已破賊，顧宰相曰：「速議賞，緩則不足以勸矣。」

始，交阯願出兵助討智高，余靖言其可信，具萬人糧于邕、欽待之。詔以緡錢三萬賜交阯爲兵費，許賊平厚賞之。青既至，檄余靖無通使假兵，卽上奏曰：「李德政聲言將步兵五萬、騎一千赴援，非其情實。且假兵于外以除內寇，非我利也。以一智高而横蹂二廣，力不能討，乃假兵蠻夷，蠻夷貪得忘義，因而啓亂，何以禦之？請罷交阯助兵。」從之。賊平，人服其有遠略。

青在樞密四年，每出，士卒輒指目以相矜誇。又言者以青家狗生角，且數有光怪，請出青於外以保全之，不報。嘉祐中，京師大水，青避水徙家相國寺，行止殿上，人情頗疑，乃罷青爲同中書門下平章事，出判陳州。明年二月，疽發髭，卒。帝發哀，贈中書令，謚武襄。

青爲人愼密寡言，其計事必審中機會而後發。行師先正部伍，明賞罰，與士同饑寒勞苦，雖敵猝犯之，無一士敢後先者，故其出常有功。尤喜推功與將佐。始，與孫沔破賊，謀一出青，賊既平，經制餘事，悉以諉沔，退若不用意者。沔始歎其勇，既而服其爲人，自以爲不如也。尹洙以貶死，青悉力賙其家事。子諮、詠，並爲閤門使。詠數有戰功。

熙寧元年，神宗考次近世將帥，以青起行伍而名動夷夏，深沈有智略，能以畏愼保全終始，慨然思之，命取青畫像入禁中，御製祭文，遣使賚中牢祠其家。

張玉字寶臣，保定人。以六班散直隸狄青麾下，築青澗、招安砦。遇夏兵三萬，有馳鐵騎挑戰者，玉單持鐵簡出鬥，取其首及馬，軍中因號曰張鐵簡。以狀聞，仁宗曰：「眞勇將

也。」以爲本路同巡檢。從征儂智高，抵歸仁驛，賊列三銳陳以逆官軍，軍小卻，玉率右廂

突騎橫貫賊壘，賊大潰。帝召見，使作銳陳於殿廷下，觀破賊之勢。擢爲廣西鈐轄，徙大名，進龍、神四廂都指揮使，爲副都總管。

諒祚攻大順城，玉以兵三千夜擊之，驚潰而去。累遷昭州防禦使，徙涇原。熙寧中，慶州卒叛，玉襲逐于石門，卒窮蹙請降，玉斬二百人，坐奪職，降爲陵州團練使，居數月，復之。王韶開熙河，玉遷宣州觀察使，爲副都總管。河北置三十七將，以玉爲第一將。入爲馬步軍都虞候，卒，贈建雄留後。

孫節，開封人。少隸軍籍，以才勇補右侍禁。與狄青同在延州，數攻破敵砦有功，累遷西京左藏庫副使。及青討智高，辟隸麾下。至歸仁鋪，節爲前鋒，直前搏戰，賊銳甚，節壓山下，俄中槍而沒。特贈忠武軍節度留後，封其妻爲仁壽郡君，官其子二人、從子三人，給諸司副使奉，終其喪。

郭逵字仲通，其先自邢徙洛。康定中，兄遵死於敵，錄逵爲三班奉職，隸陝西范仲淹麾

下。仲淹勉以問學。延安清剛社募兵誤殺熟羌，將論死，逵請而免之，活壯士十三人。方議取靈武，逵曰：「地遠而食不繼，城大而兵不多，未見其利。」未幾，涇原任福以全軍沒，人服其先見。

陳執中安撫京東，奏爲駐泊將。執中與賓佐論當今名將，共推葛懷敏。逵曰：「懷敏易與爾，他日必敗朝廷事。」執中始怒，居數日，問曰：「君何以知葛懷敏非名將而敗事邪？」曰：「喜功徼幸，徒勇無謀，可禽也。」執中歎曰：「君眞知兵，懷敏既覆師矣。」爲眞定兵馬監押。保州卒叛，田况遣逵往招之。逵與亂者侍其臻嘗同事范仲淹，馳至城下，示以舊所佩紫囊。臻識之，卽與其黨韋貴、史克順皆再拜，邀逵登城。既見，申諭禍福，衆或疑不卽下，曰：「若降，恐不免。」逵請以身爲質，於是開城降。論功加閤門祗候、環慶兵馬都監。遭母憂，不得解官，凡三請乃許。慶帥杜杞贐以錢四十萬，謝弗受。卒喪，爲涇原都監。拔古渭城，轉通事舍人，徙河北緣邊安撫都監。副吳奎使契丹，値其主受尊號，入觀禮。使還，黜爲汾州都監。

龐籍鎭河東，俾權忻州。契丹來求天池廟地，籍不能決，以諉逵。逵訪得太平興國中故牘，證爲王土，檄報之，契丹愧伏。

湖北溪蠻彭仕羲叛，加帶御器械，爲路鈐轄兼知澧州。得蠻親信爲鄉導，盡平諸險，遂破其所居桃花州，仕義棄城走，衆悉降。遷禮賓使，徙南路鈐轄、知邵州。武岡蠻反，逵討平之。累遷容州觀察使。仁宗山陵，以逵掌宿衞。遷殿前都虞候，出爲涇原路副都部署。

治平二年，以檢校太保同簽書樞密院，旋出領陝西宣撫使，判渭州。逵雖立軍功，而驟躋政地，議者不厭，諫官、御史交論之，不聽。神宗卽位，遷靜難軍留後，召還。言者復力爭，乃改宣徽南院使、判鄆州。至鄆七日，徙鎭鄜延。

种諤受嵬名山降，取綏州，夏人遂殺楊定。朝論以邊釁方起，欲棄綏。逵曰：「虜旣殺王官，而又棄綏不守，見弱已甚。且名山擧族來歸，當何以處？」旣而夏人欲以塞門、安遠二砦來易，朝廷許之。逵曰：「此正商於六百里之策也。非先交二砦，不可與。」遣其屬趙离、薛昌朝與夏使議，唯言砦基，离曰：「二砦之北，舊有三十六堡，且以長城嶺爲界，西平王祥符所移書固在也。」虜使驚不能對，乃寢其請。初，詔焚棄綏州，逵匿而不下。至是，帝問大臣，皆莫知，逵始自劾向者違詔旨之罪，帝手詔褒答。

夏人又求以亡命景詢易名山，逵曰：「詢，庸人也，於事何所輕重！受之則不得不還名山，恐自是蕃酋無復敢向化矣。」逵詗得殺楊定者首領姓名，諜告將斬之於境以謝罪，逵曰：「是且梟死囚以紿我。」報曰：「必執李崇貴、韓道喜來。」夏人言：「殺之矣。」逵命以二人狀貌物色詰問虜，情得，乃執獻之。加檢校太尉、雄武軍留後。

韓絳主种諤計圖橫山，與逵議出兵。逵曰：「諤，狂生爾，朝廷徒以家世用之，必誤大事。」絳怒，以爲沮撓，奏召逵還。明年，慶州亂，出判永興，徙秦州。王韶開熙河，逵案其不法。朝廷遣蔡確鞫之，謂逵誣罔，落宣徽使、知潞州。徙太原，復宣徽使。

交阯李乾德陷邕管，召爲安南行營經略招討使兼荊湖、廣南宣撫使，請鄜延、河東舊吏士自隨。將行，宴於便殿，賜中軍旗章劍甲以示寵。次長沙，先遣將復邕、廉；至廣西，討拔廣源州，降守將劉應紀；又拔決里隘，乘勝取桄榔、門州，大戰富良江，斬僞王子洪眞。乾德窮蹙，奉表歸命。時兵夫三十萬人，冒暑涉瘴地，死者過半。至是，與賊隔一水不得進，乃班師。坐貶左衞將軍，西京安置，屏處十年。哲宗立，復左屯衞大將軍致仕。起知潞州，進廣州觀察使、知河中。辭歸洛，改左武衞上將軍、提舉崇福宮，卒。輟視朝一日，贈雄武軍節度使。

逵忼慨喜兵學，神宗嘗訪八陣遺法，對曰：「兵無常形，是特奇正相生之一法爾。」因爲帝論其詳。在延安，使以教兵，久不就。逵擇諸校習金鼓屯營者六十四人，使人教一隊，頃刻而成。尤善用偏裨，每至所部，令人自言所能，暇日閱按之，故臨陣皆盡其技。

李復圭治慶州之敗，既斬李信、劉甫，又欲罪鄜延都巡檢使白玉。玉見逵託以後事，且泣言不得終養母。逵哀之，不遣，申救甚力，得免。已而玉大捷于新砦，神宗謂逵曰：「白玉能以功補過，卿之力也。」每戰，先招懷，後戰鬥，愛惜士卒，不妄加誅戮。其殺賊婦女老弱者，皆不賞。雖坐征南無功久廢，猶隱然爲一時宿將云。

論曰：宋至仁宗時，承平百年，武夫鷙卒遭時致位者雖有之，起健卒至政府，隱然爲時名將，惟青與逵兩人爾。青在邊境凡二十五戰，無大勝，亦無大敗，最後崑崙一舉，頗著奇雋。攷其識量，亦過人遠矣。逵料葛懷敏之敗，如燭照龜卜，一時最爲知兵。雖南征無功，用違其長，又何尤焉。

校勘記

〔一〕馬步軍總管　「步」原作「部」。按本書卷一六七職官志「府州軍監」條，知太原、定州、眞定等府州者都兼馬步軍都總管。此處「部」字當爲「步」之誤，據改。

〔二〕馬步軍副都總管　「步」原作「部」。按宋祁景文集卷六一楊崇勳行狀作「馬步軍副都部署」。「都部署」卽「都總管」，據改。

〔三〕除耀州觀察使　「除」字原脫，據東都事略卷六二本傳補。

〔四〕楊畋　原作「楊略」，據本書卷三〇〇本傳、長編卷一七三改。

宋史卷二百九十一

列傳第五十

吳育 宋綬子敏求 從子昌言 李若谷子淑 孫壽朋 復圭 王博文子疇 王䮐

吳育字春卿，建安人也。父待問，與楊億同州里，每造億，億厚禮之。門下少年多易之，億曰：「彼他日所享，非若曹可望也。」累官光祿卿，以禮部侍郎致仕。

育少奇穎博學，舉進士，試禮部第一，中甲科。除大理評事，遷寺丞。歷知臨安、諸暨、襄城三縣。自秦悼王葬汝後，子孫從葬，皆出宦官典護。歲時上冢者，往來呼索擾州縣。育在襄城，請凡官所須，具成數，毋容使者妄索，羊豕悉出大官，由是民省供費殆半。宦官過者銜之，或中夜叩縣門，索牛駕車，育拒不應。異時宗子所過，縱鷹犬暴民田，入襄城境，輒相戒約，毋敢縱者。

舉賢良方正，擢著作郎、直集賢院、通判蘇州。還知太常禮院，奏定禮文，名太常新禮慶曆祀儀。改右正言，歷三司鹽鐵、戶部二判官。尋以本官供諫職。

元昊僭號，議出兵討之。羣臣曰：「元昊，小醜也，旋即誅滅矣。」育獨建言：「元昊雖稱蕃臣，其尺賦斗租，不入縣官，且服叛不常，請置之，示不足責。且已僭輿服，勢必不能自削，宜援國初江南故事，稍易其名，可以順撫而收之。」不報。復上言：「宜先以文誥告諭之，尚不賓，姑嚴守禦，不足同中國叛臣亟加征討。且征討者，貴在神速；守禦者，利於持重。羌人剽悍多詐，出沒不時，我師乘銳，見小利小勝，必貪功輕進，往往墮賊計中。第嚴約束，明烽候，堅壁清野，以挫其鋒。」時方銳意討之，既而諸將多覆軍者，久之無功，卒封元昊為夏國主，如育所議。

育又上言：「天下久安，務因循而厭生事，政令紀綱，邊防機要，置不復修。一有邊警，則倉皇莫知所為，殆稍安靜，則又無敢輒言者。若政令修，紀綱肅，財用富，恩信給，賞罰明，將帥練習，士卒精銳，則四夷望風，自無他志。若一不備，則乘間而起矣。」

又曰：「漢通西域諸國，斷匈奴右臂。諸戎內附，雖有桀黠，不敢獨叛。唐太宗嘗賜回鶻可汗幷其相手書，納其貢奉，厚以金帛。眞宗命潘羅支攻殺李繼遷，而德明迺降。元昊第見朝廷比年與西域諸戎不通朝貢，乃得以利啗鄰境，固其巢穴，無肘腋之患。跳梁猖獗，彼得以肆而不顧矣。請募士諭嗢厮囉及他蕃部，離散其黨與，使併力以攻，而均其恩賜，此伐謀之要也。」因錄上眞宗時通西域諸蕃事迹。除同修起居注，遂知制誥，進翰林學士，累遷禮部郎中。

契丹與元昊構兵，元昊求納款。契丹使來請勿納元昊，朝廷未知所答。育因上疏曰：「契丹受恩，爲日已久。不可納一叛羌，失繼世兄弟之懽。今二蕃自鬥，鬥久不解，可觀形勢，乘機立功。萬一過計亟納元昊，臣恐契丹窺兵趙、魏，朝廷不得元昊毫髮之助，而太行東西，且有煙塵之警矣。宜使人諭元昊曰：『契丹汝世姻，一旦自絕，力屈而歸我，我所疑也。若無他者，當順契丹如故，然後許汝歸款。』告契丹曰：『已詔元昊，如能投謝轅門，卽聽內附；若猶堅拒，當爲討之。』如此，則彼皆不能歸罪我矣。」於是召兩制，出契丹書，令兩制同上對，不易育議。

尋知開封府。居數日，發大奸吏一人，流嶺外。又得巨盜，積贓萬九千緡，獄具而輒再變，帝遣他吏按之，卒伏法。時歲饑多盜，育嚴賞功之法，嘗得盜而未賞者，一切賞之，以明不欺。

慶曆五年，拜右諫議大夫、樞密副使。居數月，改參知政事。山東盜起，帝遣中使按視，還奏：「盜不足慮。兗州杜衍、鄆州富弼，山東人尊愛之，此可憂也。」帝欲徙二人于淮南。育曰：「盜誠無足慮者，小人乘時以傾大臣，禍幾不可禦矣。」事遂寢。章獻、章懿太后升祔眞宗廟，議者請覃恩，且優賜軍士。育曰：「無事而啓僥倖，誰爲陛下建此議者，請治之。」已而外人多怨執政者，帝以語輔臣。育曰：「此必建議者欲動搖上聽，臣以身許國，何憚此耶？」

向綬知永靜軍，爲不法，疑通判江中立發其陰事，因構獄以危法中之，中立自經死。綬宰相子，大臣有營助，欲傅輕法。育曰：「不殺綬，無以示天下。」卒減死一等，流南方。御史唐詢請罷制科，帝刊其名付中書，育奏疏駁議，帝因諭輔臣曰：「彼上言者，乞從內批行下，今乃知欺罔也。」育曰：「非睿聽昭察，則挾邪蠹國，靡所不爲。願出姓名按劾，以明國法。」

育在政府，遇事敢言，與宰相賈昌朝數爭議上前，左右皆失色。育論辨不已，乃請曰：「臣所辨者，職也；顧力不勝，願罷臣職。」乃復以爲樞密副使。明年大旱，御史中丞高若訥曰：「大臣喧爭爲不肅，故雨不時若。」遂罷昌朝，而育歸給事中班。未幾，出知許州，徙蔡州。設伍保法，以檢制盜賊。時京師有告妖人千數聚確山者，詔遣中使往召捕者十人。至，則以巡檢兵往索之，育曰：「使者欲得妖人還報邪？」曰：「然。」曰：「育在此，雖不敏，聚千人境內，毋容不知。此特鄉民用浮圖法相聚，以利錢財爾，一弓手召之，可致也。今以兵往，人相驚疑，請留毋往。」中使以爲然。頃之，召十人者至，械送闕下，皆無罪釋之。而告者伏辜。

尋以資政殿學士知河南府，徙陜州。上書論詔獄曰：「先王凝旒黈纊，不欲聞見人之過失也。設有罪，即屬之有司。楊儀嘗爲三司判官，近自御史臺移劾都亭驛，械縛過市，人人不測爲何等大獄。及聞案具，乃止請求常事。使道路衆口紛紛竊議，朝廷之士，人皆自危，豈養廉恥、示敦厚之道哉。」

遷禮部侍郎、知永興軍，召兼翰林侍讀學士。以疾辭，且請便郡。帝語大臣曰：「吳育剛正可用，第嫉惡太過耳。」因命知汝州，遣內侍賜以禁中良藥。會疾不已，又請居散地，以集賢院學士判西京留司御史臺。外臺舊不領民事，時張堯佐知河陽，民訟久不決，多詣育訴。育爲辨曲直，判書狀尾，堯佐畏懼奉行。復爲資政殿學士兼翰林侍讀學士、知陜州，進資政殿大學士。召還，判尚書都省。

一日，侍讀禁中，帝因語及「臣下毁譽，多出愛憎，卿所當愼也」。育曰：「知而形之言，不若察而行之事。聖主之行，如日月之明。進一人，使人皆知其善，出一人，使人皆曉其惡，則陰邪不能構害，公正可以自立，百王之要道也。」帝數欲大用，爲諫官劉元瑜誣奏育在河南嘗貸民出息錢。久之，除宣徽南院使、鄜延路經略安撫使、判延州。

夏人既稱臣，而並邊種落數侵耕爲患。龐籍守幷州，欲築堡備之。育謂：「要契未明而亟城，則羌人必爭，爭而受患者必麟府也。」移文河東，又遺籍手書及疏於朝，不報。既而夏人果犯河外，陷驍將郭恩，而太原將佐皆得罪去。疾復作，辭不任邊事，求解宣徽使，復以爲資政殿大學士、尙書左丞、知河中府，徙河南。病革，視事如平日，因閱囚辨非罪，竄舞文吏二人。已而卒，年五十五。贈吏部尙書，謚正肅。

育性明果，所至作條敎，簡疏易行而不可犯。遇事不妄發，發卽人不能撓。辨論明白，使人聽之不疑。

初尹開封，范仲淹在政府，因事與仲淹忤。旣而仲淹安撫河東，有奏請，多爲任事者所沮，育取可行者固行之。其在二府，待問以列卿奉朝請，育不自安，請罷去，不聽。及出帥永興，時待問尙亡恙，肩輿迎侍，時人榮之。晚年在西臺，與宋庠相唱酬，追裴、白遺事至數百篇。體素羸，少時力學，得心疾。後得古方，和丹砂餌之，大醉，一夕而愈。後數發，每發數十日乃已。有集五十卷。弟充，爲宰相，自有傳。

宋綬字公垂，趙州平棘人。父皐，尙書度支員外郞、直集賢院。綬幼聰警，額有奇骨，爲外祖楊徽之所器愛。徽之無子，家藏書悉與綬。綬母亦知書，每躬自訓敎，以故博通經史百家，文章爲一時所尙。

初，徽之卒，遺奏補太常寺太祝。年十五，召試中書，眞宗愛其文，遷大理評事，聽於祕閣讀書。大中祥符元年，復試學士院，爲集賢校理，與父皋同職。後賜同進士出身，遷大理寺丞。及祀汾陰，召赴行在，與錢易、陳越、劉筠集所過地志、風物、故實，每舍止即以奏。將祠亳州太淸宮，以簽書亳州判官事、入爲左正言、同判太常禮院。久之，判三司憑由司。建言：「比歲下赦令釋逋負，後期未報者六十八州。請於諸路選官考覈，期半月以聞。」於是脫械繫三千二百人，蠲積負數百萬。

擢知制誥、判吏部流內銓兼史館修撰、玉淸昭應宮判官。累遷戶部郎中、權直學士院，同修眞宗實錄，進左司郎中，遂爲翰林學士兼侍讀學士、勾當三班院。始詔讀唐史，固求解三班以顓進講。同修國史，遷中書舍人。昭應宮災，罷二學士。踰年，復翰林學士。史成，遷尙書工部侍郎兼侍讀學士。

時太后猶稱制，五日一御承明殿，垂簾決事，而仁宗未嘗獨對羣臣也。綬奏言：「唐先天中，睿宗爲太上皇，五日一受朝，處分軍國重務，除三品以下官，決徒刑。宜約先天制度，令羣臣對前殿，非軍國大事，除拜皆前殿取旨。」書上，忤太后意，改龍圖閣學士，出知應天府。太后崩，帝思綬言，召還，將大用，而宰相張士遜沮止之，復加翰林侍讀學士。詔定章獻明肅、章懿太后祔廟禮，綬援春秋考仲子之宮、唐儀坤廟故事，請別築宮曰奉慈廟以安神主，事多采用。

始置端明殿學士，以命綬，綬固辭。又言：「帝王御天下，在總攬威柄。而一紀以來，令出簾帷。自陛下躬親萬務，內外延首，思見聖政，宜懲違革弊，以新百姓之耳目。而賞罰號令，未能有過於前日，豈非三事大臣不能推心悉力，以輔陛下之治耶？頃太后朝多吝除拜，而邪幸或徑取升擢，議者謂恩出太后。今恩賞雖行，又謂自大臣出，非大臣朋黨罔上，何以得此。朋黨之爲朝廷患，古今同之。或窺測帝旨，密令陳奏；或附會己意，以進退人。大官市恩以招權，小人趨利以售進，此風寖長，有蠹邦政。太宗嘗曰：『國家無外憂必有內患。外憂不過邊事，皆可預防；奸邪共濟爲內患，深可懼也。』眞宗亦曰：『唐朋黨尤盛，王室遂卑。』願陛下思祖宗之訓，念王業艱難，整齊綱紀，正在今日。」張士遜罷，迺拜綬參知政事。

初，有詔罷修寺觀，而章惠太后以舊宅爲道觀，諫官、御史言之。帝曰：「此太后奩中物也，諫官、御史欲邀名邪？」綬進曰：「彼豈知太后所爲哉，第見興土木違近詔，即論奏之。且事有疑似，彼猶指爲過，或陛下有大闕失，近臣雖不言，然傳聞四方，爲聖政之累，何可忽也。太祖嘗謂唐太宗爲諫官所詆，不以爲愧。何若動無過舉，使無得而言哉？」

郭皇后廢，帝命綬作詔云：「當求德閥，以稱坤儀。」既而左右引富人陳氏女入宮，綬曰：「陛下乃欲以賤者正位中宮，不亦與前日詔語戾乎？」後數日，王曾入對，又論奏之。帝曰：

「宋綬亦如此言。」時大臣繼有論者，卒罷之。

帝春秋富，天下久無事，綬慮宴樂有漸，乃言：「人心逸於久安，而患害生於所忽。故立防於無事，銷變於未萌。事至而應，不亦殆歟？臣願飭勵羣司，不以承平自怠。」又上：「馭下之道有三：臨事尙乎守，當機貴乎斷，兆謀先乎密。能守則奸不能移，能斷則邪不能惑，能密則事不能撓。願陛下念之！至若深居燕間，聲味以調六氣，節宣以順四時，保養聖躬，宗社之休也。」再遷吏部侍郎。

時宰相呂夷簡、王曾論議數不同。綬多是夷簡，而參知政事蔡齊間有所異，政事繇此依違不決，於是四人者皆罷。綬以尙書左丞、資政殿學士留侍講筵，權判尙書都省。歲餘，加資政殿大學士，以禮部尙書知河南府。

元昊反，劉平、石元孫敗沒，帝以手詔賜大臣居外者，詢攻守之策。綬畫十事以獻。復召知樞密院事，遷兵部尙書、參知政事。時綬母尙在，綬既得疾，不視事，猶起居自力，區處後事。尋卒，贈司徒兼侍中，謚宣獻。

綬性孝謹淸介，言動有常。爲兒童時，手不執錢。家藏書萬餘卷，親自校讎，博通經史百家，其筆札尤精妙。朝廷大議論，多綬所財定。楊億稱其文沈壯淳麗，曰：「吾殆不及也。」及卒，帝多取所書字藏禁中。初，郊祀，綬攝太僕卿。帝問儀物典故，占對辨洽，因上所撰鹵簿圖十卷。子敏求。

敏求字次道，賜進士及第，爲館閣校勘。預蘇舜欽進奏院會，出簽書集慶軍判官。王堯臣修唐書，以敏求習唐事，奏爲編修官。持祖母喪，詔令居家修書。卒喪，同知太常禮院。

石中立薨，子繼死，無他子。其孫祖仁疑所服，下禮官議。敏求謂宜爲服三年，當解官，斬衰。同僚援據不一，判寺宋祁是其議，遂定爲令。加集賢校理。從宋庠辟，通判西京。爲羣牧度支判官。墜馬傷足，出知亳州。治平中，召爲仁宗實錄檢討官，同修起居注、知制誥、判太常寺。

英宗在殯，有言宗室服疎者可嫁娶，敏求以爲大行未發引，不可。踰年，又有言者。敏求言宗室義服，服降而練，可嫁娶矣。坐前後議異，貶秩知絳州。王珪、范鎮乞留之，使成實錄。神宗曰：「典禮，國之所重，而謬誤如是，安得無責。」然敏求議初不誤，曾公亮惡禮院劉瑾附敏求爲說，故因是去之。是歲，即詔還。

徐國公主以夫兄爲姪奏官，敏求疏其亂天倫，執正之。王安石惡呂公著，誣其言韓琦欲因人心，如趙鞅興晉陽之甲，以逐君側之惡，出之潁州。敏求當草制，安石諭旨使明著罪狀，敏求但言數陳失實。安石怒白於帝，命陳升之改其語，敏求請解職，未聽。

會李定自秀州判官除御史，敏求封還詞頭，遂以本官右諫議大夫奉朝請。策試賢良方正，孔文仲對語切直，擢寘優等，安石愈怒，罷文仲。人爲敏求懼，帝獨全護之，除史館修撰、集賢院學士。鄧潤甫爲帝言：「比羣臣多尙告訐，非國家之美，宜登用敦厚之士，以變薄俗。」乃加敏求龍圖閣直學士，命修兩朝正史，掌均國公牋奏。元豐二年，卒，年六十一。特贈禮部侍郎。

敏求家藏書三萬卷，皆略誦習，熟於朝廷典故，士大夫疑議，必就正焉。補唐武宗以下六世實錄百四十八卷，它所著書甚多，學者多咨之。嘗建言：「河北、陝西、河東舉子，性朴茂，而辭藻不工，故登第者少。請令轉運使擇薦有行藝材武者，特官之，使人材參用，而士有可進之路。又州郡有學舍而無學官，故士輕去鄉里以求師，請置學官。」後頗施行之。族弟昌言。

昌言字仲謨，以蔭爲澤州司理參軍。州有殺人獄，昌言疑其寃，堅請迹捕，果得眞犯者。稍遷河陰發運判官。自濟源之官，見道上棄屍若剮剝狀者甚衆，竊歎郡縣之不治。既至河陰，得凶盜六輩，殺人而鬻之，如是十餘年，掩其家，猶得執縛未殺者七人。縣吏與市井少年共爲胠橐，昌言窮治其淵藪，皆法外行之，而流其家人。擢都水監丞。

熙寧初，河決棗彊而北。昌言建議，欲於二股河口西岸新灘，立土約障水，使之東流。候稍深，卽斷北流，縱出葫盧下流，以除恩、冀、深、瀛水患。詔從之。提舉河渠王亞以爲不可成，不如修生隄。朝廷遣翰林學士司馬光往視，如昌言策。不兩月，決口塞。光奏昌言獨有功，若與同列均受賞，恐不足以勸。詔理提點刑獄資序，遷開封府推官、同判都水監。歷汴水漲，昌言請塞訾家口。已而汴流絕，監丞侯叔獻唱爲昌言罪，昌言懼，求知陝州。濮、冀二州。河決曹村，召判都水監，往護河堤。靈平埽成，轉少府監。卒，贈絹二百匹。

李若谷字子淵，徐州豐人。少孤游學，依姻家趙況於洛下，遂葬父母緱氏。舉進士，補長社縣尉。州葺兵營，課民輸木，檄尉受之，而吏以不中程，多退斥，欲苛苦輸者，因以取賕；若谷度材，別其長短、大小爲程，置庭中，使民自輸。改大理寺丞、知宜興縣。官市湖洑茶，歲約戶稅爲多少，率取足貧下，若谷始置籍備勾檢。茶惡者舊沒官，若谷使歸之民，許轉貿以償其數。知連州。眞宗將朝謁太淸宮，選通判亳州。累遷度支員外郎、權三司戶部判官，出爲京東轉運使。會河決白馬，調取芻楗，同列盧士倫協三司意，趣刻擾州縣，而若谷寬之。士倫不悅，構于朝，徙知陝州。盜聚青灰山久不散，遣牙吏持榜招諭之，盜殺其黨與自歸。改梓州。

天聖初，判三司戶部勾院。使契丹，陛辭，不俟垂簾請對，迺遽詣長春殿奏事，罷知荆南。士族元甲恃蔭屢犯法，若谷杖之，曰：「吾代若父兄訓之爾。」王蒙正爲駐泊都監，挾太后姻橫肆，若谷繩以法。監司右蒙正，奏徙若谷潭州。

洞庭賊數邀商人船殺人，輒投屍水中。嘗捕獲，以屍無驗，每貸死，隸他州。既而逃歸，復攻劫，若谷擒致之，磔于市。自是寇稍息。累遷太常少卿、集賢殿修撰、知滑州。河齧韓村堤，夜馳往，督兵爲大埽，至旦堤完。以右諫議大夫知延州。州有東西兩城夾河，秋、夏水溢，岸輒圮，役費不可勝紀。若谷乃制石版爲岸，押以巨木，後雖暴水，不復壞。官倉依山而貯穀少，若谷使作露囤，囤可貯二萬斛，他郡多取法焉。遷給事中、知壽州。豪右多分占芍陂，陂皆美田，夏雨溢壞田，輒盜決。若谷擿冒占田者逐之，每決，輒調瀕陂諸豪，使塞堤，盜決乃止。

加集賢院學士、知江寧府。卒挽舟過境，寒瘠甚者，留養視之，須春温遣去。民丐于道者，以分隸諸僧寺，助給舂爨。還，勾當三班院，進龍圖閣直學士、知河南府。貴人多葬洛陽，敕使須索煩擾，若谷奏令鴻臚預約所調移府，逆爲營辦。改樞密直學士、知幷州。民貧失婚姻者，若谷出私錢助其嫁娶。贅婿、亡賴委妻去，爲立期，不還，許更嫁。幷多降人，喜盜竊，籍累犯者，以三人爲保，有犯，幷坐之，悛者削去籍名。

進尚書工部侍郎、龍圖閣學士、知開封府，拜參知政事。建言：「風俗媮惡，在上之人作而新之。君子小人，各有其類，今一目以朋黨，恐正人無以自立矣。」帝悟，爲下詔諭中外。以耳疾，累上章辭位，罷爲資政殿大學士、吏部侍郎、提舉會靈觀事。以太子少傅致仕，卒，年八十。贈太子太傅，謚康靖。

若谷性資端重，在政府，論議常近寬厚。治民多智慮，愷悌愛人，其去，多見思。少時與韓億爲友，及貴顯，婚姻不絕焉。子淑。

淑字獻臣，年十二，眞宗幸亳，獻文行在所。眞宗奇之，命賦詩，賜童子出身。試祕書省校書郎，寇準薦之，授校書郎、館閣校勘。

乾興初，遷大理評事。修眞宗實錄，爲檢討官。書成，改光祿寺丞、集賢校理，爲國史院編修官。召試，賜進士及第，改祕書郎，進太常丞、直集賢院、同判太常寺，擢史館修撰，再遷尚書禮部員外郎，上時政十議。改知制誥、勾當三班院，爲翰林學士，進吏部員外郎。會若谷參知政事，改侍讀學士，加端明殿學士。若谷罷，進本曹郎中、典豫王府章奏。

以右諫議大夫知許州。歲饑，取民所食五種上之，帝惻然，爲蠲其賦。權知開封府，復爲翰林學士、中書舍人。言者指其在開封多褻近吏人，改給事中、知鄭州。徙河陽，轉尚書禮部侍郎，復爲翰林學士。罷端明殿學士，判流內銓，復加端明殿學士。

初，在鄭州，作周陵詩。國子博士陳求古以私隙訟其譏訕朝廷，除龍圖閣學士，出知應天府。累表論辨，不報，乃請侍養。明年，復端明、侍讀二學士，判太常寺。父喪免官，終喪起復，再爲翰林學士。諫官包拯、吳奎等言淑性姦邪，又嘗請侍養父而不及其母，罷翰林學士，以端明、龍圖閣學士奉朝請。丁母憂，服除，爲端明、侍讀二學士。遷戶部侍郎，復爲翰林學士，而御史中丞張昪等又論奏之，不拜，除兼龍圖閣學士。由是壹鬱不得志，出知河中府，暴感風眩，卒。贈尚書右丞。

淑警慧過人，博習諸書，詳練朝廷典故，凡有沿革，帝多諮訪。制作誥命，爲時所稱。其他文多裁取古語，務爲奇險，時人不許也。

初，宋郊有學行，淑恐其先用，因密言曰：「『宋』，國姓；而『郊』者交，非善應也。」又宋祁作張貴妃制，故事，妃當册命，祁疑進告身非是，以淑明典故問之，淑心知其誤，謂祁曰：「君第進，何疑邪？」祁遂得罪去，其傾側險詖類此。嘗修國朝會要、三朝訓鑒圖、閤門儀制、康定行軍賞罰格，又獻繫訓三篇，所著別集百餘卷。子壽朋、復圭。

壽朋字延老。慶曆初，與弟復圭同試學士院，賜進士出身，判吏部南曹。使行諸陵，奏言：「昭憲皇后誕育二聖，爲國文母，獨以合葬安陵，不及時祭，請更其禮。」從之。遷羣牧判官，擊斷敏甚。皇城卒邏其縱游無度，出知汝州。盡推職田之入歸前守楊畋；畋死，又經理其家。以饑歲營州廨勞民，降爲荊門軍。

歷開封府推官、戶部判官、知鳳翔府滄州。滄地震，壞城郭帑庾。壽朋以席爲屋，督吏完繕葺，未數月，復其舊。括蕪田三萬頃，縱民耕，擇其壯者使習兵。河方北涌，隨塞之，故道陿，壽朋度必東潰，諭居人徙避，後三縣四鎭果墊焉。司馬光出使，薦其能，加直史館。入直舍人院、同修起居注，進戶部、鹽鐵副使。性疎雋任俠，奉祠西太一宮，飲酒食肉如常時，暴得疾卒。詔中使撫其孥，賜白金三百兩。

復圭字審言。通判澶州。北使道澶，民主驛率困憊。豪杜氏十八家，詭言唐相如晦後，每賕吏脫免，復圭按籍役之。知滑州。兵匠相忿鬩，揮所執鐵椎，椎殺爭者於廳事，立斬之。徙知相州。

自太宗時，聚夏人降者五指揮，號「廳子馬」，子弟相承，百年無它役。復圭斥不如格者，選能騎射士補之。爲度支判官、知涇州。始時二稅之入，三司移折已重，轉運使又覆折之，復圭爲奏免，民立生祠。歷湖北、兩浙、淮南、河東、陝西、成都六轉運使。浙民以給衙前役，多破產，復圭悉罷遣歸農，令出錢助長名人承募，民便之。瀕海人賴蛤沙地以生，豪家量受稅於官而占爲己有，復圭奏蠲其稅，分以予民。

熙寧初，進直龍圖閣、知慶州。夏人築壘于其境，不犯漢地。復圭貪邊功，遣大將李信帥兵三千，授以陳圖，使自荔原堡夜出襲擊，敗還，復圭斬信自解。又欲澡前恥，遣別將破其金湯、白豹、西和市，斬首數千級。後七日，秉常舉國入寇。御史謝景溫劾復圭擅興，致士卒死傷，邊民流離，謫保靜軍節度副使。歲餘，知光化軍。張商英言：「夏人謀犯塞之日久矣，與破金湯適相値，非復圭生事。」乃召判吏部流內銓，知曹、蔡、滄州，還爲鹽鐵副使，以集賢殿修撰知荆南，卒。

復圭臨事敏決，稱健吏，與人交不以利害避。然輕率躁急，無威重，喜以語侵人，獨爲王安石所知，故旣廢卽起。

王博文字仲明，曹州濟陰人。祖諫，給事太宗藩邸，爲西京作坊副使。博文年十六，善屬文，舉進士開封府，以回文詩百篇爲公卷，人謂之「王回文」。淳化三年，太宗親試進士，以年少罷歸。後諫卒官廬州，州守劉蒙叟爲言，召試舍人院，爲安豐主簿，歷南豐尉，有能名。調南劍州軍事推官，改大理寺丞，監荆南榷貨務，遷殿中丞。陳堯咨薦之，試中書，賜進士第，擢知濠州，歷眞州。眞宗幸亳，權江、淮制置司事。改監察御史、梓州路轉運使。以疾，請出知海州，徙密州。負海有鹽場，歲饑，民多盜鬻，吏捕之輒抵死。博文請弛鹽禁，候歲豐乃復，從之。除殿中侍御史。

天禧中，朱能、王先在長安僞爲乾祐天書，事覺，能旣敗死，先與其徒就禽，詔博文乘驛按劾。博文唯治首惡，脅從者七八，得以減論。還爲開封府判官，丁母憂。

始，博文幼喪父，其母張氏改適韓氏。及博文在朝，謂子無絕母禮，請得以恩封之。母死，又謂古之爲父後者不爲出母服，以廢宗廟祭也。今喪者皆祭，無害於行服。乃請解官持服，然議者以喪而祭爲非禮。服除，爲三司戶部判官。出爲河北轉運使，遷侍御史、陝西轉運使。

屬羌撒逋渴以族落數千帳叛，旣又寇原州柳泉鎭、環州鵝鴿泉砦，梧州刺史杜澄、內殿崇班趙世隆戰沒。博文劾奏內侍都知周文質、押班王懷信爲涇原、環慶兩路鈐轄，提重兵駐大拔砦，玩寇逗留，耗用邊費，請用曹瑋、田敏代。旣而文質、懷信坐法，遂以瑋知永興軍，使節制邊事。會瑋病不行，又用敏爲涇原路總管，寇遂平。

遷尙書兵部員外郎，爲三司戶部副使，再遷戶部郎中、龍圖閣待制、判吏部流內銓、權發遣三司使事。與監察御史崔暨、內侍羅崇勳同鞫眞定府曹汭獄。及還，權知開封府，進龍圖閣直學士、知秦州。爲走馬承受賈德昌所毀，徙鳳翔府，又徙永興軍。明年，德昌以贓敗，改樞密直學士，復知秦州。

初，沿邊軍民之逃者必爲熟戶畜牧，又或以遺遠羌易羊馬，故常沒者數百人。其禽生羌，則以錦袍、銀帶、茶絹賞之。間有自歸，而中道爲夏人所得，亦不能辨，坐法皆斬。博文乃遣習知邊事者，密持信紙往招，至則悉貸其罪，由是歲減殊死甚衆。朝廷下其法旁路。

又言河西回鶻多緣互市家秦、隴間，請悉遣出境，戒守臣使譏察之。再遷右諫議大夫，以龍圖閣學士復知開封府。都城豪右邸舍侵通衢，博文製表木按籍，命左右判官分徹之，月餘畢。出知大名府，遷給事中。召權三司使，遂同知樞密院事，踰月而卒。帝臨奠，贈尙書吏部侍郎。

博文以吏事進，多任劇繁，爲政務平恕，常語諸子曰：「吾平生決罪，至流刑，未嘗不陰擇善水土處，汝曹志之。」然治曹汭獄，議者多謂博文希太后旨，縱崇勳傅致其罪。子疇。

疇字景彝，以父蔭補將作監主簿。中進士第，累遷太常博士。翰林學士宋祁提舉諸司庫務，薦疇勾當公事。時有宦官同提舉者，疇辭於中書曰：「翰林先進，疇恐不得事也。然以朝士大夫而爲閹人指使，則疇實恥之。」

用賈昌朝薦，改編修唐書。仁宗獵近郊，疇引十事以諫。皇祐中，手詔禁貴戚近習私謁者，疇獻聖政惟公頌。召試，直祕閣，爲開封府推官。宦者李允良訴其叔父死，疑爲仇家所毒，請發棺驗視，衆欲許之，疇獨不可。曰：「苟無實，是無故而暴屍，且安知非允良有姦？」窮治，果與其叔父家有怨。歷三司度支判官、修起居注、知制誥、權判吏部流內銓，以右諫議大夫權御史中丞。

時陳升之拜樞密副使，諫官、御史唐介等奏彈升之不當大用，朝廷持不行，介等爭數月不已，迺兩罷之。而論者謂介等爲衆人游談所誤。疇疏言：「浮華險薄之徒，往來諫官、御史家，掎摭人罪，寖以成俗，請出詔戒勵。」從之。遷給事中。

英宗旣卽位，感疾，皇太后垂簾聽政。其後帝疾平，猶未御正殿，疇上疏請御朝聽政。及永昭陵復土，祭仁宗虞主于集英殿，以宗正卿攝事。疇奏曰：「人子之葬其親，送形而往，迎神而返，故虞祭所以安神也。位尊者禮重，禮重者祭多，故天子之虞數至於九。今山陵，嗣君不得親往，則道路五虞，理可命宗正攝事。若神主旣至，則四虞之祭，雖或聖躬未寧，亦宜勉強。況陛下在藩邸，以好古知禮、仁孝聰明聞於中外，此先帝所以託天下也。臣願始終令德，以全美名。」

帝既視朝前後殿，而於聽事猶持謙抑。疇復上疏曰：「廟社擁佑陛下，起居安平，臨朝以時，僅踰半載，而未聞開發聽斷，德音遏塞，人情缺然。伏望思太祖、太宗艱難取天下之勞，眞宗、仁宗憂勤守太平之力，勉於聽決大政，以慰母后之慈。勿爲疑貳謙抑，自使盛德闇然不光。」

未幾，又上疏曰：

董仲舒爲武帝言天人之際曰：「事在勉彊而已。勉彊學問，則聞見廣而智益明；勉彊行道，則德日起而大有功。」陛下起自列邸，光有天命，然而祖宗基業之重，天人顧享之際，所以操心治身、正家保國者，尤在於勉彊力行也。陛下昔在宗藩，已能務德好學，語言舉動未嘗越禮，是天性有聖賢之資。自疾平以來，于茲半歲，而臨朝高拱，無所可否。羣臣關白軍國之政者日益至，其請人主財決者日益多，然猶聖心盤桓，無所是非者，何也？得非以初繼大統，或慮未究朝廷之事，故謙抑而未皇耶？或者聖躬尚未寧，而不欲自煩耶？抑有所畏忌而不言耶？苟爲謙抑而未皇，則國家萬務，日曠月廢，其勢將趨於禍亂無疑也。若聖躬未能寧，則天下之名醫良工，日可召於前。而方技不試，藥石不進，養疾於身，坐俟歲月，非求全之道也。苟有所畏忌而不言，則又過計之甚也。

今中外之事，無可疑畏，臣嘗爲陛下力言之矣。陛下何不坦心布誠、廓開大明以照天下，外則與執政大臣講求治體，內則於母后請所未至。延禮賢俊，諮訪忠直，廣所未見，達所未聞。若陛下朝行之，則衆心夕安矣。況陛下向居藩邸，日夕於側者，惟一二講學之師，與左右給使之人耳。修身行己，德業日新，而知者無幾，則是爲善多而得名常少也；然而終能德成行尊，美名遠聞，此先帝之所以屬心也。今處億兆之上，有一言動則天下知之，簡册書之，比之於昔，是善行易顯而美名易成也。然而尚莫之聞者，是不爲爾，非不能也。有始有終者，聖賢之能事，在陛下勉彊而已。

疇又上疏欲車駕行幸，以安人心。時大臣亦有請，帝乃出禱雨，都人瞻望驩呼。數日，皇太后還政，疇又上疏：「請詔二府大臣講求所以尊崇母后之禮。若朝廷嚴奉之體，與歲時朔望之儀，車服承衞之等威，百司供擬之制度，它時尊稱之美號，外家延賞之恩典，凡可以稱奉親之意者，皆宜優異章大，以發揚母后之功烈，則孝德昭于天下矣。」

時詔近臣議仁宗配祭。故事，冬、夏至祀昊天上帝、皇地祇，以太祖配；正月上辛祈穀，孟夏雩祀，孟冬祀神州地祇，以太宗配；正月上辛祀感生帝，以宣祖配；季秋大饗明堂、祀昊天上帝，以真宗配。而學士王珪等與禮官上議，以謂季秋大饗，宜以仁宗配，爲嚴父之道。知制誥錢公輔獨謂仁宗不當配祭。疇以謂珪等議遺真宗不得配，公輔議遺宣祖、真宗、仁宗俱不得配，於禮意未安。乃獻議曰：「請依王珪等議，奉仁宗配饗明堂，以符大易配考之說、孝經嚴父之禮。奉遷真宗配孟夏雩祀，以倣唐貞觀、顯慶故事。太宗依舊配正月上辛祈穀、孟冬祀神州祇，餘依本朝故事。如此，則列聖並侑，對越昊穹，厚澤流光，垂裕萬祀。必如公輔之議，則陷四聖爲失禮，導陛下爲不孝，違經戾古，莫此爲甚。」自此公輔不悅，而朝廷以疇論事有補，帝與執政大臣皆器異之。

遷翰林學士、尚書禮部侍郎、同提舉諸司庫務。數月，拜樞密副使。於是公輔言疇望輕資淺，在臺素餐，不可大用，又頗薦引近臣可爲輔弼者。公輔坐貶。疇在位五十五日，卒。帝甚悼惜之，臨哭，賜白金三千兩，贈兵部尚書，謚忠簡。

疇名臣子，性介特，厲風操，喜言朝廷事。好治容服，坐立嶷然，言必文，未嘗慢戲，吏治審密，文辭嚴麗。其執政未久、終于位及所享壽，類其父云。

王巖字總之，趙州臨城人。七歲喪父，哀毀過人。既長，狀貌奇偉。舉進士，授婺州觀察推官。代還，眞宗見而異之，特遷祕書省著作佐郎、知祁縣，通判湖州。再遷太常博士、提點梓州路刑獄，權三司戶部判官。使契丹還，判都磨勘司。以尚書度支員外郎兼侍御史知雜事。上言：「方調兵塞決河，而近郡災歉，民力彫敝，請罷土木之不急者。」改三司戶部副使。樞密使曹利用得罪，諷以同里爲利用所厚，出知湖州，徙蘇州。還爲三司鹽鐵副使。

時龍圖閣待制馬季良方用事，建言京師賈人常以賤價居茶鹽交引，請官置務收市之，季良挾章獻姻家，衆莫敢迕其意，諷獨不可，曰：「與民競利，豈國體耶！」擢天章閣待制、判大理寺、提舉在京諸司庫務，安撫淮南，權判吏部流內銓，累遷刑部。

益、利路旱饑，爲安撫使，以左司郎中、樞密直學士知益州。戍卒有夜焚營、殺馬、脅軍校爲亂者，諷潛遣兵環營，下令曰：「不亂者斂手出門，無所問。」於是衆皆出，命軍校指亂者，得十餘人，卽戮之。及旦，人莫知也。其爲政有大體，不爲苛察，蜀人愛之。拜右諫議大夫、同知樞密院事。景祐五年，參知政事。明年，遷尙書工部侍郎、知樞密院事。

天聖中，諷嘗使河北，過眞定，見曹瑋，謂曰：「君異日當柄用，願留意邊防。」諷曰：「何以教之？」瑋曰：「吾聞趙德明嘗使人以馬榷易漢物，不如意，欲殺之。少子元昊方十餘歲，諫曰：『我戎人，本從事鞍馬，而以資鄰國易不急之物，已非策，又從而斬之，失衆心矣。』德明從之。吾嘗使人覘元昊，狀貌異常，他日必爲邊患。」諷殊未以爲然也。比再入樞密，元昊反，帝數問邊事，皞不能對。及西征失利，議刺鄉兵，又久未決。帝怒，皞與陳執中、張觀同日罷，皞出知河南府，始歎瑋之明識。未幾，得暴疾卒。贈戶部尚書，謚忠穆。

皞少時，館禮部尚書王化基之門，樞密副使宋湜見而以女妻之。宋氏親族或侮易之，化基曰：「後三十年，皞富貴矣。」果如所言。

論曰：吳育剛毅不撓，而設施無聞，其才不逮志者與？宋綬博洽明敏，若谷務長厚，博文習吏事，當仁宗時，先後與政，僅能恭愼寡過，保有祿位，施及後嗣。敏求、淑俱練達典故，傅以文采，而淑以傾險敗德，視疇之介特，數建忠謀，則賢不肖之相去遠矣。王皞不留意曹瑋之言，卒以昧於邊事見黜，宜哉！

宋史卷二百九十二

列傳第五十一

李諮　程戡　夏侯嶠　盛度　丁度　張觀　鄭戩　明鎬

王堯臣　孫抃　田況

李諮字仲詢，唐趙國公峘之後。峘貶死袁州，因家新喻，遂爲新喻人。諮幼有至性，父文捷出其母，諮日夜號泣，食飲不入口，父憐之而還其母，遂以孝聞。舉進士，眞宗顧左右曰：「是能安其親者。」擢第三人，除大理評事、通判舒州，召試中書，爲太子中允、直集賢院。歷三司、開封府判官，再遷左正言，出爲淮南轉運副使。帝幸亳，以勞，遷尙書禮部員外郎。會江南饑，徙江東轉運副使，爲度支判官。擢知制誥，寇準數改諮所擬制辭，諮不樂，以父留鄉里請外，遂出知荊南。會翰林學士闕，宰相擬他官，帝曰：「不如李諮。」遂爲學士。仁宗卽位，超遷本曹郎中、權知開封府，數月，權三司使，拜右諫議大夫。嘗奏事兩宮曰：「天下賦調有定，今西北寢兵且二十年，而邊餽如故。戍兵雖未可減，其末作浮費非本務者，宜一切裁損以厚下。」卽詔諤與御史中丞劉筠等同議冗費，以景德較天禧，計所減得十三之上。

時陝西緣邊數言軍食不給，度支都內錢不足支月奉，章獻太后憂之，命呂夷簡、魯宗道、張士遜與諤等經度其事。諤曰：「舊法商人入粟邊郡，算茶與犀象、緡錢，爲虛實三估，出錢十四文，坐得三司錢百文。」諤請變法以實錢入粟，實錢售茶，三者不得相爲輕重。旣行而商人果失厚利，怨謗蠭起。諤以疾累請郡，改樞密直學士、知洪州。行數月，而御史臺鞫吏王舉、句獻私商人，多請慈州礬，會計茶法不折虛費錢，妄稱增課百萬緡，以覬恩賞。諤坐不察奪職。

久之，進給事中、知杭州，復樞密直學士、知永興軍。衣冠子弟恃蔭無賴者，諤悉杖之，境內肅然。還，勾當三班院，坐舉吏降左諫議大夫。權三司使事，是歲，禁中火，倉卒營造，應辦畢集。

進尚書禮部侍郎，拜樞密副使。數月，遭父喪，起復，遷戶部侍郎、知院事。是時榷茶法寖壞，乃詔諤、蔡齊等更議之。諤以前坐變法得罪，固辭，不許。於是復用諤所變法，語具食貨志。卒，贈右僕射，謚憲成。

諮性明辨，周知世務，其處煩猝，常若閑暇，吏不敢欺。在樞府，專務革濫賞，抑僥倖，人以爲稱職。無子，以族子爲後。

程戡字勝之，許州陽翟人。少力學，舉進士甲科，補涇州觀察推官，再遷祕書丞、通判許州。曹利用貶，戡以利用壻降通判蘄州。徙虔州，州人有殺母，暮夜置尸仇人之門，以誣仇者。獄已具，戡獨辨之，正其罪。以尙書屯田員外郎知歸州，召爲侍御史、三司度支判官。

寶元初，忻、代地震，壞城郭、廬舍，死傷甚衆，命戡安撫，頗以便宜從事。改起居舍人、知諫院，遷兵部員外郎兼侍御史知雜事、三司戶部副使。擢天章閣待制、陝西都轉運使。未幾，知渭州。陝西有保毅軍，人苦其役。戡奏曰：「保毅在鄉兵外，不黥而有籍，所以佐邊備也。已隸保捷兵，而保毅籍如故，州縣以供力役，率困憊，至破析財產售田者，猶數戶出一夫，民不勝苦。」因詔：私役保毅者以計傭律坐之。

進樞密直學士、知成都府。坐嘗保任貝州張得一，得一伏誅，奪職出知鳳翔府，尋徙河中。御史中丞張觀辨之，復爲樞密直學士、知永興軍，徙瀛州，四遷給事中。契丹使過，稱疾，求著帽見，戩使謂曰：「有疾，可毋相見，見當如禮。」使者語屈，冠而見。

人言歲在甲午，蜀且有變，孟知祥之割據，李順之起而爲盜，皆此時也。仁宗自擇戩再知益州，遷端明殿學士，召見慰遣。至彭州，民妄言有兵變，捕斬之。守益州者以嫌，多不治城堞，戩獨完城浚池自固，不以爲嫌也。

召拜參知政事，奏禁蜀人妖言誣民者。避宰相文彥博親，改尚書戶部侍郎、樞密副使。數與宋庠爭議，諫官、御史皆論之，戩亦自請罷。除吏部侍郎、觀文殿學士兼翰林侍讀學士、同羣牧制置使，尋拜宣徽南院使、鄜延路經略安撫使、判延州。

英宗卽位，以安武軍節度使留再任。初，覃恩，蕃官例不序遷。至是，用戩奏始皆得遷。又請首領有戰功材武，皆得召見，選補爲蕃官。延州夾河爲兩城，雉堞頗卑小。敵登九州臺，則下瞰城中。戩調兵夫大增築之。橫山酋豪怨諒祚，欲率其屬叛，取靈、夏，來求兵爲援。戩言：「豺虎非自相搏，則未易取也；癰疽非其自潰，則未易攻也。諒祚久悖慢，宜乘此許之，所謂以蠻夷攻蠻夷，中國之利也。」會英宗不豫，大臣重生事，不報。

言者請選大臣帥永興，屯重兵以制五路，敕戩具利害以聞。戩以爲「四路距永興皆十數驛，設有警，使聽節制，則不及事矣。且關中財賦不贍，宿軍多，何以給之？」

治平初，命宦官王昭明等領四路蕃部事。戩曰：「蕃部所以亡去，苦邊吏苛暴，爲西人誘略爾。今昭明等徒能呼召首領，犒以牛酒，恐未足以結其心也。而甚動邊聽，宜更置路分鈐轄、都監，各部一將兵，兼沿邊巡檢使，無復專蕃部事。」從其奏。夏人遣使入貢，僭漢官移文于州，稱其國中官曰樞密。戩止令稱使副不以官，稱樞密曰「領盧」，方許之。

戩告老章累上，終弗聽，遣使以手詔問勞，賜茶藥、黃金，乃再上章曰：「臣老疾劇矣，高奴屯勁兵爲要地，豈養病所耶？」召還，道卒。贈太尉，謚康穆。

戩久在邊，安重習事，治不近名。然不爲言者所與，或傳戩交通宦官閻士良，至令妻出見之。

夏侯嶠字峻極，其先幽州人。高祖秀，爲濟州鉅野鎮遊奕使，因家焉。父浦，梁開平中，以明經至棣州錄事參軍。嶠幼好學，弱冠，以辭賦稱，周相李轂延置門下。又依西京留守向拱，攝伊陽令；拱移安州，又令攝錄事參軍。

太平興國初，舉進士甲科，解褐大理評事、通判興州，累遷右贊善大夫。從征太原，督芻糧于河朔。遷殿中丞、通判邠州。歲滿，拜監察御史、通判興元府，進秩殿中。

雍熙二年代還，對便坐。太宗語有司曰：「此人朕自知其才行，勿須奏擬。」卽日改左補闕，直史館，賜緋魚。會王師護邊，乘傳督河間餫道，就命知莫州。踰月，徙洪州，改起居郎。眞宗在襄邸，太宗擇朝士謹厚者爲官屬，卽召入爲翊善，賜金紫，加直昭文館。眞宗尹京府，命兼推官，加司封員外郎。東宮建，復兼中舍，遷工部郎中。及嗣位，拜給事中、知審刑院。數月，擢樞密院副使。

咸平元年，以戶部郎中罷。二年，始建講讀之職，命嶠爲翰林侍讀學士。及楊徽之卒，又命兼祕書監。是秋，江、浙饑，命爲江南巡撫使，所過疏理刑訟，存問耆老，務從寬簡，人以爲便。使還，采病民二十餘事上之，亟詔釐革。又判吏部選事。

嶠善鼓琴，好讀莊、老書，淳厚謹愼，居官無過失。眞宗尤愛重之，多所詢訪，每以善人目之。素好道，留意養生，少疾。景德元年五月，以選人侯對崇政殿，暴中風眩，亟詔取金丹，上奪酒餌之，肩輿還第，遣內侍召外內名醫診視。其夕卒，年七十二。詔贈兵部尙書，賵賜外，增賜白金三百兩給葬。錄其子大理寺丞晟爲太子中舍，孫恭爲奉禮郎，姪孫蔚賜同學究出身。嶠在近侍，恩遇甚渥。卒後數月，畢士安爲相，撫坐歎曰：「使夏侯君在，吾豈先據此位！」有集十五卷。

大中祥符初，晟上漢武封禪圖，續金匱、玉匱、石䃭、石距之狀，咸有注釋，上覽而善之。至駕部員外郎。恭至太子中舍。

盛度字公量，世居應天府，後徙杭州餘杭縣。曾祖瑫，仕錢氏爲餘杭縣令。父豫，從錢俶入朝，終尚書度支郎中。度舉進士第，補濟陰尉。選爲封丘主簿，改府倉曹參軍，爲光祿寺丞、御史臺推勘官，改祕書省祕書郎。試學士院，爲直史館、三司戶部判官，累遷尚書屯田員外郎。

契丹寇邊，從幸大名，數上疏論邊事。奉使陝西，因覽疆域，參質漢、唐故地，繪爲西域圖以獻。改開封府判官，坐決獄失實，降監洪州稅。起知建昌軍、三司鹽鐵判官，改起居舍人、知制誥。度嘗奏事便殿，眞宗問其所上西域圖，度因言：「酒泉、張掖、武威、燉煌、金城五郡之東南，自秦築長城，西起臨洮，東至遼碣，延袤萬里。有郡、有軍、有守捉，襟帶相屬，烽火相望，其爲形勢備禦之道至矣。唐始置節度，後以宰相兼領，用非其人，故有河山之險而不能固，有甲兵之利而不能禦。今復繪山川、道路、壁壘、區聚，爲河西隴右圖，願備上覽。」眞宗稱其博學。

後遷右諫議大夫、權知開封府。以疾不拜，改會靈觀判官，入翰林爲學士，加史館修撰。歷兵部郎中、景靈宮副使。寇準罷相，度以交通周懷政，出知光州。乾興初，再謫和州團練副使。丁謂貶，起爲祠部郎中，復兵部郎中，遷太常少卿、知筠州，更虔、滁、蘇三州。還知審刑院，以右諫議大夫知揚州，加集賢院學士。

初，度謫洪州，建請復賢良方正科，又請建四科以取士，曰：博通墳典達於教化科，才識兼茂明於體用科，軍謀宏遠堪任將帥科，明曉法律能按章覆問科。既而用夏竦議，置六科，其議亦自度始。

復爲翰林學士、史館修撰，遷給事中。嘗受詔與御史中丞王隨議通解鹽，聽商旅入錢算鹽，語在食貨志。尋進承旨，以禮部侍郎兼端明殿學士，召問邊計，退而條十事上之。又兼侍讀學士。

景祐二年，拜參知政事。時王曾、呂夷簡爲相，度與宋綬、蔡齊並參知政事，曾與齊善，而夷簡與綬善，惟度不得志於二人。及二人俱辭相，仁宗問度曰：「王曾、呂夷簡力求退，何也？」度對曰：「二人腹心之事，臣不得而知，陛下詢二人以孰可代者，則其情可察矣。」仁宗果以問曾，曾薦齊，又問夷簡，夷簡薦綬，於是四人俱罷，而度獨留。遷知樞密院事。

章得象既相，以度嘗位其上，卽拜武寧軍節度使。坐令開封府吏馮士元強取其鄰所賃官舍，以尚書右丞罷。復知揚州，加資政殿學士、知應天府。暴感風眩，以太子少傅致仕，卒。贈太子太保，謚文肅。

度好學，家居列圖書，每歸，未嘗釋手。敏於爲文，而汎濫不精。嘗奉詔同編續通典、文苑英華，注釋御集。眞宗祀汾陰，仁宗在藩邸，詔掌起居牋奏及留司章奏。有愚谷、銀臺、中書、樞中四集，又有中書、翰林二制集。

天禧三年，詔許中書舍人、給事中、諫議大夫母封郡太君，而學士不預。時度官兵部郎中，因請追封其母，自是學士官未至諫議者，其母皆得封郡君。

度體肥大，艱於拜起，賓客有拜之者，則俯伏不能興，往往瞪視而詬詈之。性極猜險，雖平居，僚友不敢易語言。所至，下貧無賴，多所縱捨；稍有貲者，一切繩之以法。子申甫，終尚書兵部郎中、集賢校理，嘗爲福建轉運使，頗以修潔稱。

從兄京，有吏能，以尚書工部侍郎致仕，卒。

丁度字公雅，其先恩州清河人。祖顗，後唐清泰初陷契丹，逃歸，徙居祥符。父逢吉，以醫術事眞宗藩邸，然好聚書，與儒者游。度強力學問，好讀尚書，嘗擬爲書命十餘篇。大中祥符中，登服勤詞學科，爲大理評事、通判通州，改太子中允、直集賢院。坐解送國子監進士失實，監齊州稅。還知太常禮院，判吏部南曹。上書論六事：一、增講讀官；二、增諫員；三、補廕用大功以上親；四、選河北、河東役兵補禁軍；五、籍令佐墾田爲殿最；六、凡緣公事坐私罪杖者，聽保任遷官。章獻后善之。

舊制，監司及藩鎭辭謁皆賜對。仁宗初卽位，止令附中書、樞密奏之，度言，附奏非所以防壅蔽也。又嘗獻王鳳論於章獻太后，以戒外戚。歷三司磨勘司、京西轉運使。司天言永昌陵有白氣，請增築以厭之，有詔按視。度奏神道貴靜，不可輕繕治，乃止。入知制誥，遷翰林學士，糾察在京刑獄，判太常禮院兼羣牧使。

劉平、石元孫敗，帝遣使問所以禦邊。度奏曰：「今士氣傷沮，若復追窮巢穴，饋糧千里，輕用人命以快一朝之意，非計之得也。唐都長安，天寶後，河、湟覆沒，涇州西門不開，京師距寇境不及五百里，屯重兵，嚴烽火，雖常有侵軼，然卒無事。太祖時，疆場之任，不用節將，但審擢材器，豐其廩賜，信其賞罰，方陲輯寧幾二十年。爲今之策，莫若謹亭障，遠斥堠，控扼要害，爲制禦之全計。」因條上十策，名曰備邊要覽。

時西疆未寧，二府三司，雖旬休不廢務。度言：「苻堅以百萬師寇晉，謝安命駕出游以安人心。請給假如故，無使外夷窺朝廷淺深。」從之。累遷中書舍人，爲承旨。

時葉淸臣請商州置監鑄大錢，以一當十。度奏曰：「漢之五銖，唐之開元及國朝錢法，輕重大小，最爲折中。歷代改更，法雖精密，不能期年，卽復改鑄。議者欲繩以峻法，革其盜鑄。昔漢變錢幣，盜鑄死者數十萬。唐鑄乾元及重輪乾元錢，錢輕幣重，嚴刑不能禁止。今禁旅戍邊，月給百錢，得大錢裁十，不可畸用，舊錢不出，新錢愈輕，則芻糧增價。臣嘗知湖州，民有抵茶禁者，受千錢立契代鞭背。在京西，有強盜殺人，取其斃衣，直不過數百錢。盜鑄之利，不啻數倍。復有湖山絕處，凶魁嘯聚，鑪冶日滋，居則鑄錢，急則爲盜。民間銅鉛之器，悉爲大錢，何以禁止。」

度又言：「祥符、天聖間，牧馬至十餘萬，其後言者以天下無事，不可虛費，遂廢八監。然猶秦渭環階麟府文州、火山保德岢嵐軍，歲市馬二萬二百匹，補京畿、塞下之闕。自西鄙用兵，四年所牧，三萬而已。馬少地閑，坊監誠可罷；若賊平馬歸，則不可闕。今河北、河東、京東西、淮南皆籍丁壯爲兵，請令民畜一戰馬者，得免二丁，仍不計貲產以升戶等，則緩急有備，而國馬蕃矣。」

慶曆中，副杜衍宣撫河東。久之，遷端明殿學士、知審刑院。時江西轉運使移屬州，凡市末鹽鈔，每百緡貼納錢三之一。通判吉州李虞卿受財免貼納，事覺，大理將以枉法論。度曰：「枉法，謂於典憲有所阿曲。虞卿所違者，轉運使移文爾。」遂貸虞卿死。

帝嘗問，用人以資與才孰先？度對曰：「承平時用資，邊事未平宜用才。」時度在翰林已七年，而朝廷方用兵，故對以此。諫官孫甫論度所言，蓋自求柄用，帝諭輔臣曰：「度在侍從十五年，數論天下事，顧未嘗及私，甯安從得是語。」未幾，擢工部侍郎、樞密副使。因言：「周世宗募驍健，有朝出羣盜、夕備宿衞者；太祖閱猛士實騎軍。請擇河北、河東、陜西就糧馬軍，以補禁旅之闕。」又言：「契丹嘗渝盟，預備不可忽。」因上慶曆兵錄五卷、瞻邊錄一卷。明年，參知政事。會春旱，降秩中書舍人，踰月，復官。

後二年，衞士爲變，事連宦官楊懷敏，樞密使夏竦請御史與宦官同於禁中鞫之，不可滋蔓，令反側者不自安。度曰：「宿衞有變，事關社稷，此而可忍孰不可忍！請付外臺窮治黨與。」爭於帝前。仁宗從竦言，度遂求解政事，罷爲紫宸殿學士兼侍讀學士。御史何郯言，紫宸非官稱所宜。改觀文殿學士、知通進銀臺司、判尙書都省，再遷尙書右丞，卒。贈吏部尙書，謚文簡。

度性淳質，不爲威儀，居一室十餘年，左右無姬侍。然喜論事，在經筵歲久，帝每以學士呼之而不名。嘗問著龜占應之事，乃對：「卜筮雖聖人所爲，要之一技而已，不若以古之治亂爲監。」又嘗示以欹器曰：「朕欲臨天下以中正之道。」度對曰：「臣等亦願無傾滿以事陛下。」因奏太宗嘗作此器，眞宗亦嘗著論，於是帝製後述以賜之。

度著邇英聖覽十卷、龜鑑精義三卷、編年總錄八卷，奉詔領諸儒集武經總要四十卷。

子諷，集賢校理。

張觀字思正，絳州絳縣人。少謹愿好學，有鄉曲名。中服勤辭學科，擢爲第一，授將作監丞、通判解州。會鹽池吏以贓敗，坐失舉劾，降監河中府稅。復通判果州，改祕書省祕書郎。

仁宗卽位，遷太常丞，擢右正言、直史館，爲三司度支判官，同修起居注，改右司諫、知制誥，判登聞檢院，出知杭州。還判國子監，權發遣開封府事，進爲翰林學士、知審官院，累遷左司郎中，以給事中權御史中丞。

時星流、地震、雷發正月，詔求直言。觀謂：「承平日久，政寬法慢，用度漸侈，風俗漸薄，以致災異。」因上四事：一曰知人，二曰嚴禁，三曰尙質，四曰節用。河北大雨水，又條七事，曰：導積水以廣播種，緩催欠以省禁錮，寬刑罰以振淹獄，收逃田以募歸復，罷工役以先急務，止配率以阜民財，通商旅以濟艱食。復知審官院，遂拜同知樞密院事。

康定中，西兵失利，因議點鄉兵，久之不決，遂與王鬷、陳執中俱罷，以資政殿學士、尙書禮部侍郎知相州。徙澶州。河壞孫陳埽及浮梁，州人大恐，或請趍北原以避水患。觀曰：

「太守獨去，如州民何。」乃躬率卒徒增築之，隄完，水亦退。徙鄆州。舊法，京東通安邑鹽，而瀕海之地禁私煮。觀上言：「利之所在，百姓趨之，雖日殺于市，恐不能止，請弛禁以便民。」歲免黥配者不可勝計。歷知應天府、孟州、河南府，以吏部侍郎兼御史中丞。以父居業高年多病，請便郡，以觀文殿學士知許州。月餘，拜左丞。丁父憂，哀毀過人，既練而卒。贈吏部尚書，謚文孝。

觀性至孝，初爲祕書郎，其父方爲州從事，因上書願以官授父。眞宗嘉之，以居業爲京官。及觀貴，居業繇恩至太府卿。居業嘗過洛，嘉其山川風物，曰：「吾得老于此足矣。」觀於是買田宅、營林樹，以適其意。蚤起奉藥、膳，然後出視事，未嘗一日廢也。趣尙恬曠，持廉少欲，平生書必爲楷字，無一行草，類其爲人。仁宗飛白書「淸」字賜觀，以賞其節。然於吏事非所長，知開封府，民犯夜禁，觀詰之曰：「有人見否？」衆傳以爲笑。

鄭戩字天休，蘇州吳縣人。早孤力學。客京師，事楊億，以屬辭知名，後復還吳。及億卒，賓客弟子散去，戩乃倍道會葬。舉進士，擢甲科，授太常寺奉禮郎、簽書寧國軍節度判官事，召試學士院，爲光祿寺丞、集賢校理、通判越州。還，改太子中允、同知太常禮院，注釋御製發願文、三寶讚，升直史館、三司戶部判官，同修起居注，以右正言知制誥。判國子監，選明經生講解經義。徙知審刑院，遷起居舍人、龍圖閣直學士、權知開封府。

吏馮士元爲姦利，有告士元受賕藏禁書者，戩窮治之。辭連宰相呂夷簡、知樞密院盛度、參知政事程琳，遂逮捕夷簡子公綽、公弼參劾其狀。既而士元流海島，度、琳坐嘗交關士元罷去，其餘絀罰者自御史中丞孔道輔、天章閣待制龐籍又十餘人，朝議畏其皦核。戩敏彊善聽決，喜出不意，獨假貸細民，卽豪宗大姓，繩治益急，政有能迹。徙權三司使，復轉運使考課格，分別殿最。又勾較三司出入，得羨錢四百萬緡，以右諫議大夫、同知樞密院改樞密副使。

戩與參知政事宋庠，爲宰相呂夷簡所忌，與庠皆罷，以資政殿學士知杭州。錢塘湖溉民田數十頃〔一〕，錢氏置撩清軍，以疏淤塡之患。既納國後不復治，葑土堙塞，爲豪族僧坊所占冒，湖水益狹。戩發屬縣丁夫數萬闢之，民賴其利。事聞，詔本郡歲治如戩法。

遷給事中，徙幷州，道改鄆州，又徙永興軍。建言：「凡軍行所須，願下有司相緩急，析爲三等，非急罷去。」先是，衙吏輸木京師，浮渭泛河，多漂沒，既至，則斥不中程，往往破家不能償，戩奏歲減二十餘萬；又奏罷括糴，以勸民積粟。長安故都多豪惡，戩治之尙嚴，甚者至黥竄，人皆惕息。

未幾，爲陝西四路都總管兼經略、安撫、招討使，駐涇州，聽便宜從事。遷尚書禮部侍郎。時知慶州滕宗諒、知渭州張亢過用公使錢，戩致于法。行邊至鎭戎軍，趣蓮花堡，天寒，與將佐置酒，元昊擁兵近塞。會暮塵起，有報敵騎至者，戩曰：「此必三川將按邊回，非敵騎也。」已而果然。及疆事少寧，詔還，知永興軍。

初，靜邊砦主劉滬謀築水洛、結公二城，以通秦、渭援兵，招生羌大王族爲邊衞。戩使滬與著作佐郎董士廉督其役。會罷戩四路，宣撫使韓琦〔二〕、知渭州尹洙皆以爲不便，召滬、士廉罷役歸，不聽。乃使裨將狄青將兵以往，械送德順軍獄。戩力爭于朝，卒城之。

進戶部侍郎、資政殿大學士、知幷州。契丹與元昊方交兵，邊奏互上，獨戩不以聞。詔遣使問其故，戩對：「敵自相攻，中國不足憂也。」麟、府間有棄地曰草城川〔三〕，戩募土人爲弓箭手，計口給田。初，兵興，用不足。河東行鐵錢，山多炭、鐵，鼓鑄利厚，重辟不能止。戩乃請三當一。令旣下，兵民相扇動，數千人邀走馬承受訴。承受，中貴人，不能遏。又羣譟州門，守門者拒不得入。戩聞，悉召至庭下，推首謀者數十人，黥隸他州，事乃定。

遷吏部侍郎，改宣徽北院使，拜奉國軍節度使，卒。贈太尉，謚文肅。戩遇事，果敢必行。然憑氣近俠，用刑峻深，士民多怨之。

明鎬字化基，密州安丘人。中進士第，補蘄州防禦推官。眞宗崩，上眞頌四十六篇，改大理寺丞。薛奎領秦州，辟爲節度判官。奎徙益州，辟知錄事參軍。程琳代奎，奏爲簽書節度判官，就通判州事，遷太常博士。還朝，仁宗問鎬所能，奎稱其沈鷙有謀，能斷大事，除開封推官。獻六冗書，進尙書祠部員外郎，爲三司戶部判官，改刑部員外郎、京東轉運使，遷兵部員外郎、直史館、益州路轉運使。會歲饑，民無積聚，盜賊間發，鎬爲平物價，募民爲兵，人賴以安。

知陵州楚應幾贓敗，或告以先期奏之，鎬曰：「獲罪則已，安可欺朝廷耶？」卒坐失察，降知同州。未逾月，會元昊寇延州，起爲陝西轉運使。虜破金明砦，旣去，議修復其城，帥臣擁兵不卽進，而鎬止以百餘騎，自督將士，一月而成。又嘗閱同州廂軍，得材武者三百餘人，教以彊弩，奏爲淸邊軍，號最驍悍。其後，陝西、河東頗倣置之。

遷戶部郎中、直昭文館、知陝州，徙江、淮制置發運使。未行，會賊破豐州，擢天章閣待制、河東都轉運使。修建寧中候百勝砦、鎭川淸塞堡，凡五城，以勞遷左司郎中。

明年，擢龍圖閣直學士、知幷州。鎬大巡邊以備賊。時邊任多紈袴子弟，鎬乃取尤不職者杖之，疲軟者皆自解去，遂奏擇習事者守堡砦。軍行，倡婦多從之，鎬欲驅逐，惡傷士卒心，會有忿爭殺倡婦者，吏執以白，鎬曰：「彼來軍中何耶？」縱去不治，倡婦聞皆散走。以樞密直學士、左諫議大夫知成德軍，入知開封府。

王則叛，命鎬爲體量安撫使；則未下，又命參知政事文彥博爲宣撫使，以鎬副之。貝州平，遷端明殿學士、給事中、權三司使，諸將悉超遷，都虞候、士卒八千四百人，第其功爲五等，每等遷一資。彥博數推鎬功，拜參知政事。

已而疽發背，帝謂輔臣曰：「鎬忠亮有勞，及其未亂，思一見之。」臨問，惻然曰：「方賴卿謀國事，何遽被疾！」鎬氣憊，猶能頓首謝。翌日，卒，謚文烈。鎬端挺寡言，所至安靜有體，而遇事不苟，爲世所推重。

王則者，本涿州人。歲饑，流至恩州，自賣爲人牧羊，後隸宣毅軍爲小校。恩、冀俗妖幻，相與習五龍、滴淚等經及圖讖諸書，言釋迦佛衰謝，彌勒佛當持世。初，則去涿，母與之訣別，刺「福」字於其背以爲記。妖人因妄傳字隱起〔四〕，爭信事之，而州吏張巒、卜吉主其謀，黨連德、齊諸州，約以慶曆八年正旦，斷澶州浮梁，亂河北。會其黨潘方淨以書謁北京留守賈昌朝，事覺被執，故不待期，亟以七年冬至叛。

時知州張得一方與官謁天慶觀，則率其徒劫庫兵，得一走保驍捷營。賊焚門，執得一四之。兵馬都監、內殿承制田斌以從卒巷鬭，不勝而出。城扉闔，提點刑獄田京、任黃裳持印，棄其家縋城出，保南關。賊從通判董元亨取軍資庫鑰，元亨拒之，殺元亨。又出獄囚，囚有憾司理參軍王獎者，遂殺獎。既而節度判官李浩、淸河令齊開、主簿王湙皆被害。

則僭號東平郡王，以張巒爲宰相，卜吉爲樞密使，建國曰安陽。牓所居門曰中京，居室廐庫皆立名號，改年曰得聖，以十二月爲正月。百姓年十二以上、七十以下，皆涅其面曰「義軍破趙得勝」〔五〕。旗幟號令，率以「佛」爲稱。城以一樓爲一州，書州名，補其徒爲知州〔六〕，每面置一總管。然縋城下者日衆。於是令守者伍伍爲保，一人縋，餘悉斬。

有州民汪文慶、郭斌、趙宗本、汪順者，自城上繫書射鎬帳，約爲內應，夜垂絙以引官軍。既內數百人，焚樓櫓，賊覺，率衆拒戰。初，官軍既登，欲專其功，斷絙以絕後來者。及與賊戰，兵寡不敵，與文慶等復縋而下。是夜，城幾克。則期正月十四日出要刼契丹使，諜者以告。鎬遣殿侍安素伏兵西門，賊果以數百人夜出，伏發，皆就獲。

城峻不可攻，乃爲距闉，將成，爲賊所焚。遂卽南城爲地道，日攻其北牽制之。及文彥博至，穴通城中，選壯士中夜由地道入，衆登城。賊縱火牛，官軍以槍中牛鼻，牛還攻之，賊大潰，開東門遁。閤門祗候張絪緣壕與戰，死之。總管王信捕得則，其餘衆保村舍，皆焚死。檻送則京師，支解以徇。則叛凡六十六日。

王堯臣字伯庸，應天府虞城人。舉進士第一，授將作監丞、通判湖州。召試，改祕書省著作郎、直集賢院。會從父沖坐事，出堯臣知光州。父喪，服除，爲三司度支判官，再遷右司諫。

郭皇后薨，議者歸罪內侍都知閻文應，堯臣請窮治左右侍醫者，不報。時上元節，有司張燈，堯臣俟乘輿出，即上言：「后已復位號，今方在殯，不當遊幸。」帝爲罷張燈。擢知制誥、同知通進銀臺司、提舉諸司庫務，知審刑院，入翰林爲學士、知審官院。

陝西用兵，爲體量安撫使。將行，請曰：「故事，使者所至，稱詔存問官吏將校，而不及於民。自元昊反，三年于今，關中之民凋弊爲甚，請以詔勞來，仍諭以賊平蠲租賦二年。」仁宗從之。

使還，上言：

陝西兵二十萬，分屯四路，然可使戰者止十萬。賊衆入寇，常數倍官軍。彼以十戰一，我以一戰十，故三至而三勝，由衆寡不侔也。涇原近賊巢穴，最當要害，宜先備之。今防秋甚邇，請益團士兵，以二萬屯渭州，爲鎮戎山外之援；萬人屯涇州，爲原、渭聲勢；二萬屯環慶，萬人屯秦州，以制其衝突。且賊之犯邊，不患不能入，患不能出也。並塞地形，雖險易不同，而兵行須由大川，大川率有砦柵爲控扼。賊來利在虜掠，人自爲戰，故所向無前。若延州之金明、塞門砦，鎭戎之劉璠、定川堡，渭州山外之羊牧隆城、靜邊砦，皆不能扼其來。故賊不患不能入也。既入漢地，分行鈔略，驅虜人畜，刼掠財貨，士馬疲困，奔趨歸路，無復鬭志。若以精兵扼險，彊弩注射，旁設奇伏，斷其首尾，且追且擊，不敗何待。故賊之患在不能出也。賊屢乘戰勝，重掠而歸，諸將不能追擊者，由兵寡而勢分也。若尙循故轍，必無可勝之理。

又論：「延州、鎭戎軍、渭州山外三敗之由，皆爲賊先據勝地，誘致我師，將帥不能據險擊歸，而多倍道趨利。兵方疲頓，乃與生羌合戰；賊始縱鐵騎衝我軍，繼以步奚挽彊注射，鋒不可當，遂致掩覆，此主帥不思應變以懲前失之咎也。願敕邊吏，常遠斥候，遇賊至，度遠近立營砦，然後量敵奮擊，毋得輕出。」詔以其言戒邊吏。

時韓琦坐好水川兵敗徙秦州，范仲淹亦以擅復元昊書降耀州。堯臣言：「二人者，皆忠義智勇，不當置之散地。」又薦种世衡、狄靑有將帥才。明年，賊果自鎭戎軍、原州入寇，敗葛懷敏，乘勝掠平涼、潘原，關中震恐，自邠、涇以東，皆閉壘自守。仲淹自將慶州兵捍賊，賊引去。仁宗思其言，乃復以琦、仲淹爲招討使，置府涇州，益屯兵三萬人，而使堯臣再安撫涇原。

初，曹瑋開山外地，置籠竿等四砦，募弓箭手，給田使耕戰自守。其後將帥失撫御，稍侵奪之，衆怨怒，遂劫德勝砦將姚貴，閉城畔。堯臣適過境上，作書射城中，諭以禍福，衆遂出降。乃爲申明約束如舊而去。

既還，上言：「自陝西用兵，夏竦、陳執中並以兩府舊臣，爲陝西經略、安撫、招討使，韓琦、范仲淹止爲經略、安撫副使。既而張存知延州，王沿知渭州，張奎知慶州，俱是學士、待制之職，亦止管勾本路總管司事。及竦、執中罷，四路置帥，遂各帶都總管及經略、安撫、招討等使，因而武臣副總管亦爲副使。今琦、仲淹、龐籍既爲陝西四路都總管、緣邊經略安撫招討等使，四路當稟節制，而尙帶經略使名者九人，各置司行事。名號不異，而所稟非一。今請逐路都總管、副總管並罷經略，只充緣邊安撫使。」既而滕宗諒亦以爲請，遂罷之。

又言：「鄜延、環慶路，其地皆險固而易以守；惟涇原自漢、唐以來，爲衝要之地。自鎭戎軍至渭州，沿涇河大川直抵涇、邠，略無險阻。雖有城砦據平地，賊徑交屬，難以捍防，如郭子儀、渾瑊，常宿重兵守之。自元昊叛命數年，由此三入寇。朝廷置帥府於涇州，爲控扼關、陝之會，誠合事機。然頻經敗覆，邊地空虛，士氣不振。願深監近弊，精擇將佐；其新集之兵，未經訓練，宜易以舊人。儻一路兵力完實，則賊不敢長驅入寇矣。」因論沿邊城砦、控扼要害、賊徑通屬及備禦輕重之策爲五事上之。又請涇、原五州營田，益置弓箭手，及請徹潼關樓櫓，皆報可。

以戶部郎中權三司使，辟張昷之、杜杞等十餘人爲副使、判官。時入內都知張永和建議，收民僦舍錢十之三以助軍費。堯臣入對曰：「此衰世之事，召怨而擾民，唐德宗所以致朱泚之亂也。」度支副使林濰畏永和，附會其說，堯臣奏黜濰，議乃定。夔州轉運使請增鹽井歲課十餘萬緡，堯臣以爲上恩未嘗及遠人，而反牟取厚利，適足以斂怨，罷之。遷翰林學士承旨兼端明殿學士，爲羣牧使。丁母喪，服除，轉右諫議大夫。初，學士蘇易簡、丁度皆自郎中進中書舍人充承旨，及堯臣爲承旨，不遷官，意宰相賈昌朝所抑。及是，文彥博爲相，因其歲滿，遂優遷之。大享明堂，加給事中。與三司更議茶法，較天下每歲財賦出入，上其數，遂拜樞密副使。

會儂智高反，請析廣西宜、容、邕州爲三路，以融、柳、象隸宜州，白、高、竇、雷、化、鬱林、儀、藤、梧、龔、瓊隸容州，欽、賓、廉、橫、潯、貴隸邕州；遇蠻入寇，三路會支郡兵掩擊，令經略、安撫使守桂州以統制焉；益募澄海、忠敢土軍分屯，運全、永、道三州米以餉之，罷遣北兵遠戍。時狄青經制嶺南，詔青審議，以爲便。

居樞密三年，務裁抑徼倖，於是有鏤匿名書以布京城，然仁宗不以爲疑也。以戶部侍郎參知政事。久之，帝欲以爲樞密使，而當制學士胡宿固抑之，乃進吏部侍郎。卒，贈尙書左僕射，諡文安。

堯臣以文學進，典內外制十餘年，其爲文辭温麗。執政時，嘗與宰相文彥博、富弼、劉沆勸帝蚤立嗣，且言英宗嘗養宮中，宜爲後，爲詔草挾以進，未果立。元豐三年，子同老進遺稿論父功，帝以訪文彥博，具奏本末，遂加贈太師、中書令，改諡文忠。

孫抃字夢得，眉州眉山人。六世祖長孺，喜藏書，號「書樓孫氏」，子孫以田爲業。至抃始讀書屬文。中進士甲科，以大理評事通判絳州。召試學士院，除太常丞、直集賢院，爲開封府推官，判三司開拆司，同修起居注，以右正言知制誥，遷起居舍人、翰林學士兼侍讀學士、史館修撰，累遷尙書吏部郎中。抃雖久處顯要，罕所建明。

皇祐中，以右諫議大夫權御史中丞。制下，諫官韓絳論奏抃非糾繩才，不可任風憲。

抃即手疏曰：「臣觀方今士人，趨進者多，廉退者少。以善求事爲精神，以能訐人爲風采；捷給若嗇夫者謂之有議論，刻深若酷吏者謂之有政事。諫官所謂才者，無乃謂是乎？若然，臣誠不能也。」仁宗察其言，趣視事，且命知審官院。抃辭以任言責不當兼事局，乃止。

在臺，數言事，不爲矯激，尤喜稱薦人材。帝欲除入內都知王守忠領武寧軍節度使，抃奏罷之。時又議爲温成皇后葬，以劉沆爲監護使，抃奏沆爲宰相，不當爲后妃護葬喪事。時又議爲后建陵立廟，抃率官屬言非禮。因相與請對，固爭不能得，伏地不起，帝爲改容遣之。御史請罷宰相梁適，未聽，抃奏曰：「適在相位，上不能持平權衡，下不能篤訓子弟。言事官數論奏，未聞報可，非罷適無以慰物論。」宰相陳執中嬖爲嬖妾張氏榜殺，置獄取證左，執中弗遣，有詔勿推。抃復與官屬請對論列，疏十上，適、執中卒皆罷。

改翰林學士承旨，復兼侍讀學士。帝讀史記龜策傳，問：「古人動作必繇此乎？」對曰：「古有大疑，既決於己，又詢於衆，猶謂不有天命乎，於是命龜以斷吉凶。所謂『謀及乃心，謀及卿士，謀及庶人，謀及卜筮』。蓋聖人貴誠，不專人謀，默與神契，然後爲得也。」帝善其對。

諫官陳升之上選用、責任、考課轉運使三法，命抃與御史中丞張昪典之，卒亦無所進退焉。再遷禮部侍郎。抃久居侍從，泊如也，人以爲長者。既而樞密副使程戡罷，帝欲用舊人，即以命抃。歲中，參知政事。

抃性篤厚寡言，質略無威儀。居兩府，年益耄，無所可否。又善忘，語言舉止多可笑，好事者至傳以爲口實。御史韓縝彈奏之，罷爲觀文殿學士、同羣牧制置使，復兼侍讀學士。英宗即位，進戶部侍郎。告老，以太子少傅就第，卒。贈太子太保，謚文懿。

田況字元均，其先冀州信都人。晉亂，祖行周沒于契丹。父延昭，景德中脫身南歸，性沈鷙，教子甚嚴，累官至太子率府率。況少卓犖有大志，好讀書。舉進士甲科，補江陵府推官，再調楚州判官，遷祕書省著作佐郎。舉賢良方正，改太常丞、通判江寧府。

趙元昊反，夏竦經略陝西，辟爲判官。時竦與韓琦、尹洙等畫上攻守二策，朝廷將用攻策，范仲淹議未可出師。況上疏曰：

昔繼遷擾邊，太宗部分諸將五路進討，或遇賊不擊，或戰衂而還。又嘗令白守榮、馬紹忠護送糧餉於靈州，諸將多違詔自奮，浦洛河之敗，死者數萬人。今將帥士卒，素已懦怯，未甚更練。又知韓琦、尹洙同建此策，恐未甚稟服，臨事進退，有誤大舉。其不可一也。

計者以爲賊常併力而來，我常分兵以禦，衆寡不敵，多貽敗衂，今若全師大舉，必有成功，此思之未熟爾。夫三軍之命，繫於將帥。人之才有大小，智有遠近，以漢祖之善將，不若淮陰之益辦，況庸人乎？今徒知大衆可以威敵，而不思將帥之材否，此禍之大者也。兩路之人，衆十餘萬，庸將驅之，若爲舒卷；賊若據險設伏，邀截衝擊，首尾前後，勢不相援，一有不利，則邊防莫守，別貽後患。安危之計，決於一舉。其不可二也。

自西賊叛命以來，雖屢乘機會，然終不敢深寇郡縣，以饜其欲者，非算之少也。直以中國之大，賢俊之盛，甲兵之衆，未易可測。今師深入，若無成功，挫國威靈，爲賊輕侮，或別墮姦計，以致他虞。其不可三也。

計者又云，將帥雖未足倚，下流勇進，或有其人。自劉平、石元孫陷沒，士氣挫怯，未能振起。今兵數雖多，疲懦者衆，以庸將驅怯兵，入不測之地，獨其下使臣數輩，干賞蹈利，欲邀奇功，未見其利。其不可四也。

計者又云，非欲深絕沙磧，以窮妖巢，但淺入山界，以挫賊氣，如襲白豹城之比。臣謂乘虛襲掠，既不能破戎首、拉凶黨，但殘戮孥弱，以厚怨毒，非王師弔伐招徠之體。然事出無策，爲彼之所爲，亦當霆發雷逝，往來輕速，以掩其不備。今興師十萬，鼓行而西，賊已淸野據險以待，我師何襲挫之有？其不可五也。

自元昊寇邊，人皆知其誅賞明、計數黠。今未有間隙可窺，而暴爲興舉，計事者但欲決勝負於一戰。幸其或有所成，否則願自比王恢以待罪，勇則勇矣，如國事何。其不可六也。

昨仲淹奏乞朝廷，敦包荒之量，存鄜延一路。令諸將勒兵嚴備，未行討伐，容示以恩意，歲時之間，或可招納。若使涇原一路獨入，則孤軍進退，憂患不淺。傳聞賊謀，竢我師諸路入界，併兵以敵，此正陷賊計中。其不可七也。

以臣所見，夏竦、韓琦、尹洙同獻此策，今若奏乞中罷，則是自相違異；欲果決進討，則又仲淹執議不同。乞召兩府大臣定議，但令嚴設邊備，若有侵掠，卽出兵邀擊；或賊界謹自守備，不必先用輕舉。如此則全威制勝，有功而無患也。

於是罷出師議。

況又言治邊十四事。遷右正言，管勾國子監、判三司理欠憑由司，專供諫職，權修起居注，遂知制誥。嘗面奏事，論及政體，帝頗以好名爲非，意在遵守故常，況退而著論上之。其略曰：

名者由實而生，非徒好而自至也。堯、舜三代之君，非好名者。而鴻烈休德，倬若日月，不能纖晦者，有實美而然也。設或謙弱自守，不爲恢閎睿明之事，則名從而晦矣，雖欲好之，豈可得耶。

方今政令寬弛，百職不修，二虜熾結，凌慢中國。朝廷恫矜下民橫罹殺掠，竭瀝膏血，以資繕備，而未免侵軼之憂。故屈就講和，爲翕張予奪之術。自非君臣朝夕恥憤，大有爲以遏後虞，則勢可憂矣。陛下若恐好名而不爲，則非臣之所敢知也。陛下儻奮乾剛，明聽斷，則有英睿之名；行威令，懾姦宄，則有神武之名；斥奢汰，革風俗，則有崇儉之名；澄冗濫，輕會斂，則有廣愛之名；悅亮直，惡諂媚，則有納諫之名；務咨詢，達壅蔽，則有勤政之名；責功實，抑偷幸，則有求治之名。今皆非之而不爲，則天下何所望乎？抑又聖賢之道曰名教，忠誼之訓曰名節，羣臣諸儒所以尊輔朝廷，紀綱人倫之大本也。陛下從而非之，則教化微，節義廢，無恥之徒爭進，而勸沮之方不行矣，豈聖人率下之意耶。

時邊奏契丹修天德城及多建堡砦。況意其蓄姦謀，乃上疏曰：

朝廷予契丹金帛歲五十萬，朘削生民，輸將道路，疲弊之勢，漸不可久。而近西羌通款，歲又予二十萬，設或復肆貪瀆，再有規求，朝廷尙可從乎？臣至愚，不當大責，每念至此，則惋歎不已。矧兩府大臣，皆宗廟社稷、天下生民所望而繫安危者，豈不爲陛下思之哉？每旦垂拱之對，不過目前政事數條而已，非陛下所以待輔臣，非輔臣所以憂朝廷之意也。

有唐故事，肅宗以天下未乂，除正衙奏事外，別開延英以詢訪宰相，蓋旁無侍衞，獻可替否，曲盡討論。今北敵桀慢，而河朔將佐之良愚，中兵之善窳，道路之夷險，城壘之堅弊，軍政之是否，財糧之多少，在兩府輔臣，實未有知之者。萬一變發所忽，制由中出，少有差跌，則事不測矣。如前歲蕭英、劉六符始來，和議未決，中外惶擾，不知爲計，此臣所目覩也。和議既定，又復恬然若無事者，是豈得爲安哉。

願因燕閑，召執政大臣於便殿，從容賜坐，訪逮時政，專以慮患爲急。則人人惟恐不知以誤應對，事事惟恐不集以孤聖懷，旦夕憂思，不敢少懈，同心協力，必有所爲。今不以此爲務，而日以委瑣之事，更相辯對，議者羞之。臣叨備近列，實係朝廷休戚，惟陛下不以人廢言。

尋爲陝西宣撫副使，還領三班院。保州雲翼軍殺州吏據城叛，詔沉處置之。既而除龍圖閣直學士、知成德軍。沉督諸將攻，以敕牓招降叛卒二千餘人，阬其構逆者四百二十九人，以功遷起居舍人。徙秦州〔七〕。丁父憂，詔起復，固辭。又遣內侍持手敕起之，不得已，乞歸葬陽翟。既葬，託邊事求見，泣請終制，仁宗惻然許之。帥臣得終喪自沉始〔八〕。服除，以樞密直學士、尚書禮部郎中知渭州。

遷右諫議大夫、知成都府。蜀自李順、王均再亂，人心易搖，守得便宜決事，多擅殺以爲威，雖小罪，猶并妻子徙出蜀，至有流離死道路者。況至，拊循教誨，非有甚惡不使遷，蜀人尤愛之。

遷給事中，召爲御史中丞。既至，權三司使，加龍圖閣學士、翰林學士。況鈎考財賦，盡知其出入，乃約景德會計錄，以今財賦所入，多於景德，而歲之所出，又多於所入。因著皇祐會計錄上之。以禮部侍郎爲三司使。至和元年，擢樞密副使，遂爲樞密使。以疾，罷爲尙書右丞、觀文殿學士兼翰林侍讀學士，提舉景靈宮，遂以太子少傅致仕，卒。贈太子太保，謚宣簡。

況寬厚明敏，有文武材。與人若無不可，至其所守，人亦不能移也。其論天下事甚多，至倂樞密院於中書以一政本，日輪兩制館閣官一員於便殿備訪問，以錫慶院廣太學，興鎭戍軍、原渭等州營田，汰諸路宣毅、廣捷等冗軍，策元昊勢屈納款，必令盡還延州侵地，毋過許歲幣，幷入中青鹽，請戮陝西陷歿主將隨行親兵。其論甚偉，然不盡行也。有奏議二十卷。

始，契丹寇澶州，略得數百人，以屬其父延昭。延昭哀之，悉縱去，因自脫歸中國。延昭生八男，子多知名，況長子也。保州之役，況阬殺降卒數百人，朝廷壯其決，後大用之。

然卒無子，以兄子爲後。

論曰：時治平而文德用，則士之負藝者致位政府，宜矣。李諮、程戡曉暢吏事。諮變茶法，雖浮議動搖，乍行乍止，卒無能易其說；戡任邊寄，守以安靜，非必智謀，抑所遇之時耳。嶠尙莊、老，以善著稱。張觀、丁度、孫抃，世推其德性淳易，而盛度每爲寮友猜憚，心迹固何如也。戩明偉宏放，亦一時之俊。堯臣論議鏗鏗，正誼而不謀利，其最優乎。鎬堅正寡合，馭軍嚴，臨事果，其安撫河東邊塞，後來父老道其舉動措置，輒嗟嘆追思。況有文武才略，言事精暢，然欲懲兵驕，迺阬降卒，弗忌陰禍，惜哉！

校勘記

〔一〕錢塘湖溉民田數十頃　錢塘湖卽西湖，蘇軾蘇東坡集奏議卷七乞開杭州西湖狀謂唐時「溉田千餘頃」。疑此處誤。

〔二〕宣撫使韓琦　「宣」原作「安」。按本書卷三一二韓琦傳，尹洙與劉滬爭城水洛事時，琦正「宣撫陝西」；太平治蹟統類卷一〇，「罷修水洛城，從宣撫使韓琦奏請」；東都事略卷五五鄭戩傳亦作

「宣撫使韓琦」。據改。

〔三〕麟府間有棄地曰草城川　「麟府」原作「鄜府」。按鄜州屬陝西，府州屬河東，兩地相去較遠；而麟府則爲一路。胡宿文恭集卷三六鄭戩墓誌銘記戩當時爲「知幷州兼幷、代、澤、潞、麟、府、嵐、石沿邊安撫使、兵馬都部署」，又說「嵢嵐軍東草城川近壓虜境」。武經總要前集卷一七嵢嵐軍條：「隋大業中置嵢嵐鎮，捍草城川賊路。……太平興國中再建軍，仍別屯禁軍，控河外麟府一路。」作「麟府」是。據改。

〔四〕妖人因妄傳字隱起　長編卷一六一、太平治蹟統類卷一〇「字」上有「福」字。

〔五〕義軍破趙得勝　「義」原作「宜」，據長編卷一六一、太平治蹟統類卷一〇改。

〔六〕補其徒爲知州　「知」字原脫，據長編卷一六一、太平治蹟統類卷一〇補。

〔七〕徙秦州　「徙」原作「從」，據東都事略卷七〇本傳改。

〔八〕帥臣得終喪自況始　「帥」原作「師」，據王安石臨川先生文集卷九一田況墓誌銘改。

宋史卷二百九十三

列傳第五十二

田錫　王禹偁　張詠

田錫字表聖，嘉州洪雅人。幼聰悟，好讀書屬文。楊徽之宰峨眉，宋白宰玉津，皆厚遇之，爲之延譽，繇是聲稱翕然。太平興國三年，進士高等，釋褐將作監丞、通判宣州。遷著作郎、京西北路轉運判官。改左拾遺、直史館，賜緋魚。錫好言時務，既居諫官，卽上疏獻軍國要機者一、朝廷大體者四。其略曰：

頃歲王師平太原，未賞軍功，迄今二載。幽燕竊據，固當用兵，雖稟宸謀，必資武力。願陛下因郊禋、耕籍之禮，議平戩之功，則駕馭戎臣，莫茲爲重，此要機也。

今交州未下，戰士無功，春秋所謂「老師費財」者是也。臣聞聖人不務廣疆土，惟務廣德業，聲敎遠被，自當來賓。周成王時，越裳九譯來貢，且曰：「天無迅風疾雨、海不揚波三年矣。意者中國其有聖人乎？盍往朝之。」交州瘴海，得之如獲石田。臣願陛下務修德以來遠，無鈍兵以挫銳，又何必以蕞爾蠻夷，上勞震怒乎？此大體之一也。

今諫官不聞廷爭，給事中不聞封駁，左右史不聞升陛軒、記言動，豈聖朝美事乎？又御史不敢彈奏，中書舍人未嘗訪以政事，集賢院雖有書籍而無職官，祕書省雖有職官而無圖籍。臣願陛下擇才任人，使各司其局，苟職業修舉，則威儀自嚴。此大體之二也。

爾者寓縣平寧，京師富庶。軍營馬監，靡不恢崇；佛寺道宮，悉皆輪奐。加又闢西苑，廣御池，雖周之靈囿，漢之昆明，未足爲比。而尙書省湫隘尤甚，郎曹無本局，尙書無聽事。九寺三監，寓天街之兩廊，貢院就武成王廟，是豈太平之制度邪？臣願陛下別修省寺，用列職官。此大體之三也。

案獄官令，枷杻有短長，鉗鎖有輕重，尺寸斤兩，並載刑書，未聞以鐵爲枷者也。昔唐太宗觀明堂圖，見人之五藏皆麗於背，遂減徒刑。况隆平之時，將措刑不用，於法所無，去之可矣。此大體之四也。

疏奏，優詔褒答，賜錢五十萬。僚友謂錫曰：「今日之事鮮矣，宜少晦以遠讒忌。」錫曰：「事君之誠，惟恐不竭，矧天植其性，豈爲一賞奪邪？」時趙普爲相，令有司受羣臣章奏，必先白錫〔一〕。錫貽書於普，以爲失至公之體，普引咎謝之。

六年，爲河北轉運副使，驛書言邊事曰：

臣聞動靜之機，不可妄舉；安危之理，不可輕言。利害相生，變易不定；取舍無惑，思慮必精。夫動靜之機，不可妄舉者，動謂用兵，靜謂持重。應動而靜，則養寇以生姦；應靜而動，則失時以敗事。動靜中節，乃得其宜。今北鄙繹騷，蓋亦有以居邊任者，規羊馬細利爲捷，矜捕斬小勝爲功，賈怨結仇，興戎致寇，職此之由。前歲邊陲俶擾，親迂革輅，戎騎既退，萬乘方歸。是皆失我機先，落其術內，勞煩耗斁，可勝言哉。伏願申飭將帥，愼固封守，勿尙小功。許通互市，俘獲蕃口，撫而還之。如此不出五載，河朔之民，得務農業，亭障之地，可積軍儲。然後待其亂而取之則克，乘其衰而兵之則降，旣心服而忘歸，則力省而功倍。

誠願考古道，務遠圖，示綏懷萬國之心，用駕馭四夷之策，事戒輒發，理貴深謀，所謂安危之理，不可輕言者。國家務大體，求至治則安；舍近謀遠，勞而無功則危。爲君有常道，爲臣有常職，是務大體也。上不拒諫，下不隱情，是求至治也。漢武帝躬秉武節，登單于之臺；唐太宗手結雨衣，伐遼東之國：則是舍近謀遠也。沙漠窮荒，得之無用，則是勞而無功也。在位之臣，敢言者少，言而見聽，未必蒙福，言而不從，方且虞禍，欲下不隱情得乎？惡在其務大體而求至治也。

臣又謂利害相生，變易不定者，兵書曰：「不能盡知用兵之害者，則不能盡知用兵之利。」蓋事有可進而退，則害成之事至焉；可退而進，則利用之事去焉。可速而緩，則利必從之而失；可緩而速，則害必由之而致。可誅而赦，則姦宄之心，或有時而生害；可赦而誅，則忠勇之人，或無心於利國。可賞而罰，則有以害勤勞之功；可罰而賞，則有以利僭踰之幸。能審利害，則爲聰明。以天下之耳聽之則聰，以天下之目視之則明。故書曰「明四目、達四聰」，此之謂也。臣又謂取舍不可以有惑者，故曰「孟賁之狐疑，不如童子之必至」。思慮不可以不精者，故曰「差若毫釐，繆以千里」。自國家圖燕以來，連兵未解，財用不得不耗，人心不得不憂，願陛下精思慮，決取舍，無使曠日持久，窮兵極武焉。

書奏，上嘉之。七年，徙知相州，改右補闕。復上章論事。

明年，移睦州。睦州人舊阻禮教，錫建孔子廟，表請以經籍給諸生，詔賜九經，自是人知向學。會文明殿災，又拜章極言時政，上嘉納焉。轉起居舍人，還判登聞鼓院，上書請封禪。以本官知制誥，尋加兵部員外郎。

端拱二年，京畿大旱，錫上章，有「調燮倒置」語，忤宰相，罷爲戶部郎中，出知陳州。坐稽留殺人獄，責授海州團練副使，後徙單州。召爲工部員外郎，復論時政闕失，俄詔直集賢院。至道中，復舊官。

眞宗嗣位，遷吏部。出使秦、隴，還，連上章言，陝西數十州苦于靈、夏之役，生民重困，上爲之戚然。同知審官院兼通進、銀臺、封駁司，賜金紫；與魏廷式聯職，以議論不協求罷，出知泰州。會彗星見，拜疏請責躬以答天戒，再召見便殿。及行，降中使撫諭，仍加優賜。

咸平三年，詔近臣舉賢良方正，翰林學士承旨宋白以錫應詔。還朝，屢召對言事。錫嘗奏曰：「陛下卽位以來，治天下何道？臣願以皇王之道治之。舊有御覽，但記分門事類。臣請鈔略四部，別爲御覽三百六十卷，萬幾之暇，日覽一卷，經歲而畢。又采經史要切之言，爲御屏風十卷，置扆座之側，則治亂興亡之鑒，常在目矣。」眞宗善其言，詔史館以羣書借之，每成書數卷，卽先進內。錫乃先上御覽三十卷、御屏風五卷。

御覽序曰：「聖人之道，布在方册。六經則言高旨遠，非講求討論，不可測其淵深。諸史則迹異事殊，非參會異同，豈易記其繁雜。子書則異端之說勝，文集則宗經之辭寡。非獵精義以爲鑒戒，舉綱要以觀會通，爲日覽之書，資日新之德，則雖白首，未能窮經，矧王者乎？臣每讀書，思以所得上補聖聰，可以銘於座隅者，書於御屏；可以用於常道者，錄爲御覽。冀以涓埃之微，上裨天地之德，俾功業與堯、舜比崇，而生靈亦躋仁壽之域矣。」

御屏風序曰：「古之帝王，盤盂皆銘，几杖有戒，蓋起居必覩，而夙夜不忘也。湯之盤銘曰：『苟日新，日日新，又日新〔三〕。』武王銘於几杖曰：『安不忘危，存不忘亡，熟惟二者，後必無凶。』唐黃門侍郎趙智爲高宗講孝經，舉其要切者言之曰：『天子有爭臣七人，雖無道不失其天下。』憲宗采史、漢、三國已來經濟之要，號前代君臣事迹，書于屏間。臣每覽經、史、子、集，因取其語要，輒用進獻，題之御屏，置之座右，日夕觀省，則聖德日新，與湯、武比隆矣。」

五年，再掌銀臺，覽天下奏章，有言民飢盜起及詔敕不便者，悉條奏其事。上對宰相稱錫「得爭臣之體」，卽日以本官兼侍御史知雜事，擢右諫議大夫、史館修撰。連上八疏，皆直言時政得失。六年冬，病卒，年六十四。遺表勸上以慈儉守位，以清淨化人，居安思危，在治思亂。上覽之惻然，謂宰相李沆曰：「田錫，直臣也。朝廷少有闕失，方在思慮，錫之章奏已至矣。若此諫官，亦不可得。」嗟惜久之，特贈工部侍郎。錄其二子，並爲大理評事，給奉終喪。

錫耿介寡合，未嘗趨權貴之門，居公庭，危坐終日，無懈容。慕魏徵、李絳之爲人，以盡規獻替爲己任。嘗曰：「吾立朝以來，章疏五十有二，皆諫臣任職之常言。苟獲從，幸也，豈可藏副示後，謗時賣直邪？」悉命焚之。然性凝執，治郡無稱。所著有咸平集五十卷。

王禹偁字元之，濟州鉅野人。世爲農家，九歲能文，畢士安見而器之。太平興國八年擢進士，授成武主簿。徙知長洲縣，就改大理評事。同年生羅處約時宰吳縣，日相與賦詠，人多傳誦。端拱初，太宗聞其名，召試，擢右拾遺、直史館，賜緋。故事，賜緋者給塗金銀帶，上特命以文犀帶寵之。即日獻端拱箴以寓規諷。

時北庭未寧，訪羣臣以邊事。禹偁獻禦戎十策，大略假漢事以明之：「漢十二君，言賢明者，文、景也；言昏亂者，哀、平也。然而文、景之世，軍臣單于最爲強盛，肆行侵掠，候騎至雍，火照甘泉。哀、平之時，呼韓邪單于每歲來朝，委質稱臣，邊烽罷警。何邪？蓋漢文當軍臣強盛之時，而外任人、內修政，使不能爲深患者，由乎德也。哀、平當呼韓衰弱之際，雖外無良將，內無賢臣，而致其來朝者，繫于時也。今國家之廣大，不下漢朝，陛下之聖明，豈讓文帝。契丹之強盛，不及軍臣單于，至如撓邊侵塞，豈有候騎至雍，而火照甘泉之患乎？亦在乎外任人、內修德爾。臣愚以爲：外則合兵勢而重將權，罷小臣詗邏邊事，行間諜離其黨，遣趙保忠、折御卿率所部以掎角。下詔感勵邊人，使知取燕薊舊疆，非貪其土地；內則省官以寬經費，抑文士以激武夫，信用大臣以資其謀，不貴虛名以戒無益，禁游惰以厚民力。」帝深嘉之。又與夏侯嘉正、羅處約、杜鎬表請同校三史書，多所釐正。

二年，親試貢士，召禹偁，賦詩立就。上悅曰：「此不踰月遍天下矣。」卽拜左司諫、知制誥。是冬，京城旱，禹偁疏云：「一穀不收謂之饉，五穀不收謂之饑。饉則大夫以下，皆損其祿；饑則盡無祿，廩食而已。今旱雲未霑，宿麥未茁，旣無積蓄，民飢可憂。望下詔直云：『君臣之間，政教有闕，自乘輿服御，下至百官奉料，非宿衞軍士、邊庭將帥，悉第減之，上答天譴，下厭人心，俟雨足復故。』臣朝行中家最貧，奉最薄，亦願首減奉，以贖耗蠹之咎。外則停歲市之物；內則罷工巧之伎。近城掘土，侵冢墓者瘞之；外州配隸之衆，非贓盜者釋之。然後以古者猛虎渡河、飛蝗越境之事，戒敕州縣官吏。其餘軍民刑政之弊，非臣所知者，望委宰臣裁議頒行，但感人心，必召和氣。」

未幾，判大理寺，廬州妖尼道安誣訟徐鉉，道安當反坐，有詔勿治。禹偁抗疏雪鉉，請論道安罪，坐貶商州團練副使，歲餘移解州。四年，召拜左正言，上以其性剛直不容物，命宰相戒之。直昭文館，丐外任以便奉養，得知單州，賜錢三十萬。至郡十五日，召爲禮部員外郎，再知制誥。屢獻討李繼遷便宜，以爲繼遷不必勞力而誅，自可用計而取。請宜明數繼遷罪惡，曉諭蕃漢，重立賞賜，高與官資，則繼遷身首，不梟卽擒矣。其後潘羅支射死繼遷，夏人款附，卒如禹偁策。

至道元年，召入翰林爲學士，知審官院兼通進、銀臺、封駁司。詔命有不便者，多所論奏。孝章皇后崩，遷梓宮于故燕國長公主第，羣臣不成服。禹偁與客言，后嘗母儀天下，當遵用舊禮。坐謗訕，罷爲工部郎中、知滁州。初，禹偁嘗草李繼遷制，送馬五十匹爲潤筆，禹偁却之。及出滁，閩人鄭褒徒步來謁，禹偁愛其儒雅，爲買一馬。或言買馬虧價者，太宗曰：「彼能却繼遷五十馬，顧肯虧一馬價哉？」移知揚州。眞宗卽位，遷秩刑部，會詔求直言，禹偁上疏言五事：

一曰謹邊防，通盟好，使輦運之民有所休息。方今北有契丹，西有繼遷。契丹雖不侵邊，戍兵豈能減削？繼遷旣未歸命，餽餉固難寢停。關輔之民，倒懸尤甚。臣愚以爲宜敕封疆之吏，致書遼臣，俾達其主，請尋舊好。下詔赦繼遷罪，復與夏臺。彼必感恩內附，且使天下知陛下屈己而爲民也。

二曰減冗兵，併冗吏，使山澤之饒，稍流於下。當乾德〔三〕、開寶之時，土地未廣，財賦未豐，然而擊河東，備北鄙，國用未足〔四〕，兵威亦強，其義安在？由所蓄之兵銳而不衆，所用之將專而不疑故也。自後盡取東南數國，又平河東，土地財賦，可謂廣且豐矣，而兵威不振，國用轉急，其義安在？由所蓄之兵冗而不盡銳，所用之將衆而不自專故也。臣愚以爲宜經制兵賦，如開寶中，則可高枕而治矣。且開寶中設官至少。臣本魯人，占籍濟上，未及第時，一州止有刺史一人，司戶一人，當時未嘗闕事。自後有團練推官一人，太平興國中，增置通判、副使、判官、推官，而監酒、榷稅算又增四員。曹官之外，更益司理。問其租稅，減於曩日也；問其人民，逃於昔時也。一州既爾，天下可知。冗吏耗于上，冗兵耗于下，此所以盡取山澤之利，而不能足也。夫山澤之利，與民共之。自漢以來，取爲國用，不可棄也；然亦不可盡也。只如茶法從古無稅，唐元和中，以用兵齊、蔡，始稅茶。唐史稱是歲得錢四十萬貫，今則數百萬矣，民何以堪？臣故曰減冗兵，併冗吏，使山澤之饒，稍流於下者此也。

三曰艱難選舉，使入官不濫。古者鄉舉里選，爲官擇人，士君子學行修于家，然後薦之朝廷，歷代雖有沿革，未嘗遠去其道。隋、唐始有科試，太祖之世，每歲進士不過三十人，經學五十人。重以諸侯不得奏辟，士大夫罕有資蔭，故有終身不獲一第，沒齒不獲一官者。太宗毓德王藩，覩其如此。臨御之後，不求備以取人，舍短用長，拔十得五。在位將逾二紀，登第殆近萬人，雖有俊傑之才，亦有容易而得。臣愚以爲數百年之艱難，故先帝濟之以泛取，二十載之霈澤，陛下宜糾之以舊章，望以舉場還有司，如故事。至於吏部銓官，亦非帝王躬親之事，自來五品已下，謂之旨授官，今幕職、州縣而已，京官雖有選限，多不施行。臣愚以爲宜以吏部還有司，依格敕注擬可也。

四曰沙汰僧尼，使疲民無耗。夫古者惟有四民，兵不在其數。蓋古者井田之法，農即兵也。自秦以來，戰士不服農業，是四民之外，又生一民，故農益困。然執干戈衞社稷，理不可去。漢明之後，佛法流入中國，度人修寺，歷代增加。不蠶而衣，不耕而食，是五民之外，又益一而爲六矣。假使天下有萬僧，日食米一升，歲用絹一匹，是至儉也，猶月費三千斛，歲用萬縑，何況五七萬輩哉。不曰民蠹得乎？臣愚以爲國家度人衆矣，造寺多矣，計其費耗，何啻億萬。先朝不豫，捨施又多，佛若有靈，豈不蒙福？事佛無效，斷可知矣。願陛下深鑒治本，亟行沙汰，如以嗣位之初，未欲驚駭此輩，且可以二十載，不度人修寺，使自銷鑠，亦救弊之一端也。

五曰親大臣，遠小人，使忠良蹇諤之士，知進而不疑，姦憸傾巧之徒，知退而有懼。夫君爲元首，臣爲股肱，言同體也。得其人則勿疑，非其人則不用。凡議帝王之盛者，豈不曰堯、舜之時，契作司徒，咎繇作士，伯夷典禮，后夔典樂，禹平水土，益作虞官。委任責成，而堯有知人任賢之德。雖然，堯之道遠矣，臣請以近事言之。唐元和中，憲宗嘗命裴垍〔三〕銓品庶官，垍曰：「天子擇宰相，宰相擇諸司長官，長官自擇僚屬，則上下不疑，而政成矣。」識者以垍爲知言。願陛下遠取帝堯，近鑒唐室，既得宰相，用而不疑。使宰相擇諸司長官，長官自取僚屬，則垂拱而治矣。古者刑人不在君側，語曰：

「放鄭聲，遠佞人。」是以周文王左右，無可結藏者，言皆賢也。夫小人巧言令色，先意希旨，事必害正，心惟忌賢，非聖明不能深察。舊制，南班三品，尚書方得升殿；比來三班奉職，或因遣使，亦許升殿，惑亂天聽，無甚於此。願陛下振舉紀綱，尊嚴視聽，在此時矣。

臣愚又以爲今之所急，在先議兵，使衆寡得其宜，措置得其道。然後議吏，使清濁殊塗，品流不雜，然後艱選舉以塞其源，禁僧尼以去其耗，自然國用足而王道行矣。

疏奏，召還，復知制誥。咸平初，預修太祖實錄，直書其事。時宰相張齊賢、李沆不協，意禹偁議論輕重其間。出知黃州，嘗作三黜賦以見志。其卒章云：「屈于身而不屈于道兮，雖百謫而何虧！」三年，濮州盜夜入城，略知州王守信、監軍王昭度，禹偁聞而奏疏，略曰：

伏以體國經野，王者保邦之制也。易曰「王公設險，以守其國」。自五季亂離，各據城壘，豆分瓜剖，七十餘年。太祖、太宗，削平僭僞，天下一家。當時議者，乃令江淮諸郡毀城隍、收兵甲、徹武備者，二十餘年。書生領州，大郡給二十人，小郡減五人，以充常從。號曰長吏，實同旅人；名爲郡城，蕩若平地。雖則尊京師而抑郡縣，爲強幹弱枝之術，亦匪得其中道也。臣比在滁州，値發兵挽漕，關城無人守禦，止以白直代主開閉，城池頽圮，鎧仗不完。及徙維揚，稱爲重鎭，乃與滁州無異。嘗出鎧甲三十副，與巡警使臣，彀弩張弓，十損四五，蓋不敢擅有修治，上下因循，遂至于此。今黃州城雉器甲，復不及滁、揚。萬一水旱爲災，盜賊竊發，雖思禦備，何以枝梧。蓋太祖削諸侯跋扈之勢，太宗杜僭僞覬望之心，不得不爾。其如設法救世，久則弊生，救弊之道，在乎從宜。疾若轉規，固不可膠柱而鼓瑟也。今江、淮諸州，大患有三：城池墮圮，一也；兵仗不完，二也；軍不服習，三也。濮賊之興，慢防可見。望陛下特紆宸斷，許江、淮諸郡，酌民戶衆寡，城池大小，並置守捉。軍士多不過五百人，閱習弓劍，然後漸葺城壁，繕完甲冑，則郡國有禦侮之備，長吏免剽略之虞矣。

疏奏，上嘉納之。

四年，州境二虎門，其一死，食之殆半。羣雞夜鳴，經月不止。冬雷暴作。禹偁手疏引洪範傳陳戒，且自劾；上遣內侍乘馹勞問，醮禳之，詢日官，云：「守土者當其咎。」上惜禹偁才，是日，命徙蘄州。禹偁上表謝，有「宣室鬼神之問，不望生還；茂陵封禪之書，止期身後」之語。上異之，果至郡未踰月而卒，年四十八。訃聞，甚悼之，厚賻其家。賜一子出身。

禹偁詞學敏贍，遇事敢言，憙臧否人物，以直躬行道爲己任。嘗云：「吾若生元和時，從事於李絳、崔羣間，斯無媿矣。」其爲文著書，多涉規諷，以是頗爲流俗所不容，故屢見擯斥。所與游必儒雅，後進有詞藝者，極意稱揚之。如孫何、丁謂輩，多游其門。有小畜集二十卷、承明集十卷、集議十卷、詩三卷。子嘉祐、嘉言俱知名。

嘉祐爲館職，寇準曰：「吾尹京，外議云何？」對曰：「人言丈人且入相。」準曰：「於吾子意何如？」嘉祐曰：「以愚觀之，不若不爲相之善也，相則譽望損矣。自古賢相，所以能建功業、澤生民者，其君臣相得，如魚之有水，故言聽計從，而臣主俱榮。今丈人負天下重望，中外有太平之責焉，丈人於明主，能若魚之有水乎？」準大喜，執其手曰：「元之雖文章冠天下，至於深識遠慮，或不逮吾子也。」嘉祐官不顯。

嘉言以進士第爲江都簿，眞宗嘗觀禹偁奏章，嗟美切直，因訪其後，宰相以嘉言聞。即召對，擢大理評事，至殿中侍御史。

曾孫汾舉進士甲科，仕至工部侍郎，入元祐黨籍。

張詠字復之，濮州鄄城人。少任氣，不拘小節，雖貧賤客遊，未嘗下人。太平興國五年，郡舉進士，議以詠首薦。有夙儒張覃者未第，詠與寇準致書郡將，薦覃爲首，衆許其能讓。是歲，詠登進士乙科，大理評事、知鄂州崇陽縣。再遷著作佐郎。以蘇易簡薦，入爲太子中允，遷祕書丞、通判麟相二州，乞掌濮州市征以便養。俄召還，賜緋魚，知浚儀縣。會李沆、宋湜、寇準連薦其才，以爲荆湖北路轉運使，奏罷歸、峽二州水遞夫，就轉太常博士。太宗聞其強幹，召還，超拜虞部郎中，賜金紫。旬日，與向敏中並擢爲樞密直學士、同知銀臺通進封駁司兼掌三班院。張永德爲并代部署，有小校犯法，笞之至死，詔案其罪。詠封還詔書，且言：「陛下方委永德邊任，若以一部校故，推辱主帥，臣恐下有輕上之心。」太宗不從。未幾，果有營兵脅訴軍校者，詠引前事爲言，太宗改容勞之。

出知益州，時李順構亂，王繼恩、上官正總兵攻討，頓師不進。詠以言激正，勉其親行，仍盛爲供帳餞之。酒酣，舉爵屬軍校曰：「爾曹蒙國厚恩，無以塞責，此行當直抵寇壘，平蕩醜類。若老師曠日，卽此地還爲爾死所矣。」正由是決行深入，大致克捷。繼恩帳下卒縋城夜遁，吏執以告。詠不欲與繼恩失懽，卽命縶投眢井，人無知者。時寇略之際，民多脅從，詠移文諭以朝廷恩信，使各歸田里。且曰：「前日李順脅民爲賊，今日吾化賊爲民，不亦可乎？」時民間訛言，有白頭翁午後食人兒女，一郡囂然。至暮，路無行人，既而得造訛者戮之，民遂帖息。詠曰：「妖訛之興，沴氣乘之，妖則有形，訛則有聲，止訛之術，在乎識斷，不在乎厭勝也。」

初，蜀士知向學，而不樂仕宦。詠察郡人張及、李畋、張逵者皆有學行，爲鄉里所稱；遂敦勉就舉，而三人者悉登科，士由是知勸。民有諜訴者，詠灼見情僞，立爲判決，人皆厭服。好事者編集其辭，鏤板傳布。詠嘗曰：「詢君子得君子，詢小人得小人，各就其黨詢之，則無不審矣。」其爲政，恩威并用，蜀民畏而愛之。丁外艱，起復，改兵部郎中。會詔川、陝諸州參用銅鐵錢，每銅錢一當鐵錢十。詠上言：「昨經利州，以銅錢一換鐵錢五，綿州銅錢一換鐵錢六，益州銅錢一換鐵錢八。若一其法，公私非便。望依旬估折納銅錢。」

眞宗卽位，加左諫議大夫。咸平初，入拜給事中、戶部使，改御史中丞。承天節齋會，丞相大僚有酒失者，詠奏彈之。二年，同知貢舉。是夏，以工部侍郎出知杭州。屬歲歉，民多私鬻鹽以自給，捕獲犯者數百人，詠悉寬其罰而遣之。官屬請曰：「不痛繩之，恐無以禁。」詠曰：「錢塘十萬家，飢者八九，苟不以鹽自活，一旦蜂聚爲盜，則爲患深矣。俟秋成，當仍舊法。」有民家子與姊壻訟家財。壻言妻父臨終，此子裁三歲，故見命掌貲產；且有遺書，令異日以十之三與子，餘七與壻。詠覽之，索酒酹地，曰：「汝妻父，智人也，以子幼故託汝。苟以七與子，則子死汝手矣。」亟命以七給其子，餘三給壻，人皆服其明斷。知永興軍府。

五年，馬知節自益徙延州，朝議擇可代者。眞宗以詠前在蜀治行優異，復命知益州，仍加刑部侍郎、樞密直學士，就遷吏部侍郎。轉運使黃觀上其治狀，有詔褒美。會遣謝濤巡撫西蜀，上因令傳諭詠曰：「得卿在蜀，朕無西顧之憂矣。」歸朝，復掌三班，領登聞檢院。

詠中歲瘍生腦，頗妨巾櫛，求知潁州。眞宗以其公直，有時望，再任益部，皆以政績聞，不當滋小郡。令中書召問，將委以青社或眞定，令其自擇。詠辭不就，遂命知昇州。大中祥符初，加左丞。三年春，州民以詠秩滿借留，就轉工部尚書，令再任。是秋，以江左旱歉，命充昇、宣等十州安撫使，進禮部。上聞詠腦瘍甚，憫之，令薛映馳驛代還。以疾未見，恨不得面陳所蘊，乃抗論言：「近年虛國帑藏，竭生民膏血，以奉無用之土木，皆賊臣丁謂、王欽若啓上侈心之爲也。不誅死，無以謝天下。」章三上，出知陳州。

初，詠與青州傅霖少同學。霖隱不仕。詠既顯，求霖者三十年不可得，至是來謁。閽吏白傅霖請見，詠責之曰：「傅先生天下賢士，吾尚不得爲友，汝何人，敢名之！」霖笑曰：「別子一世尚爾邪，是豈知世間有傅霖者乎？」詠問：「昔何隱，今何出？」霖曰：「子將去矣，來報子爾。」詠曰：「詠亦自知之。」霖曰：「知復何言。」翌日別去。後一月而詠卒，年七十。贈左僕射，謚忠定。

詠剛方自任，爲治尚嚴猛，嘗有小吏忤詠，詠械其頸。吏恚曰：「非斬某，此枷終不脫。」詠怒其悖，卽斬之。少學擊劍，慷慨好大言，樂爲奇節。有士人遊宦遠郡，爲僕夫所持，且欲得其女爲妻，士人者不能制。詠遇於傳舍，知其事，卽陽假此僕爲馭，單騎出近郊，至林麓中，斬之而還。嘗謂其友人曰：「張詠幸生明時，讀典墳以自律，不爾，則爲何人邪？」故其言曰：「事君者廉不言貧，勤不言苦，忠不言已效，公不言已能，斯可以事君矣。」性躁果卞急，病創甚，飲食則痛楚增劇，御下益峻，尤不喜人拜跪，命典客預戒止。有違者，詠卽連拜不止，或倨坐罵之。眞宗嘗稱其材任將帥，以疾不盡其用。自號乖崖，以爲「乖」則違衆，「崖」不利物。有集十卷。弟詵，爲虞部員外郎。

論曰：傳云：「邦有道，危言危行。」三人者，躬骨鯁謇諤之節，蔚爲名臣，所遇之時然也。禹偁制戎之策，厥後果符其言，而醇文奧學，爲世宗仰。錫身沒之後，特降褒命，以賁直操，與夫容容嘿嘿，以持祿固位者異矣。詠所至以政績聞。天子嘗曰：「詠在蜀，吾無西顧之憂。」其被奬與如此。然皆骫骳自信，道不諧偶，故不極於用云。

校勘記

〔一〕必先白錫　邵晉涵南江札記卷四以爲「錫字乃普字之誤」。按隆平集卷一三、東都事略卷三九本傳，此語都作「必先白而後敢進」。謂必先白普，故錫「以爲失至公之體」。邵說當是。

〔二〕苟日新日日新又日新　「苟」原作「德」，據禮記大學所引湯之盤銘改。

〔三〕乾德　原作「乾道」。按乾道是南宋年號，此不當有，據長編卷四二改。

〔四〕國用未足　長編卷四二作「國用亦足」。按文義，疑以長編爲是。

〔五〕裴垍　原作「裴洎」，據舊唐書卷一四八、新唐書卷一六九本傳和長編卷四二改。下同。

宋史卷二百九十四

列傳第五十三

掌禹錫 蘇紳 王洙子欽臣 胥偃 柳植 聶冠卿 馮元 趙師民 張錫 張揆 楊安國

掌禹錫字唐卿，許州郾城人。中進士第，爲道州司理參軍。試身言書判第一，改大理寺丞，累遷尚書屯田員外郎、通判并州。擢知廬州，未行，丁度薦爲侍御史，上疏請嚴備西羌。時議擧兵，禹錫引周宣薄伐爲得，漢武遠討爲失；且建畫增步卒，省騎兵。舊法，薦擧邊吏，貪贓皆同坐。禹錫奏謂：「使貪使愚，用兵之法也。若擧邊吏必兼責士節，則莫敢薦矣。材武者孰從而進哉？」後遂更其法。

出提點河東刑獄。杜衍薦，召試，爲集賢校理，改直集賢院兼崇文院檢討。歷三司度支判官、判理欠司、同管勾國子監。歷判司農、太常寺。數考試開封國學進士，命題皆奇奥，士子憚之，目爲「難題掌公」。遷光祿卿，改直祕閣。英宗卽位，自祕書監遷太子賓客。御史劾禹錫老病不任事，帝憐其博學多記，令召至中書，示以彈文。禹錫惶怖自請，遂以尙書工部侍郎致仕，卒。

禹錫矜愼畏法，居家勤儉，至自舉几案。嘗預修皇祐方域圖志、地理新書，奏對帝前，王洙推其稽考有勞，賜三品服。及校正類篇、神農本草，載藥石之名狀爲圖經。喜命術，自推直生日，年庚寅，日乙酉，時壬午，當易之歸妹、困、震初中末三卦。以世應飛伏納五甲行軌析數推之，卦得二十五少分，三卦合七十五年約半，祿秩算數，盡于此矣。著郡國手鑑一卷，周易集解十卷。好儲書，所記極博，然迂漫不能達其要。常乘駑馬，衣冠汚垢，言語舉止多可笑，僚屬或慢侮之，過閭巷，人指以爲戲云。

蘇紳字儀甫，泉州晉江人。進士及第。歷宜、復、安三州推官，改大理寺丞。母喪，寓揚州。州將盛度以文學自負，見其文，大驚，自以爲不及，由是知名。再遷太常博士，舉賢良方正科，擢尙書祠部員外郎、通判洪州，徙揚州。歸，上十議，進直史館，爲開封府推官、三司鹽鐵判官。時衆星西流，幷代地大震，方春而雷，詔求直言，紳上疏極言時事。

安化蠻蒙光月率衆寇宜州，敗官軍，殺鈐轄張懷志等六人。紳上言曰：

國家比以西北二邊爲意，而鮮復留意南方，故有今日之患，誠不可不慮也。臣頃從事宜州，粗知本末。安化地幅員數百里，持兵之衆，不過三四千人。然而敢肆侵擾，非特恃其險絕，亦由往者守將失計，而國家姑息之太過也。

向聞宜州吏民言，祥符中，蠻人騷動，朝廷興兵討伐。是時，唯安撫都監馬玉勒兵深入，多所殺獲。知桂州曹克明害其功，累移文止之，故玉志不得逞。蠻人畏伏其名，至今言者猶惜之。使當時領兵者皆如玉，則蠻當殄滅，無今日之患矣。至使乘隙蹂邊，屠殺將吏，其損國威，無甚於此。朝廷儻不以此時加兵，則無以創艾將來，而震疊荒裔。彼六臣者，雖不善爲馭，自致喪敗，然銜寃負恥，當有以刷除。

臣觀蠻情，所恃者地形險阨，據高臨下，大軍難以並進。然其壤土磽确，資蓄虛乏，刀耕火種，以爲餱糧。其勢可以緩圖，不可以速取；可以計覆，不可以力爭。今廣東西敎閱忠敢澄海、湖南北雄武等軍，皆慣涉險阻。又所習兵器，與蠻人略同。請速發詣宜州策應，而以他兵代之。仍命轉運使備數年軍食，今秋、冬之交，嵐氣已息，進軍據其出路，轉粟補卒，爲曠日持久之計。伺得便利，卽圖深入，可以傾蕩巢穴，杜絕蹊逕。縱使奔迸林莽，亦且壞其室廬，焚其積聚，使進無鈔略之獲，退無攻守之備。

然後諭以國恩，許以送款，而徙之內郡，收其土地，募民耕種，異時足以拓外夷爲屏蔽也。

仍詔旁近諸蠻，諭以朝廷討叛之意，毋得相爲聲援；如獲首級，卽優賞以金帛。計若出此，則不越一年，逆寇必就殄滅。況廣西溪峒、荊湖、川峽蠻落甚多，大抵好爲騷動。因此一役，必皆震讋，可保數十年無俶擾之虞矣。

朝廷施用其策，遣馮仲己守桂州經制之，蠻遂平。

又陳便宜八事：

一曰重爵賞。先王爵以褒德，祿以賞功，名以定流品，位以居才實。未有無德而據高爵，無功而食厚祿，非其人而受美名，非其才而在顯位者。不妄與人官，非惜寵也，蓋官非其人，則不肖者逞。不妄賞人，非愛財也，蓋賞非其人，則徼幸者衆。非特如此而已，則又敗國傷政，納侮詒患。上干天氣，下戾人心，災異既興，妖孽乃見。故漢世五侯同日封，天氣赤黃，及丁、傅封而其變亦然。楊宣以爲爵土過制，傷亂土氣之祥也。

二曰愼選擇。今內外之臣，序年遷改，以爲官濫，而復有論述微效，援此希進者。朝臣則有升監司，使臣則有授橫行。不問人材物望，可與不可，並甄錄之。不三數年，坐致淸顯。如此不止，則異日必以將相爲賞矣。

三曰明薦舉。今有位多援親舊，或迫於權貴，甚非薦賢助國，爲官擇人之道。若要官闕人，宜如祖宗故事，取班簿親擇五品以上淸望官，各令舉一二人，述其才能德業，陛下與執政大臣，參驗而擢之。試而有效，則先賞舉者，否則黜責之。如此，則人人得以自勸。又選人條約太嚴。舊制，三人保者，得選京官，今則五人。舊轉運使、提點刑獄率當三人，今止當一人。舊大兩省官歲舉五人，今才舉三人；升朝官舉三人，今則舉一人。舊不以在任及所統屬皆得奏舉，今則須在任及統屬方許論薦。驅馳下僚，未免有賢愚同滯之歎也。

四曰異服章。朝班中執技之人與丞郎淸望同佩金魚，內侍班行與學士同服金帶，豈朝廷待賢才、加禮遇之意？宜加裁定，使采章有別，則人品定而朝儀正矣。

五曰適才宜。古者自黃、散而下，及隋之六品，唐之五品，皆吏部得專去留。今審官院、流內銓，則古之吏部；三班院，古之兵部。不問官職之閑劇，才能之長短，惟以資歷深淺爲先後，有司但主簿籍而已。欲賢不肖有別，不可得也。太宗皇帝始用趙普議，置考課院以分中書之權，今審官是也，其職任豈輕也哉？宜擇主判官，付之以事權，責成其選事。若以爲格例之設久，不可遽更。或有異才高行，許別論奏，如寇準判銓，薦選人錢若水等三人，並遷朝官爲直館。其非才亦許奏殿，如唐盧從愿爲吏部，非才實者並令罷選，十不取一是也。

六曰擇將帥。漢制邊防有警，左右之臣，皆將帥也。唐室文臣，自員外、郎中以上，爲刺史、團練、防禦、觀察、節度等使，皆是養將帥之道，豈嘗限以文武？比年設武舉，所得人不過授以三班官，使人監臨，欲圖其建功立事，何可得也？臣僚舉換右職者，必人才弓馬兼書算策略，亦責之太備。宜使有材武者居統領之任，有謀畫者任邊防之寄，士若素養之，不慮不爲用也。

七曰辨忠邪。夫忠賢之嫉姦邪，謂之去惡，惡不去則害政而傷國。姦邪陷忠良，謂之蔽明，明不蔽，則無以稔其慝而肆其毒矣。忠邪之端，惟人主深辨之。自古稱帝之聖者，莫如唐堯，然而四凶在朝，圮毀善類。好賢之甚者，莫如漢文，然而絳、灌在列，不容賢臣。願監此而不使譽毀之說得行，愛憎之徒逞志，則忠賢進而邪慝消矣。

八曰修預備。國家承平，天下無事將八十載，民食宜足而不足，國用宜豐而未豐，甚可怪也。往者明道初，蟲螟水旱，幾徧天下。始之以饑饉，繼之以疾疫，民之轉流死亡，不可勝數。幸而比年稍稔，流亡稍復，而在位未嘗留意於備預之道，莫若安民而厚利，富國而足食。欲民之安，則爲之擇守宰、明敎化；欲民之利，則爲之去兼幷、禁游末。恤其疾苦，寬其徭役，則民安而利矣。欲國之富，則必崇節儉，敦質素，蠲浮費。欲食之足，則省官吏之冗，去兵釋之蠹，絕奢靡之弊，塞凋僞之原，則國食足矣。民足於下，國富於上，雖有災沴，不足憂也。書奏，帝嘉納之。進史館修撰，擢知制誥，入翰林爲學士。再遷尙書禮部郎中。

王素、歐陽脩爲諫官，數言事，紳忌之。會京師閔雨，紳請對，言：「洪範五事，『言之不從，是謂不乂，厥咎僭，厥罰常暘。』蓋言國之號令，不專於上，威福之柄，或移臣下，虛譁憒亂，故其咎僭。」又曰：「庶位踰節茲謂僭。刑賞妄加，羣陰不附，則陽氣勝，故其罰常暘。今朝廷號令，有不一者，庶位有踰節而陵上者，刑賞有妄加於下者，下人有謀而僭上者。此而不思，雖禱于上下神祇，殆非天意。」紳意以指諫官。諫官亦言紳舉御史馬端非其人，改龍圖閣學士、知揚州，復爲翰林學士、史館修撰、權判尙書省。

紳銳於進取，善中傷人。陰中王德用，其疏至有「宅枕乾岡，貌類藝祖」之語，帝惡之，匿其疏不下。遂出紳，以吏部郎中改侍讀學士、集賢殿修撰、知河陽，徙河中。未行感疾，爲醫者藥所誤，猶力疾答之，已而卒。

紳博學多知，喜言事。嘗請罷連日視朝，復唐制朔望喚仗入閤，間開便殿，延對輔臣；寬制舉科格，以收才傑；選命諫員，勿侵御史職事。趙元昊反，請詔邊帥爲入討之計，且曰：「以十年防守之費，爲一歲攻取之資；不爾，則防守之備，不止於十年矣。」又曰：「今邊兵止備陝西，恐賊出不意窺河東，卽麟、府不可不慮，宜稍移兵備之。鄜、延〔一〕與原州、鎭戎軍，皆當賊衝，而兵屯衆寡不均。或寇原州、鎭戎軍，則鄜、延能應援。陝西屯卒太多，永興爲關、隴根本，而戍者不及三千。宜留西戍之兵，壯關中形勢，緩急便於調發。郡縣備盜不謹，請增尉員，益弓手籍。」其論利害甚多。

紳與梁適同在兩禁，人以爲險詖，故語曰：「草頭木脚，陷人倒卓。」子頌，別有傳。

王洙字原叔，應天宋城人。少聰悟博學，記問過人。初舉進士，與郭稹同保。人有告稹冒祖母禫，主司欲脫洙連坐之法，召謂曰：「不保，可易也。」洙曰：「保之，不願易。」遂與稹俱罷。再舉，中甲科，補舒城縣尉。坐覆縣民鍾元殺妻不實免官。

後調富川縣主簿。晏殊留守南京，厚遇之，薦爲府學教授。召爲國子監說書，改直講。校史記、漢書，擢史館檢討、同知太常禮院，爲天章閣侍講。專讀寶訓、要言於邇英閣。累遷太常博士、同管勾國子監，預修崇文總目成，遷尙書工部員外郎。修國朝會要，加直龍圖閣、權同判太常寺。坐赴進奏院賽神與女妓雜坐，爲御史劾奏，黜知濠州，徙襄州。

會貝卒叛，州郡皆恟恟，襄佐史請罷教閱士，不聽。又請毋給眞兵，洙曰：「此正使人不安也。」命給庫兵，教閱如常日，人無敢譁者。

徙徐州。時京東饑，朝廷議塞商胡，賦楗薪，輸半而罷塞。洙命更其餘爲穀粟，誘願輸者以餔流民，因募其壯者爲兵，得千餘人，盜賊衰息。有司上其最，爲京東第一，徙亳州。復爲天章閣侍講、史館檢討。

帝將祀明堂，宋祁言：「明堂制度久不講，洙有禮學，願得同具其儀。」詔還洙太常，再遷兵部員外郎，命撰大饗明堂記。除史館修撰，遷知制誥。詔諸儒定雅樂，久未決。洙與胡瑗更造鐘磬，而無形制容受之別。皇祐五年，有事于南郊，勸上用新樂，既而議者多非之，卒不復用。

夏竦卒，賜謚文獻。洙當草制，封還其目曰：「臣下不當與僖祖同謚。」因言：「前有司謚王溥爲文獻，章得象爲文憲，字雖異而音同，皆當改。」於是太常更謚竦文莊，而溥、得象皆易謚。

嘗使契丹，至韡淀。契丹令劉六符來伴宴，且言耶律防善畫，向持禮南朝，寫聖容以歸，欲持至館中。洙曰：「此非瞻拜之地也。」六符言恐未得其眞，欲遣防再往傳繪，洙力拒之。

嘗言天下田稅不均，請用郭諮、孫琳千步開方法，頒州縣以均其稅。貴妃張氏薨，治喪皇儀殿，追册溫成皇后。洙鈎摭非禮，陰與內侍石全彬附會時事。陳執中、劉沆在中書，喜其助己，擢洙爲翰林學士。既而溫成即園立廟，且欲用樂，詔禮院議。禮官論未一，洙令禮直官塡印紙，上議請用樂，朝廷從其說。禮官吳充、鞠直卿移文開封府，治禮直官擅發印紙罪。知府蔡襄釋不問，而諫官范鎭疏禮院議園陵前後不一，請詰所以。御史繼論之不已，宰相意充等風言者，皆罷斥。

既而洙以兄子堯臣參知政事，改侍讀學士兼侍講學士。罷一學士，換二學士且兼講讀，前此未嘗有也。是歲，京東、河北秋大稔。洙言：「近年邊糴，增虛價數倍，雖復稍延日月之期，而終償以實錢及山澤之物，以致三司財用之蹙。請借內藏庫禁錢，乘時和糴京東、河北之粟，以供邊食，可以坐紓便糴之急。」又言：「近時選諫官、御史，凡執政之臣嘗所薦者，皆不與選。且士之飭身勵行，稍爲大臣所知，反置而不用，甚可惜也。」及得疾踰月，帝遣使問：「疾少間否，能起侍經席乎？」時不能起矣。

洙汎覽傳記，至圖緯、方技、陰陽、五行、算數、音律、詁訓、篆隸之學，無所不通。及卒，賜謚曰文，御史吳中復言官不應得謚〔三〕，乃止。預修集韻、祖宗故事、三朝經武聖略、鄉兵制度，著易傳十卷、雜文千有餘篇。子欽臣。

欽臣字仲至，淸亮有志操，以文贄歐陽脩，脩器重之。用蔭入官，文彥博薦試學士院，賜進士及第。歷陝西轉運副使。元祐初，爲工部員外郎。奉使高麗，還，進太僕少卿，遷祕書少監。開封尹錢勰入對，哲宗言：「比閱書詔，殊不滿人意，誰可爲學士者？」勰以欽臣對。哲宗曰：「章惇不喜。」乃以勰爲學士，欽臣領開封。改集賢殿修撰、知和州。徙饒州，斥提舉太平觀。徽宗立，復待制、知成德軍。卒，年六十七。

欽臣平生爲文至多，所交盡名士，性嗜古，藏書數萬卷，手自讎正，世稱善本。

胥偃字安道，潭州長沙人。少力學，河東柳開見其所爲文曰：「異日必得名天下。」舉進士甲科，授大理評事、通判湖、舒二州，直集賢院、同判吏部南曹、知太常禮院，再遷太常丞、知開封縣。

與御史高升試府進士，旣封彌卷首，輒發視，擇有名者居上。降祕書省著作佐郎、監光化軍酒。起通判鄧州，復太常丞。林特知許州，辟通判州事，徙知漢陽軍。還判三司度支勾院、修起居注。累遷尙書刑部員外郎，遂知制誥，遷工部郎中，入翰林爲學士，權知開封府。

忻州地震，偃以爲：「地震，陰之盛。今朝廷政令，不專上出，而後宮外戚，恩澤日蕃，此陽不勝陰之效也。宜選將練師，以防邊塞。」趙元昊朝貢不至，偃曰：「遽討之，太暴。宜遣使問其不臣狀，待其辭屈而后加兵。則其不直者在彼，而王師之出有名矣。」又奏：「戍兵代還，宜如祖宗制，閱其藝後殿次進之。」

會有衞卒賂庫吏求揀冬衣，坐繫者三十餘人。時八月，霜雪暴至。偃推洪範「急，恆寒若」之咎，請從末減，奏可。西塞用兵，士卒妻子留京師者犯法當死，帝不忍用刑，或欲以毒置飲食中，令得善死。偃極言其不可，帝亦悔而止。宦人程智誠與三班使臣馮文顯八人抵罪，帝使赦智誠三人，而文顯五人坐如法。偃曰：「恤近遺遠，非政也，况同罪異罰乎？」詔并釋之。未幾，卒。

偃未仕時，家有良田數十頃，既貴，悉以予族人。初，天下職田，無日月之限，而赴官者多以前後爲斷。偃請水陸田各限以月，因著爲令。嘗與謝絳受詔試中書吏，而大臣有以簡屬偃者，偃不敢發視，亟焚之。歐陽脩始見偃，偃愛其文，召置門下，妻以女。偃糾察刑獄，范仲淹尹京，偃數糾其立異不循法者。脩方善仲淹，因與偃有隙。

子元衡，有學行，能自立，爲尙書都官員外郎，并其子茂諶咸早卒。偃妻，直史館刁約之妹。與元衡婦韓、茂諶婦謝皆寡居丹陽，閨門有法，江、淮人至今稱之。

柳植字子春，眞州人。少貧，自奮爲學，從祖開頗器之。舉進士甲科，爲大理評事、通判滁州。遷著作郎、直集賢院、知秀州。除三司度支判官，出知宣州。擢修起居注、知制誥。求知蘇州，徙杭州，累遷尚書工部員外、郎中。召還，爲翰林學士，遷諫議大夫、御史中丞。既而以疾辭，改侍讀學士、知鄧州。遷給事中、移潁州。

先是，張海、郭邈山叛京西，攻掠縣鎭，而光化卒邵興亦率其徒作亂，逐官吏，取庫兵而去。時植領京西安撫使，坐賊發部中不能察，降右諫議大夫、知黃州。久之，復其官。坐薦張得一落職，未幾，復其職如故。歷知壽、亳、蔡、揚四州，分司西京，遂致仕。累遷吏部侍郎，卒。

植平居畏愼，寡言笑，所至官舍，蔬果不輒採，家無長物，時稱其廉。

聶冠卿字長孺，歙州新安人。五世祖師道，楊行密版奏，號問政先生，鴻臚卿。冠卿舉進士，授連州軍事推官。楊億愛其文章，於是大臣交薦，召試學士院，校勘館閣書籍。遷大理寺丞，爲集賢校理、通判蘄州。坐嘗校十代興亡論謬誤落職。

再遷太常博士，復集賢校理。言：「天下旬奏獄，雖笞、杖並覆，而徒、流不繫獄者迺不以聞，非所以矜愼刑罰之意。請自今罷覆笞、杖罪，自徒以上雖不繫獄，亦奏覆。」從之。判登聞鼓院，歷開封府判官、三司鹽鐵度支判官，同修起居注。累遷尚書工部郎中。

初，翰林侍講學士馮元修大樂，命冠卿檢閱事迹。又預撰景祐廣樂記，特遷刑部郎中、直集賢院。以兵部郎中、知制誥判太常禮院，糾察刑獄。奉使契丹，其主謂曰：「君家先世奉道，子孫固有昌者。」嘗觀所著蘄春集，詞極清麗，因自擊毬縱飲，命冠卿賦詩，禮遇甚厚。還，同知通進銀臺司、審刑院，入翰林爲學士。母亡，起復，判昭文館。未幾，兼侍讀學士。

冠卿每進讀左氏春秋，必引尊王黜霸之義以諷。一日，墜笏上前，帝憫冠卿喪毀羸瘠，旣退，賜禁中湯劑。未幾，告歸葬親，至揚州卒。詔以其弟太常博士世卿通判宣州。初，世卿監延豐倉，掘地得古磚，有隸書字，半漫滅。其可辨者云：「公先世餌霞棲雲，高尚不仕，累石於江濱。」又云：「昭王大丞相聶。」又云：「水龍夜號，夕雞駭飛。其年九月十二日卒，年五十有五。」冠卿始見而惡之，至是，校所卒歲月及其享年，無少異者。

冠卿嗜學好古，手未嘗釋卷，尤工詩，有蘄春集十卷。

論曰：學士大夫異於衆人者，以操行修爾。詩曰：「靡不有初，鮮克有終。」君子不可不愼也。禹錫迂陋，不知止足之戒，取譏當世。紳急進喜傾。洙阿諛附會，晚節汙變，卒忘平生之學。偃之恬正，植之廉介，冠卿之雅尙，其列侍從，庶亡愧焉。

馮元字道宗。高祖禧，唐末官廣州，以術數仕劉氏。傳三世至父郧，廣南平，入朝爲保章正。元幼從崔頤正、孫奭爲五經大義，與樂安孫質、吳陸參、譙夏侯圭善，羣居講學，或達旦不寢，號「四友」。進士中第，授江陰尉。

時詔流內銓取明經者補學官，元自薦通五經。謝泌笑曰：「古治一經，或至皓首，子尙少，能盡通邪？」對曰：「達者一以貫之。」更問疑義，辨析無滯。補國子監講書，遷大理評事，擢崇文院檢討兼國子監直講。王旦聞其名，嘗令說論語、老子，羣子弟侍聽，因薦之。眞宗試進士殿中，召元講易。元進說曰：「地天爲泰者，以天地之氣交也。君道至尊，臣道至卑，惟上下相與，則可以輔相天地，財成萬化。」帝悅。未幾，遷太子中允、直龍圖閣，詔預內朝，直龍圖閣預內朝自此始。

天禧初，數與查道、李虛己、李行簡入講易於宣和門北閣。遷太常丞兼判禮部、吏部南曹。皇子爲壽春郡王，王旦又薦元宜講經資善堂。帝以元少，更用崔遵度。會遵度卒，擢左正言兼太子右諭德。

仁宗卽位，遷戶部員外郎，爲直學士兼侍講。與孫奭以經術並進講論，自是仁宗益嚮學。歷會靈觀副使、知通進銀臺司、判登聞檢院、同判國子監。故事，國子監多宿儒典領，後頗用公卿子弟，任均管庫。及奭、元並命，士議悅服。同知貢舉，進龍圖閣學士，預修三朝正史。爲翰林學士、判都省三班院、史館修撰、判流內銓兼羣牧使，四遷給事中。明道元年，當監護宸妃葬事。及帝親政，追册宸妃爲莊懿皇后，改葬永定陵。旣發壙而流泉沮洳，言者以監護不職，罷翰林學士、知河陽。王曾爲言元東朝舊臣，不宜以細故棄外。卽召爲翰林侍講學士，遷禮部侍郎、知審官院，復判禮院、國子監。上金華五箴，賜書褒答。修景祐廣樂記，書成，遷戶部侍郎。足疾氣悸，屬李淑、宋祁爲銘誌。卒，贈本部尙書，謚章靖。

元性簡厚，不治聲名，非慶弔未嘗過謁二府。執親喪，自括髮至祥練，皆案禮變服，不爲世俗齋薦，遇祭日，與門生對坐，誦說孝經而已。多識古今臺閣品式之事，尤精易。

初，七歲，方讀易，母夜夢異人，以紺蓮華與元吞之，且曰：「善讀此，後必貴顯。」元且老，率三日一誦易。無子，以兄之子諶爲後。

趙師民字周翰，青州臨淄人。九歲能屬文，舉進士第，孫奭辟兗州說書，領諸城主簿。師民學問精博，奭自以爲不及。夏竦尤所奇重，稱爲「盛德君子」，論其文行，願回兩子恩，授以京秩。除齊州推官、青州教授，更天平軍節度推官。

年五十來京師，近臣張觀、宋郊、王堯臣、龐籍、韓琦、明鎬列薦，爲國子監直講，兼潤、冀二王宮教授。改著作佐郎、宗正寺主簿，加崇文院檢討、崇政殿說書，遷宗正丞。

會趙元昊反，罷進講。師民上書陳十五事：一曰咨輔相，二曰命將帥，三曰柬侍從，四曰擇守宰，五曰治軍旅，六曰修邊防，七曰求諫諍，八曰延講誦，九曰革貢舉，十日久官政，十一曰謹財用，十二曰不遺年，十三曰容誹謗，十四曰除忌諱，十五曰愼出令。因獻勸講箴。明年春，帝遂御迎陽門，召近臣觀圖畫，復命講讀經史。師民見朝廷厭兵，屈意以招元昊，內不能平。乃上言請任方面，以圖報效。遷天章閣侍講、同知貢舉，進待制、同判宗正寺。

嘗講詩「如彼泉流」，曰：「水之初出，喻王政之發。順行則通，通故淸潔；逆亂則壅，壅故濁敗。賢人用，則王政通而世淸平；邪人進，則王澤壅而世濁敗。幽王失道，用邪絀正，正不勝邪，雖有善人，不能爲治，亦將相牽而淪于污濁也。」帝曰：「水何以喻政？」對曰：「水者，順行而潤下，利萬物，故以喻政，此于比興，義最大。」

後講論語，問「修文德」，曰：「文者，經天緯地之總稱。君人之道，撫之以仁，制之以義，接之以禮，講之以信，皆是。」帝曰：「然其所先者，無若信也。」曰：「信者，天下之大本，仁義禮樂，皆必由之，此實至道之要。」復問「鑽燧改火」，曰：「古之聖王，擧動必順天時，所以四時變，火隨木色。近世漸務苟簡，以爲非治具而遂廢之，至其萬事皆不如古。」又問：「子夏、子張所言交道孰勝？」曰：「聖哲之道，含覆廣大，與天地參。善者有以進德，惡者俾之改行。子張之言爲優。」

他日讀漢記，問長安城，衆莫能知，共推師民。因陳自古都雍年世，舊址所在，若畫諸掌。帝悅曰：「何其所記如此！」在經筵十餘年，甚見器異。嘗盛夏屬疾家居，帝飛白書團扇爲「和平」字，賜以寄意。

累請補郡，除龍圖閣直學士、知耀州。帝自寫詩寵行，目以「儒林舊德」。將行，上疏曰：近覩太陽食于正朔，此雖陰陽之事，亦慮是天意欲以感動聖心。臣非瞽史，不知天道，但率愚意言之。其月在亥，亥爲水，水爲正陰。其日在丙，丙爲正陽。月掩日，陰侵陽，下蔽上之象也。詩曰：「十月之交，朔日辛卯。」又曰：「彼月而微，此日而微。」謂以陰奸陽，失其敍也。又曰：「百川沸騰，山冢崒崩。高岸爲谷，深谷爲陵。」謂下陵上，侵其權也。又曰：「皇父卿士，番惟司徒。家伯維宰，中允膳夫。棸子內史，蹶維趣馬，楀維師氏。」謂大小之臣，有不得其人者也。宗周之間，時王失德。今而引喻，蓋事有所譬，固當不諱。

凡天之示象，由人君有失，不然，則下蔽其上。古人君之失，不過暴虐怠慢，奢侈縱放，不師古始。捨是，何失道之有？今聖心慈仁恭勤，儉約自檢，動循典禮，如此自非下蒙上、邪撓正，使主恩不下究，而誰之咎歟？望陛下朝夕咨于丞弼心膂之臣，洎左右近侍耳目之官。其忠而純者，與之愼柬內外百執事及州縣牧宰，使主恩究于下，不爲羣邪所蔽塞，則億兆之幸也。

三遷刑部郎中，復領宗正，卒。

師民淳靜剛敏，舉止凝重。幼喪父，哀感，不畜婢妾，年四十四始婚。志尙淸遠，專以讀書爲事。性極慈恕，勤於吏治，政有惠愛。嘗奏蠲陝西旱租。又欲論榷酤諸斂，會仁宗不豫而止。常患近世官失其守，作正官名，議多不載。有集三十卷。子彥若，試中書舍人。

張錫字既之，其先京兆人。曾祖山甫，嘗從唐僖宗入蜀，蜀平，徙家漢陽。錫進士甲科，爲試祕書省校書郞、知南昌縣。遷著作郞、知新州。初建學于州，自是人始知學。再遷太常博士、監染院。詔選能吏治畿縣，乃以錫知東明。始至，令其下曰：「吾所治者三：恃力、恃富、恃贖者，吾所先也。」歲中以治迹聞。樞密直學士李及薦爲監察御史。丁謂貶崖州，議還內地。錫疏謂：「姦邪弄國，本與天下共棄之；今復還，是違天下意。」由是止徙道州〔三〕。

玉淸昭應宮災，連繫甚衆。錫言：「天災反以罪人，恐重天怒，願修德以應之。」會論者衆，獄遂解。遷殿中侍御史，權三司鹽鐵判官，出爲荆湖北路轉運使，改尙書兵部員外郞，還判度支勾院，爲京東轉運使。淄、靑、齊、濮、鄆諸州人冒耕河壖地，數起爭訟。錫命籍其地，收租絹歲二十餘萬，訟者亦息。判鹽鐵勾院，爲河北轉運使，改江、淮制置發運使，召兼侍御史知雜事、判大理寺、權知諫院，安撫利、夔路。歷度支、鹽鐵副使。喪母，起復，擢天章閣待制、知河中府，累遷右司郞中，以龍圖閣直學士知滑州，遷右諫議大夫、知審官院。進翰林侍讀學士、判太常寺、國子監。卒，贈尙書工部侍郞。

錫淳重淸約，雖貴，奉養如少賤時。讀書老而彌篤。初，舉廣文館進士，考官任隨以爲第一，及隨死，無子，錫屢賙其家。

張揆字貫之，其先范陽人，後徙齊州。擢進士第，歷北海縣尉，改大理寺丞。以疾解官，十年不出戶。讀易，因通揚雄太玄經。陳執中安撫京東，薦揆經明行淳，召爲國子監直講，徙諸王府侍講。以尙書度支員外郎直史館、荆王府記室參軍。府罷，權三司戶部判官。上所著太玄集解數萬言。詔對邇英閣，令揲蓍，得斷首，且言：「斷首準易之夬，蓋以陽剛決陰柔，君子進、小人退之象。」仁宗悅。擢天章閣待制兼侍讀，累遷右諫議大夫，進龍圖閣直學士、給事中、判太常寺。一日，進讀漢馬后傳，至服大練、抑止外家，因言：「今妃族太盛，不可不裁損，使保其家。」帝嘉納之。詔改王溥謚，有議欲爲文忠者，揆曰：「溥，周之宰相，國亡不能死，安得爲忠？」乃謚爲文康。加翰林侍讀學士、知審刑院，出知齊州。卒，贈尙書禮部侍郎。

揆性剛狷少容，闊於世務，然好讀書，老而不倦。與弟掞相友愛，掞，爲龍圖閣直學士。

楊安國字君倚，密州安丘人。父光輔，居馬耆山，學者多從受經，州守王博文薦爲太學助教。孫奭知兗州，又薦爲太常寺奉禮郎，州學講書。既而奭與馮元薦安國爲國子監直講，并召光輔至。仁宗命說尙書，光輔曰：「堯、舜之事，遠而未易行，願講無逸一篇。」時年七十餘矣，而論說明暢。帝悅，欲留爲學官，固辭，以國子監丞老于家。

安國五經及第，爲枝江縣尉，後遷大理寺丞。光輔教授兗州，請監兗州酒稅，徙監益州糧料院，入爲國子監直講。景祐初，置崇政殿說書，安國以國子博士預選。久之，進天章閣侍講、直龍圖閣，遂爲天章閣待制、龍圖閣直學士，皆兼侍講。進翰林侍講學士，歷判尙書刑部、太常寺，糾察在京刑獄，累遷給事中。年七十餘，卒，贈尙書禮部侍郎。

安國講說，一以注疏爲主，無他發明，引喩鄙俚，世或傳以爲笑。尤喜緯書及注疏所引緯書，則尊之與經等。在經筵二十七年，仁宗稱其行義淳質，以比先朝崔遵度。

嘗講易至鼎卦，帝問：「九四象如何？」安國對：「九四上承至尊，下應初爻，任重非據，故折足覆餗。亦猶任得其人，則雖重可勝，非其人，必有顚覆之患。」帝稱善。又嘗講周官至「大荒大札，則薄征緩刑」，因進言曰：「古所謂緩刑，乃貰過誤之民爾。今衆持兵仗取民廩食，一切寬之，恐無以禁姦。」帝曰：「不然，天下皆吾赤子，迫於餓莩，至起爲盜。州縣既不能振恤，乃捕而殺之，不亦甚乎。」嘗請書無逸篇於邇英閣之後屏，帝曰：「朕不欲背聖人之言」，命蔡襄書無逸、王洙書孝經四章列置左右。

論曰：馮元質直博雅，有古君子之風，歐陽脩稱師民醇儒碩學，在仁宗時，並繇宿望，先後執經勸講，庶有所補益矣。張錫清愼斂晦，晚始見知。揆及安國父子俱侍經幄，考求其說，亡過人者。夫博習修潔之士，潛德隱行，不聞于世者多矣。繇是言之，士遇不遇，豈非命哉！

校勘記

〔一〕鄜延　原作「麟延」，據下文「或寇原州、鎭戎軍，則鄜、延能應援」句和長編卷一二五改。

〔二〕御史吳中復言官不應得謚　「應得」二字原倒，據長編卷一八六和隆平集卷一四本傳乙正。長編「言」下並有「洙」字，當是。

〔三〕道州　原作「雷州」，據歐陽修歐陽文忠公文集卷三〇張錫墓誌銘、長編卷一〇九改。

宋史卷二百九十五

列傳第五十四

尹洙　孫甫　謝絳子景溫　葉淸臣　楊察

尹洙字師魯，河南人。少與兄源俱以儒學知名。舉進士，調正平縣主簿。歷河南府戶曹參軍、安國軍節度推官、知光澤縣。舉書判拔萃，改山南東道節度掌書記、知伊陽縣〔一〕，有能名。用大臣薦，召試，爲館閣校勘，遷太子中允。會范仲淹貶，敕牓朝堂，戒百官爲朋黨。洙上奏曰：「仲淹忠亮有素，臣與之義兼師友，則是仲淹之黨也。今仲淹以朋黨被罪，臣不可苟免。」宰相怒，落校勘，復爲掌書記、監唐州酒稅。

西北久安，洙作敍燕、息戍二篇，以爲武備不可弛。

敍燕曰：

戰國世，燕最弱。二漢叛臣，持燕挾虜，蔑能自固，以公孫伯珪之強，卒制於袁氏。

獨慕容乘石虎亂，乃幷趙。雖勝敗異術，大概論其強弱，燕不能加趙。趙、魏一，則燕固不敵。唐三盜連衡百餘年，虜未嘗越燕侵趙、魏，是燕獨能支虜也。自燕入於契丹，勢日熾大。顯德世，雖復三關，尚未盡燕南地。國初，始與幷合，勢益張，然止命偏師備禦。王師伐蜀伐吳，泰然不以兩河爲顧，是趙、魏足以制之明矣。幷寇既平，悉天下銳專力契丹，不能攘尺寸地。頃嘗以百萬衆駐趙、魏，訖敵退莫敢抗，世多咎其不戰。然我衆負城，有內顧心，戰不必勝，不勝則事亟矣，故不戰未嘗咎也。

原其弊，在兵不分。設兵爲三，壁于爭地，掎角以疑其勢，設覆以待其進。邊壘素固，驅民以守之，俾其兵頓堅城之下，乘間夾擊，無不勝矣。蓋兵不分有六弊：使敵蓄勇以待戰，無他枝梧，一也；我衆則士怠，二也；前世善將兵者必問幾何，今以中才盡主之，三也；大衆儻北，彼遂長驅無復顧忌，四也；重兵一屬，根本虛弱，纖人易以干說，五也；雖委大柄，不無疑貳，復命貴臣監督，進退皆由中御，失於應變，六也。兵分則盡易其弊，是有六利也。

勝敗兵家常勢。悉內以擊外，失則舉所有以棄之，苻堅淝水、哥舒翰潼關是也。是則制敵在謀不在衆。以趙、魏、燕南，益以山西，民足以守，兵足以戰。分而帥之，將得專制，就使偏師挫衄，他衆尙奮，詎能繫國安危哉？故師覆于外而本根不搖者，善敗也。昔者六國各有地千里，師敗於秦，散而復振，幾百戰猶未及其都，守國之固也。陳勝、項梁舉關東之衆，朝敗而夕滅，新造之勢也。以天下之廣謀其國，不若千里之固，而襲新造之勢，徼幸於一戰，庸非惑哉？兵旣久弭，士大夫誦習，謂百世不復用，非甚妄者不談。然兵果廢則已，儻後世復用之，鑒此少以悟世主，故迹其勝敗云。

息戍曰：

國家割棄朔方，西師不出三十年，而亭徼千里，環重兵以戍之。雖種落屢擾，卽時輯定，然屯戍之費，亦已甚矣。西戎爲寇，遠自周世，西漢先零，東漢燒當，晉氏、羌，唐禿髮，歷朝侵軼，爲國劇患。興師定律，皆有成功，而勞弊中國，東漢尤甚，費用常以億計。孝安世，羌叛十四年，用二百四十億。永和末，復經七年，用八十餘億。及段紀明，用裁五十四億，而剪滅殆盡。今西北涇原、邠寧、秦鳳、鄜延四帥，戍卒十餘萬。一卒歲給，無慮二萬，騎卒與冗卒，較其中者，總廩給之數，恩賞不在焉，以十萬較之，歲用二十億。自靈武罷兵，計費六百餘億，方前世數倍矣。平世屯戍，且猶若是，後雖有他警，不可一日輟去，是十萬衆，有增而無損期也。國家厚利募商入粟，傾四方之貨，然無水漕之運，所輓致亦不過被邊數郡爾。歲不常登，廩有常給，頃年亦嘗稍匱矣。儻其乘我薦飢，我必濟師，饋饟當出於關中，則未戰而西垂已困，可不慮哉？

按唐府兵，上府千二百人，中府千人，下府八百人。爲今之計，莫若籍丁民爲兵，擬唐置府，頗損其數。又今邊鄙雖有鄉兵之制，然止極塞數郡，民籍寡少，不足備敵。料京兆西北數郡，上戶可十餘萬，中家半之，當得兵六七萬。質其賦無他易，賦以帛名者不易以五穀，畜馬者又蠲其雜徭。民幸於庇宗，樂然隸籍。農隙講事，登材武者爲什長、隊正，盛秋旬閱，常若寇至。以關內、河東勁兵傅之，盡罷京師禁旅，愼簡守帥，分其統，專其任。分統則兵不重，專任則將益勵，堅其守備，習其形勢，積粟多，教士銳，使虜衆無隙可窺，不戰而懾。兵志所謂「無恃其不來，恃吾有以待之」，其廟勝之策乎？

又爲述享〔三〕、審斷、原刑、敦學、矯察、考績、廣諫，凡雜議共九篇上之。

趙元昊反，大將葛懷敏辟爲經略判官。洙雖用懷敏辟，尤爲韓琦所深知。頃之，劉平、石元孫戰敗，朝廷以夏竦爲經略、安撫使，范仲淹、韓琦副之，復以洙爲判官。洙數上疏論兵，請便殿召對二府大臣議邊事，及講求開寶以前用兵故實，特出睿斷，以重邊計。又請減併柵壘，召募土兵，省騎軍，增步卒。又上鬻爵令。時詔問攻守之計，竦具二策，令琦與洙詣闕奏之。帝取攻策，以洙爲集賢校理。洙遂趨延州謀出兵，而仲淹持不可。還至慶州，會任福敗于好水川，因發慶州部將劉政銳卒數千，趨鎭戎軍赴救，未至，賊引去。夏竦奏洙擅發兵，降通判濠州。當時言者謂福之敗，由參軍耿傅督戰太急。後得傅書，乃戒福使持重，毋輕進。洙以傳文吏，無軍責而死于行陣，又爲時所誣，遂作憫忠、辨誣二篇。

未幾，韓琦知秦州，辟洙通判州事，加直集賢院。上奏曰：

漢文帝盛德之主，賈誼論當時事勢，猶云可爲慟哭。孝武帝外制四夷，以彊主威，徐樂、嚴安尙以陳勝亡秦、六卿簒晉爲戒。二帝不以危亂滅亡爲諱，故子孫保有天下者十餘世。秦二世時，關東盜起。或以反者聞，二世怒，下吏；或曰逐捕今盡，不足憂，乃悅。隋煬帝時，四方兵起，左右近臣皆隱賊數，不以實聞，或言賊多者，輒被詰。二帝以危亂滅亡爲諱，故秦、隋宗社數年爲丘墟。陛下視今日天下之治，孰與漢文？威制四夷，孰與漢武？國家基本仁德，陛下慈孝愛民，誠萬萬於秦、隋矣。至於西有不臣之虜，北有彊大之鄰，非特閭巷盜賊之勢也。

自西夏叛命四年，並塞苦數擾，內地疲遠輸。兵久于外而休息無期，卒有乘弊而起。兵法所謂「雖有智者，不能善其後」。當此之時，陛下宜夙夜憂懼，所以慮事變而塞禍源也。陛下延訪邊事，容納直言，前世人主，勤勞寬大，未有能遠過者。然未聞以宗廟爲憂，危亡爲懼，此賤臣所以感憤於邑而不已也。何者？今命令數更，恩寵過濫，賜與不節。此三者，戒之愼之，在陛下所行爾，非有難動之勢也。而因循不革，弊壞日甚。臣謂陛下不以宗廟爲憂、危亡爲懼者，以此。

夫命令者，人主所以取信於下也。異時民間，朝廷降一命令，皆竦視之；今則不然，相與竊語，以爲不久當更，既而信然，此命令日輕於下也。命令輕，則朝廷不尊矣。又聞羣臣有獻忠謀者，陛下始甚聽之，後復一人沮之，則意移矣。忠言者以信之不能終，頗自詘其謀，以爲無益，此命令數更之弊也。

夫爵賞，陛下所持之柄也。近時外戚、內臣以及士人，或因緣以求恩澤，從中而下謂之「內降」。臣聞唐氏政衰，或母后專制，或妃主擅朝，樹恩私黨，名爲「斜封」。今陛下威柄自出，外戚、內臣賢而才者，當與大臣公議而進之，何必襲「斜封」之弊哉。且使大臣從之，則壞陛下綱紀；不從，則沮陛下德音。壞綱紀，忠臣所不忍爲；沮德音，則威柄輕於上。且盡公不阿，朝廷所以責大臣。今乃自以私昵撓之，而欲責大臣之不私，難矣。此恩寵過濫之弊也。

夫賜予者，國家所以勸功也。比年以來，嬪御及伶官、太醫之屬，賜予過厚。民間傳言，內帑金帛，皆祖宗累朝積聚。陛下用之，不甚愛惜，今之所存無幾。疎遠之人，誠不能知內府豐匱之數，但見取於民者日煩，卽知畜於公帑者不厚。臣亦知國家自西方宿兵，用度寖廣，帑藏之積，未必悉爲賜予所費，然下民不可家至而戶曉，獨見陛下行事感動爾。往歲聞邊將王珪，以力戰賜金，則無不悅服；或見優人所得過厚，則往往憤歎。人情不可不察，此賜予不節之弊也。

臣所論三事，皆人人所共知，近臣從諛而不言，以至今日。方今非獨四夷之爲患，朝政日弊而陛下不寤，人心日危而陛下不知。故臣願先正於內，以正於外。然後忠謀漸進，紀綱漸舉，國用漸足，士心漸奮。邊境之患，庶乎息矣。惟深察秦、隋惡聞忠言所以亡，遠法漢主不諱危亂所以存，日新盛德，於民更始，則天下幸甚。

仁宗嘉納之。

改太常丞、知涇州。以右司諫、知渭州兼領涇原路經略公事。會鄭戩爲陝西四路都總管，遣劉滬、董士廉城水洛，以通秦、渭援兵。洙以爲前此屢困于賊者，正由城砦多而兵勢分也。今又益城，不可，奏罷之。時戩已解四路，而奏滬等督役如故。洙不平，遣人再召滬，不至；命張忠往代之，又不受。於是諭狄青械滬、士廉下吏。戩論奏不已，卒徙洙慶州而城水洛。又徙晉州，遷起居舍人、直龍圖閣、知潞州。會士廉詣闕上書訟洙，詔遣御史劉湜就鞫，不得他罪。而洙以部將孫用由軍校補邊，自京師貸息錢到官，亡以償。洙惜其才可用，恐以犯法罷去，嘗假公使錢爲償之，又以爲嘗自貸，坐貶崇信軍節度副使，天下莫不以爲湜文致之也。徙監均州酒稅，感疾，沿牒至南陽訪醫，卒，年四十七。嘉祐中，宰相韓琦爲洙言，乃追復故官，及官其子構。

洙內剛外和，博學有識度，尤深於春秋。自唐末歷五代，文格卑弱。至宋初，柳開始爲古文，洙與穆脩復振起之。其爲文簡而有法，有集二十七卷。自元昊不庭，洙未嘗不在兵間，故於西事尤練習。其爲兵制之說，述戰守勝敗，盡當時利害。又欲訓士兵代戍卒，以減邊費，爲禦戎長久之策，皆未及施爲。而元昊臣，洙亦去而得罪矣。

孫甫字之翰，許州陽翟人。少好學，日誦數千言，慕孫何爲古文章。初舉進士，得同學究出身，爲蔡州汝陽縣主簿。再舉進士及第，爲華州推官。轉運使李紘薦其材，遷大理寺丞、知絳州翼城縣。杜衍辟爲永興司錄，凡吏職，纖末皆倚辦甫。甫曰：「待我以此，可以去矣。」衍聞之，不復以小事屬甫。衍與讌語，甫必引經以對，言天下賢俊，歷評其才性所長。衍曰：「吾辟屬官，得益友。」諸生亦多從甫學問。

徙知永昌縣，監益州交子務，再遷太常博士。蜀用鐵錢，民苦轉貿重，故設法書紙代錢，以便市易。轉運使以僞造交子多犯法，欲廢不用。甫曰：「交子可以僞造，錢亦可以私鑄，私鑄有犯，錢可廢乎？但嚴治之，不當以小仁廢大利。」後卒不能廢。衍爲樞密副使，薦于朝，授秘閣校理。

是歲，詔三館臣僚言事。甫進十二事，按祖宗故實，校當世之治有所不逮者，論述以爲諷諫，名三聖政範。改右正言。時河北降赤雪，河東地震五六年不止，甫推洪範五行傳及前代變驗，上疏曰：「赤雪者，赤眚也，人君舒緩之應。舒緩則政事弛，賞罰差，百官廢職，所以召亂也。晉太康中，河陰降赤雪。時武帝怠於政事，荒宴後宮。每見臣下，多道常事，不及經國遠圖，故招赤眚之怪，終致晉亂。地震者，陰之盛也。陰之象，臣也，後宮也，四夷也。三者不可過盛，過盛則陰爲變而動矣。忻州趙分，地震六年。每震，則有聲如雷，前代地震，未有如此之久者。惟唐高宗本封于晉，及卽位，晉州經歲地震。宰相張行成言，恐女謁用事，大臣陰謀，宜制於未萌。其後武昭儀專恣，幾移唐祚。天地災變，固不虛應，陛下救紓緩之失，莫若自主威福，時出英斷，以懾姦邪，以肅天下。救陰盛之變，莫若外謹戎備，內制後宮。謹戎備，則切責大臣，使之預圖兵防，熟計成敗；制後宮，則凡掖庭非典掌御幸者，盡出之，且裁節其恩，使無過分，此應天之實也。」時契丹、西夏稍強，後宮張修媛寵幸，大臣專政，甫以此諫焉。

又言：「修媛寵恣市恩，禍漸已萌。夫后者，正嫡也，其餘皆婢妾爾。貴賤有等，用物不宜過僭。自古寵女色，初不制而後不能制者，其禍不可悔。」帝曰：「用物在有司，朕恨不知爾。」甫曰：「世謂諫臣耳目官，所以達不知也。若所謂前世女禍者，載在書史，陛下可自知也。」

夏國乞盟，甫上一利、四害曰：「宿兵以來，國用空耗。今若與之約和，則邊兵可減，科斂可省。其爲利一也。始，契丹聲言，嘗遣使諭西人使臣中國。今和議既成，必恃其功。去歲有割地之請，朝廷已增歲賂，若更有求，將安拒之？其爲害一也。自承平四十年，武事不飭，及邊鄙有警，而用不習之將，不練之兵，故久無成功。然比來邊臣中材謀勇健者，往往復出，方在講訓不懈，以張中國之威。一旦因議和弛備，復如曩日，緩急必不可用。其爲害二也。自元昊拒命，終不敢深入關中者，以唃厮囉等族不附，慮爲後患也。今中國與之和，獲歲遺之厚，彼必專力以制二蕃，強大之勢，自茲爲始。其爲害三也。且朝廷恃久安之勢，法令紀綱，弛而不葺。及西戎累敗，王師始議更張，以救前弊。今見戎人請和，苟貪無事，他時之患，不可救矣。其爲害四也。凡利害之機，願陛下熟圖之。」

又言：「張子奭使夏州回，元昊復稱臣，然乞歲賣青鹽十萬石，兼欲就京師互市諸物，仍求增歲給之數。臣以謂西鹽數萬石，其直不下錢十餘萬緡。況朝廷已許歲賜二十五萬，若又許其賣鹽，則與遺契丹物數相當。使契丹聞之，則貪得之心生矣。況自德明之時，累乞放行青鹽，先帝以其亂法，不聽。及請之不已，追德明弟入質而許之，是則以彼難從之事，杜其意也。蓋鹽，中國之大利，又西戎之鹽，味勝解池所出，而出產無窮。既開其禁，則流于民間，無以隄防矣。兼聞張子奭言，元昊自拒命以來，收結人心，鈔掠所得，旋給其衆，兵力雖勝，用度隨窘。當此之時，尤宜以計困之，安得汲汲與和，曲狥其請乎？」

時陝西經略招討副使韓琦、判官尹洙還朝，甫建議請詔琦等，條四路將官能否，爲上、中、下三等，黜其最下者。保州兵變前，有告者，大臣不時發之。甫因言樞密使副當得罪〔三〕，使，乃杜衍也。邊將劉滬城水洛于渭州，總管尹洙以滬違節度，將斬之。大臣稍主洙議，甫以謂：「水洛通秦、渭，於國家爲利，滬不可罪。」由是罷洙而釋滬。衍屢薦甫，洙與甫素善者，而甫不少假借，其鯁亮不私如此。

甫嘗言參知政事陳執中不學亡術，不可用。帝難之，由是求補外，不許。其後奏丁度因對求進用，帝曰：「度未嘗請也。」度乞與甫辯，且指甫爲宰相杜衍門人。乃以右司諫出知鄧州，徙安州，歷江東、兩浙轉運使。

范仲淹知杭州，多以便宜從事。甫曰：「范公，大臣也。吾屈於此，則不得伸於彼矣。」一切繩之以法，然退未嘗不稱其賢。再遷尚書兵部員外郎，改直史館、知陝州，徙晉州。爲河東轉運使〔四〕、三司度支副使，遷刑部郎中、天章閣待制、河北都轉運使，留爲侍讀。卒，特贈右諫議大夫。

甫性勁果，善持論，有文集七卷，著唐史記七十五卷。每言唐君臣行事，以推見當時治亂，若身履其間，而聽者曉然，如目見之。時人言：「終日讀史，不如一日聽孫論也。」唐史藏秘閣。

謝絳字希深，其先陽夏人。祖懿文，爲杭州鹽官縣令，葬富陽，遂爲富陽人。父濤，以文行稱，進士起家，爲梓州榷鹽院判官。李順反成都，攻陷州縣，濤嘗晝守禦之計。賊平，以功遷觀察推官，權知華陽縣。亂亡之後，田廬荒廢，詔有能占田而倍入租者與之，於是腴田悉爲豪右所占，流民至無所歸。濤收詔書，悉以田還主。改秘書省著作佐郎、知興國軍。還，以治行召對長春殿，命試學士院。會契丹入寇，眞宗議親征，時曹、濮多盜，而契丹聲言趨齊、鄆，以濤知曹州。屬縣賦稅多輸睢陽助兵食，是歲霖潦，百姓苦於轉送，濤悉留不遣。奏曰：「江、淮漕運，日過睢陽，可取以餉軍。願留曹賦餘廣濟河以饋京師。」轉運使論以爲不可，詔從濤奏。嘗使蜀還，舉所部官三十餘人。宰相疑以爲多，濤曰：「有罪，願連坐之。」奉使舉官連坐，自濤始。久之，用馮拯薦，復召試，以尙書兵部員外郎直史館，遂兼侍御史知雜事。眞宗山陵靈駕所經道路，有司請悉壞城門、廬舍，以過車輿象物。濤言：「先帝車駕封祀，儀物大備，猶不聞有所毀撤，且遺詔從儉薄。今有司治明器侈大，以勞州縣，非先帝意，願下少府裁損之。」進直昭文館，累官至太子賓客。

絳以父任試秘書省校書郎，舉進士中甲科，授太常寺奉禮郎、知汝陰縣。善議論，喜談時事，嘗論四民失業，累數千言。天禧中，上疏謂宋當以土德王天下。時大理寺丞董行父，請用天爲統，以金爲德。詔兩制議，皆言：「用土德，則當越唐上承於隋；用金德，則當越五代紹唐。而太祖實受終周室，豈可弗遵傳繼之序？」絳、行父議皆黜不用。

楊億薦絳文章，召試，擢祕閣校理、同判太常禮院。丁母憂，服除，仁宗卽位，遷太常博士。用鄭氏經、唐故事議宣祖非受命祖，不宜配享感生帝，請以眞宗配之。翰林學士承旨李維以爲不可。尋出通判常州。天聖中，天下水旱、蝗起，河決滑州，絳上疏曰：

去年京師大水，敗民廬舍，河渠暴溢，幾冒城郭；今年苦旱，百姓瘦死，田穀焦槁，秋成絕望：此皆大異也。按洪範、京房易傳皆以爲簡祭祀，逆天時，則水不順下；政令逆時，水失其性，則壞國邑，傷稼穡；顓事者知，誅罰絕理，則大水殺人；欲德不用，茲謂張，厥災荒；上下皆蔽，茲謂隔，其咎旱：天道指類示戒，大要如此。陛下夙夜勤苦，思有以上塞時變，固宜策告殃咎，變更理化，下罪己之詔，修順時之令，宣羣言以導壅，斥近倖以損陰。而聖心優柔，重在改作，號令所發，未聞有以當天心者。

夫風雨、寒暑之於天時，爲大信也；信不及於物，澤不究於下，則水旱爲沴。近日制命，有信宿輒改，適行遽止，而欲風雨以信，其可得乎？天下之廣，萬幾之衆，不出房闥，豈能盡知？而在廷之臣，未聞被數刻之召，吐片言之善，朝夕左右，非恩澤即佞倖，上下皆蔽，其應不虛。

昔兩漢日食、地震、水旱之變，則策免三公，以示戒懼。陛下進用丞弼，極一時之選，而政道未茂，天時未順，豈大臣輔佐不明邪？陛下信任不篤邪？必若使之，宜推心責成，以極其效；謂之不然，則更選賢者。比來奸邪者易進，守道者數窮，政出多門，俗喜由徑。聖心固欲盡得天下之賢能，分職受業；而宰相方考資進吏，無敢建白。欲德不用之應，又可驗矣。

今陽驕莫解，蟲孽漸熾，河水妄行。循依違之迹，行尋常之政，臣恐不足回靈意、塞至戒。古者，穀不登則虧膳，災屢至則降服，凶年不塗塈。願下詔引咎，損太官之膳，避路寢之朝，許士大夫斥諱上聞，譏切時病。罷不急之役，省無名之斂，勿崇私恩，更進直道，宣德流化，以休息天下。至誠動乎上，大惠浹于下，豈有時澤之艱哉！

仁宗嘉納之。

會修國史，以絳爲編修官，史成，遷祠部員外郎、直集賢院。時濤官西京，且老矣，因請便養，通判河南府。又論：「唐室麗正、史官之局，並在大明、華清宮內。太宗皇帝肇修三館，更立祕閣于昇龍門左，親爲飛白書額，作贊刻石閣下。景德中，圖書寖廣〔三〕，眞宗皇帝益以內帑四庫。二聖數嘗臨幸，親加勞問，遞宿廣內者，有不時之召。人人力道術、究藝文，知天子尊禮甚勤，而名臣高位，繇此其選也。往者遭𦶜延燔，未遑中葺，或引兩省故事，別建外館，直舍卑喧，民櫚叢接。大官衞尉，供儗滋削，虧體傷風，莫茲爲甚。陛下未嘗迂翠華、降玉趾，寥寥册府，不聞輿馬之音，曠有日矣。議者以謂慕道不篤於古，待士少損於前。士無延訪之勤，而因循相尙，不自激策，文雅漸弊，竊爲聖朝惜之。願闢內館，以恢景德之制。」詔可。

絳雖在外，猶數論事。奏言：「近歲不逞之徒，託言數術，以先生、處士自名，禿巾短褐，內結權倖，外走州邑，甚者矯誣詔書，傲忽官吏。請嚴禁止。嘗以墨敕賜封號者，追還之。」

還權開封府判官，言：

蝗亘田野，坌入郛郭，跳擲官寺，井匽皆滿。魯三書螟，穀梁以爲哀公用田賦虐取於民。朝廷斂弛之法，近於廉平，以臣愚所聞，似吏不甚稱而召其變。凡今典城牧民，有顓方面之埶：才者掠功取名，以嚴急爲術，或辯僞無實，數蒙奬錄；愚者期會簿書，畏首與尾。二者政殊，而同歸於弊。

夫爲國在養民，養民在擇吏，吏循則民安，氣和而災息。願先取大州邑數十百，詔公卿以下，舉任州守者，使得自辟屬縣令長，務求術略，不限資考。然後寬以約束，許便宜從事。期年條上理狀，或徙或留，必有功化風迹，異乎有司以資而任之者焉。漢時，詔問京房災異可息之術，房對以考功課吏。臣願陛下博訪理官，除煩苛之命；申敕計臣，損聚斂之役。勿起大獄，勿用躁人，務靜安，守淵默。傳曰：「大侵之禮，百官備而不制。」言省事也。如此而沴氣不弭，嘉休不至，是靈意譎譎，而聖言罔惑歟。

會郭皇后廢，絳陳詩白華，引申后、褒姒事以諷〔六〕，辭甚切至。徙三司度支判官，再遷兵部員外郎。上言：「邇來用物滋侈，賜予過制，禁中須索，去年計爲緡錢四十五萬。自今春至四月，已及二十餘萬。比詔裁節費用，而有司移文，但求咸平、景德簿書。簿書不存，則無所措置。臣以謂不若推近及遠，遞考歲用而裁節之，不必咸平、景德爲準也。」

初，詔罷織密花透背，禁人服用，且云自掖庭始。既而內人賜衣，復取於有司。又後苑作製玳瑁器，索龜筒於市。龜筒，禁物也，民間不得有，而索不已。絳皆論罷之。又言：「號令數變則虧國體，利害偏聽則惑聰明。請者務欲各行，而守者患於不一。請罷內降，凡詔令皆由中書、樞密，然後施行。」因進聖治箴五篇。

以父憂去，服除，擢知制誥，判吏部流內銓、太常禮院。吏部擬官，舊視職田有無，不問多寡，以是不均。絳爲覈其實，以多寡爲差，其有名而無實者皆不用，人以爲便。初改判禮院爲知禮儀事，自絳建請。

使契丹，還，請知鄧州。距州百二十里，有美陽堰，引湍水漑公田。水來遠而少，利不及民，瀕堰築新土爲防，俗謂之墩者，大小又十數，歲數壞，輒調民增築。奸人蓄薪茭，以時其急，往往盜決堰墩，百姓苦之。絳按召信臣六門堰故迹，距城三里，壅水注鉗盧陂，漑田至三萬頃。請復修之，可罷州人歲役，以水與民，未就而卒，年四十六。

絳以文學知名一時，爲人修潔醞藉，所至大興學舍，嘗請諸郡立學。在河南修國子學，教諸生，自遠而至者數百人。好施宗族，喜賓客，以故，卒之日，家無餘貲。有文集五十卷。子景初、景温、景平、景回。景平好學，著詩書傳說數十篇，終秘書丞。景回早卒。

景温字師直。中進士第，通判汝、莫二州，江東轉運判官。興宣城百丈圩，議者以爲罪，降通判、知漣水軍。神宗初，知諫院邵亢直其前事，徙眞州，提點江西刑獄。歷京西、淮南轉運使。

景温平生未嘗仕中朝，王安石與之善，又景温妹嫁其弟安禮，乃驟擢爲侍御史知雜事。安石方惡蘇軾，景温劾軾向丁憂歸蜀，乘舟商販。朝廷下六路捕逮篙工、水師窮其事，訖無一寳。蘇頌等論李定不持母服，景温察安石指，爲辨於前。已而事下臺，景温難違衆議，始云定當追服。又言薛向不當得侍從，王韶邊奏誣罔，寖失安石意，然猶以嘗助己，但改直史館兼侍讀。不敢拜，出知鄧州。

踰年，進陝西都轉運使，以不奉司農約束，改知鄧、襄、澶三州，加直龍圖閣，判將作監。轉右諫議大夫、知潭州。章惇開五溪，景温協力拓築，論功進官，召拜禮部侍郎。復出知洪州、應天府、瀛州。

元祐初，進寳文閣直學士、知開封府。未滿歲，御史中丞劉摯言其非撥煩吏。右司諫王覿言：「瀛州妖婦李自稱事九仙聖母，能與人通語言，談禍福。景温在郡爲所惑，禮餉甚厚，遣十兵挈之入京。數遣子慥至其處；補李壻爲小史，使出入官府，崇大聲勢；至縱嬖妾之弟，醉毆市人。爲政若此，尚何惜而不加譴。」於是罷知蔡州。

三年初，置權六曹尚書，以爲刑部。劉安世復論之，改知鄆州，再歷永興軍。時章惇爲相，景温言元祐大臣改先帝之政，幷西夏人偃蹇終未順命，宜罷分畫，以馬跡所至爲境。惇用其說，徙知河陽，卒，年七十七。

葉清臣字道卿，蘇州長洲人。父參，終光祿卿。清臣幼敏異，好學善屬文。天聖二年，舉進士，知舉劉筠〔七〕奇所對策，擢第二。宋進士以策擢高第，自清臣始。授太常寺奉禮郎、簽書蘇州觀察判官事。還爲光祿寺丞、集賢校理，通判太平州、知秀州。入判三司戶部勾院，改鹽鐵判官。

上言九事：請遣使循行天下，知民疾苦，察吏能否；興太學，選置博士，許公卿大臣子弟補學生；重縣令；諸科舉人取明大義，責以策問；省流外官，無得入仕；聽武臣終三年之喪；罷度僧；廢讀經一業；訓兵練將，愼出令，簡條約。詞多不載。出知宣州，累遷太常丞，同修起居注，判三司鹽鐵勾院，進直史館。

是冬，京師地震，上疏曰：「天以陽動，君之道也；地以陰靜，臣之道也。天動地靜，主尊臣卑。易此則亂，地爲之震。乃十二月二日丙夜，京師地震，移刻而止；定襄同日震，至五日不止，壞廬寺，殺人畜，凡十之六。大河之東，彌千五百里而及都下，誠大異也。屬者熒惑犯南斗，治曆者相顧而駭。陛下憂勤庶政，方夏泰寧，而一歲之中，災變仍見。必有下失民望、上戾天意者，故垂戒以啓迪淸衷。而陛下泰然不以爲異，徒使內侍走四方，治佛事，修道科，非所謂消復之實也。頃范仲淹、余靖以言事被黜，天下之人，齰舌不敢議朝政者，行將二年。願陛下深自咎責，許延忠直敢言之士，庶幾明威降鑒，而善應來集也。」書奏數日，仲淹等皆得近徙。

會詔求直言，淸臣復上疏言大臣專政，仁宗嘉納之。淸臣請外，爲兩浙轉運副使。並太湖有民田，豪右據上游，水不得泄，而民不敢訴。嘗建請疏盤龍匯、滬瀆港入于海，民賴其利。以右正言知制誥，知審官院，判國子監。

時陝西用兵，上言：「當今將不素蓄，兵不素練，財無久積。小有邊警，外無驍將，內無重兵。舉西北二垂觀之，若濩落大瓠，外示雄壯，其中空洞，了無一物。脫不幸戎馬猖突，腹內諸城，非可以計術守也。自元昊僭竊，因循至于延州之寇，中間一歲矣。而屯戍無術，資糧不充，窮年畜兵，了不足用，連監牧馬，未幾已虛。使啚啚之甿無所倚而安者，此臣所以孜孜憂大瓠之穿也。今羌戎稍却，變詐亡窮，豈宜乘卽時之小安，忘前日之大辱？又將泰然自處，則後日視今，猶今之視前也。」

元昊圍延州，既解去，鈐轄內侍盧守懃與通判計用章更訟于朝。時內侍用事者，多爲守懃游說，朝廷議薄守懃罪，而流用章嶺南。淸臣上疏曰：「臣聞衆議，延州之圍，盧守懃首對范雍號泣，謀遣李康伯見元昊，爲偷生之計。計用章以爲事急，不若退保鄜州，李康伯遂有『死難，不可出城見賊』之語。自元昊退，守懃懼金明之失、二將之沒，朝廷歸罪邊將；又思倉卒之言，一旦爲人所發，則禍在不測。遂反覆前議，移過於人，先爲奏陳，冀望取信。

正如黃德和誣奏劉平，欲免退走之罪。尋聞計用章亦疏斥守勲事狀，詔文彥博置劾，未分曲直，而遽罪用章、康伯，特赦守勲。此必有議者結中人、惑聖聽，以爲方當用師邊陲，不可輕起大獄。臣觀前史，魏尙、陳湯雖有功，尙不免削爵，罰作案驗吏士。何況擁兵自固，觀望不出，恣縱羌賊，破一縣，擒二將。大罪未戮，又自蔽其過，矯誣上奏，此而不按，何罪不容？設用章有退保之言，止坐畏懦；而守勲謀見賊之行，乃是歸款。二者之責，孰重孰輕，望詔彥博鞫正其獄。苟用章之狀果虛，守勲之罪果白，用章更寘重科，物論亦允。無容偏聽一辭，以虧王道無黨之義。」其後獄具，守勲纔降湖北兵馬都監。

時西師未解，急於經費，中書進擬三司使，清臣初不在選中。帝曰：「葉清臣才可用。」擢爲起居舍人、龍圖閣學士、權三司使公事。始奏編前後詔敕，使吏不能欺，簿帳之叢冗者，一切删去。內東門、御廚皆內侍領之，凡所呼索，有司不敢問，乃爲合同以檢其出入。清臣與宋庠、鄭戩雅相善，爲呂夷簡所惡，出知江寧府。踰年，入翰林爲學士，知通進銀臺司、勾當三班院。丁父憂，言者以清臣爲知兵，請起守邊。及服除，宰相陳執中素不悅之，即除翰林侍讀學士、知邠州。道由京師，因請對，改澶州，進尙書戶部郎中、知靑州。徙知永興軍，浚三白渠，溉田踰六千頃。

仁宗御天章閣，召公卿，出手詔問當世急務。清臣聞之，爲條對，極論時政闕失，其言多剗切權貴。且曰：「陛下欲息奔競，此繫中書。若宰相裁抑奔競之流，則風俗惇厚，人知止足；宰相用憸佞之士，則貪榮冒進，激成渾波。向有職在管庫，日趨走時相之門。入則取街談巷言，以資耳目；出則竊廟謨朝論，以驚流輩。一旦皆擢職司，以酬所任。比日人士競踵此風，出入權要之家，時有『三尸』、『五鬼』之號。乃列館職，或置省曹。且臺諫官爲天子耳目，今則不然，盡爲宰相肘腋。宰相所惡，則捃以微瑕，公行擊搏；宰相所善，則從而唱和，爲之先容。中書政令不平，賞罰不當，則箝口結舌，未嘗敢言。人主纖微過差，或宮闈小事，即極言過當，用爲訐直。供職未逾歲時，遷擢已加常等。宋禧爲御史，勸陛下宮中畜犬設棘，以爲守衞。削弱朝體，取笑四夷，不加訶譴，擢爲諫官。王達兩爲湖南、江西轉運使，所至苛虐，誅剝百姓，徒配無辜，特以宰相故舊，不次拔擢，遂有河北之行。如此，是長奔競也。」其他所列利害甚衆。

會河決商胡，北道艱食，復以爲翰林學士、權三司使。舊制，有三司使、權使公事，而淸臣所除，止言「權使」，自是分三等焉。以戶部副使向傳式不職，奏請出之。皇祐元年春，帝御便殿，訪近臣以備邊之策。淸臣上對，略曰：

陛下臨御天下，二十八年，未嘗一日自暇自逸。而西夏、契丹頻歲爲患者，豈非將相大臣，不得其人，不能爲陛下張威德而攘四夷乎？昔王商在廷，單于不敢仰視。郅都臨代，匈奴不敢犯邊。今內則輔相寡謀，綱紀不振；外則兵不素練，將不素蓄。此外寇得以內侮也。慶曆初，劉六符來，執政無術略，不能折衝罇俎，以破其謀。六符初亦疑大國之有人，藏奸計而未發。既見表裏，遂肆陸梁。只煩一介之使，坐致二十萬物，永匱膏血，以奉腥羶。此有識之士，所以爲國長太息也。

今詔問：「北使詣闕，以伐西戎爲名，卽有邀求，何以答之？」臣聞誓書所載，彼此無求。況元昊叛邊，累年致討，契丹坐觀金鼓之出，豈有毫髮之助？今彼國出師，輒求我助，奸盟違約，不亦甚乎？若使辯捷之人，判其曲直，要之一戰，以破其謀，我直彼曲，豈不憚服。苟不知咎，或肆侵陵，方河朔災傷之餘，野無廬舍，我堅壁自守，縱令深入，其能久居？既無所因之糧，則亟當遁去。然後選擇驍勇，遏絕歸師，設伏出奇，邀擊首尾，若不就禽，亦且大敗矣。

詔問：「輔翊之能，方面之才，與夫帥領偏裨，當今孰可以任此者。」臣以爲不患無人，患有人而不能用爾。今輔翊之臣，抱忠義之深者，莫如富弼。爲社稷之固者，莫如范仲淹。諳古今故事者，莫如夏竦。議論之敏者，莫如鄭戩。方面之才，嚴重有紀律者，莫如韓琦。臨大事能斷者，莫如田況。剛果無顧避者，莫如劉渙。宏達有方略者，莫如孫沔。至於帥領偏裨，貴能坐運籌策，不必親當矢石，王德用素有威名，范仲淹深練軍政，龐籍久經邊任，皆其選也。狄青、范全頗能馭衆，蔣偕沉毅有術略，張亢倜儻有膽勇，劉貽孫材武剛斷，王德基純慤勁勇，此可補偏裨者也。

詔謂：「朔方災傷，軍儲缺乏。」此則三司失計置，轉運使不舉職，固非一日。既往固已不咎，來者又復不追，臣未見其可也。且如施昌言承久弊之政，方欲竭思慮、辦職事，一與賈昌朝違戾，遂被移徙，軍儲何由不乏？自去年秋八月，計度市糴，而昌朝執異議，仲春尚未與奪，財賦何緣得豐？先朝置內帑，本備非常。今爲主者之吝，自分彼我，緩急不以爲備，則臣不知其所爲也。至如粒食之重，轉徙爲難，莫若重立爵等，少均萬數，豪民詿誤，使得入粟，以免杖笞，必能速辦。夫能儉嗇以省費，漸致於從容。德音及此，天下之福也。比日多以卑官躐請厚奉，或身爲內供奉而有遙刺之給，或爲觀察使便占留後之封，倖門日開，賜予無藝。若令有司執守，率循舊規，庶幾物力亦獲寬弛。

詔問：「戰馬乏絕，何策可使足用？」臣前在三司，嘗陳監牧之弊，占良田九萬餘頃，歲費錢百萬緡。天閑之數，纔三四萬，急有征調，一不可用。今欲不費而馬立辦，莫若賦馬於河北、河東、陝西、京東西五路。上戶一馬，中戶二戶一馬，養馬者復其一丁。如此，則坐致戰馬二十萬匹，不爲難矣。

時清臣以河北乏兵食，自汴漕米繇河陰輸北道者七十餘萬；又請發大名庫錢，以佐邊糴。而安撫使賈昌朝格詔不從，清臣固爭，且疏其跋扈不臣。宰相方欲兩中之，乃徙昌朝鄭州，罷清臣爲侍讀學士、知河陽。卒，贈左諫議大夫。

清臣天資爽邁，遇事敢行，奏對無所屈。郭承祐妻舒王元偁女，封郡主，給奉；及承祐爲殿前副都指揮使，妻以不加封，請增月給，清臣執奏不可。仁宗曰：「承祐管軍，妻又諸王女，當優之。」清臣曰：「是終爲徼幸。」遂卷其奏置懷中，不行。數上書論天下事，陳九議、十要、五利，皆當世可行者。有文集一百六十卷。子均，爲集賢校理。

楊察字隱甫。其先晉人，從唐僖宗入蜀，家于成都。至其祖鈞，始從孟昶歸朝。鈞生居簡，仕眞宗時，至尙書都官員外郎，嘗官廬州，遂爲合肥人。

居簡生察，景祐元年，舉進士甲科，除將作監丞、通判宿州。遷秘書省著作郎、直集賢院，出知潁、壽二州，入爲開封府推官，判三司鹽鐵、度支勾院，修起居注，歷江南東路轉運使。屬吏以察年少，易之。及行部，數擿奸隱，衆始畏伏。察在部，專以舉官爲急務。人或議之，察曰：「此按察職也，苟掎拾羨餘，則俗吏之能，何必我哉！」召爲右正言、知制誥，權判禮部貢院。時上封者請罷有司糊名考士，及變文格，使爲放軼以襲唐體。察以謂：「防禁一潰，則奔競復起。且文無今昔，惟以體要爲宗，若肆其澶漫，亦非唐氏科選之法。」前議遂寢。

晏殊執政，以妻父嫌，換龍圖閣待制。母憂去職，服除，復爲知制誥，拜翰林學士、權知開封府，擢右諫議大夫、權御史中丞。論事無所避。會詔舉御史，建言：「臺屬供奉殿中，巡糾不法，必得通古今治亂良直之臣。今舉格太密，公坐細故，皆置不取，恐英偉之士，或有所遺。」御史何郯以論事不得實，中書問狀。察又言：「御史，故事許風聞；縱所言不當，自繫朝廷采擇。今以疑似之間，遽被詰問，臣恐臺諫官畏罪緘默，非所以廣言路也。」

又數以言事忤宰相陳執中。未幾，三司戶部判官楊儀以請求貶官，察坐前在府失出笞罪，雖去官，猶罷知信州。徙揚州，復爲翰林侍讀學士，又兼龍圖閣學士、知永興軍，加端明殿學士、知益州。再遷禮部侍郎，復權知開封府，復爲翰林學士、權三司使。

內侍楊永德毀察於帝，三司有獄，辭連衞士，皇城司不卽遣，而有詔移開封府鞫之。察由是乞罷三司，乃遷戶部侍郎兼三學士，提舉集禧觀，進承旨。踰年，復以本官充三司使。餌鍾乳過劑，病癰卒。贈禮部尙書，謚宣懿。

察美風儀。幼孤，七歲始能言，母頗知書，嘗自教之。敏於屬文，其爲制誥，初若不用意；及稿成，皆雅緻有體，當世稱之。遇事明決，勤於吏職，雖多益喜不厭。癰方作，猶入對，商畫財利，歸而大頓，人以爲用神太竭云。有文集二十卷。無子，以兄子庶爲嗣。

弟賓，舉進士第一，通判潤州，以母憂不赴，毀瘠而卒。時人傷之。

論曰：當仁宗在位時，宋興且百年，海內嘉靖，上下安佚。然法制日以玩弛，徼倖之弊多。自西陲用兵，關中困擾，天子憫勞元元，奮然欲因羣材以更內外之治，于時俊傑輩出。尹洙崎嶇兵間，亦頗論天下之事。孫甫馳騁言路，咸以文學、方正知名。絳文詞議論，尤爲儒林所宗。朝廷方欲倚用之，不幸死矣。最後，清臣、察繇進士高等，不數年致位侍從，立朝謇謇，無所附麗，爲一時名臣。豈非出於上之所自擢，故奮勵不撓，以圖報稱哉？

校勘記

〔一〕伊陽縣　「陽」原作「楊」。據歐陽修歐陽文忠公文集卷二八尹師魯墓誌銘、尹洙河南先生文集卷二八韓琦撰尹師魯墓表改。

〔二〕逃亭　原作「迷亭」。按河南先生文集卷二載有此議，題爲逃亭，據改。

〔三〕甫因言樞密使副當得罪　「使副」原作「副使」。按曾鞏南豐先生元豐類稿卷四七孫甫行狀，甫所責者爲樞密院，並非獨言「樞密副使當得罪」；下文：「使，乃杜衍也。」亦可證。東都事略卷六四孫甫傳作「樞密使副」，據改。

〔四〕河東轉運使　「河東」原作「江東」，據南豐先生元豐類稿卷四七孫甫行狀、歐陽文忠公文集卷三三孫甫墓誌銘改。

〔五〕圖書寖廣　「圖」原作「國」，據東都事略卷六四本傳改。

〔六〕絳陳詩白華引申后褒姒事以諷　「陳」原在「白」下。按歐陽文忠公文集卷二六謝絳墓誌銘作「用詩白華引申后、褒姒事以爲戒」。王安石臨川先生文集卷九〇謝絳行狀作「稱詩白華以諷」。「陳」字應置「詩白」前。據改。

〔七〕劉筠　原作「劉均」，據本書卷三〇五劉筠傳、宋會要選舉三之一四改。

宋史卷二百九十六

列傳第五十五

韓丕　師頏　張茂直　梁顥子固　楊徽之楊澈　呂文仲

王著　呂祐之　潘愼修　杜鎬　查道從兄陶

韓丕字太簡，華州鄭人。父杲，晉開運中，爲曲陽主簿，契丹攻城，陷沒焉。母改適他氏。丕幼孤貧，有志操，讀書于驪山、嵩陽，通周易、禮記，爲人講說。常有山林之志，家雖甚貧，處之晏如。年長，始學文。開寶中，鄭牧知文州，與之偕行，遂薄遊兩川。及牧知成都，劉熙古延置門下，掌書奏，以孫女妻之。

太平興國三年舉進士，聲名籍甚，公卿多薦之者。嘗著孟母碑、返魯頌，人多諷誦之。解褐大理評事、通判衡州。石熙載薦其文行，代還，以文學試中書，擢著作佐郎、直史館，賜緋魚。未幾，改左拾遺。八年，遷職方員外郎、知制誥。雍熙初，加虞部郎中。二年，與賈黃中、徐鉉同知貢舉。丕屬思艱澀，及典書命，傷於稽緩。宰相宋琪性褊急，常加督責，或申以諧謔，丕不能平。又舍人王祐以前輩負氣，每陵轢面折之。丕乃表求外郡，出知虢州，就改職方郎中。端拱初，拜右諫議大夫，賜金紫，知河陽、濠州。

丕起寒素，以沖澹自處，不奔競於名宦，太宗甚嘉重之。淳化二年，召入爲翰林學士，終以遲鈍不敏於用。俄罷職，充集賢殿修撰、知均州。就遷給事中、工部侍郎，徙金州。召還，充史館修撰，又出知滁州，就加禮部。大中祥符二年，卒。

丕純厚畏愼，似不能言者。歷典州郡，雖不優於吏事，能以淸介自持，時稱其長者云。

師頏字霄遠，大名內黃人。父均，後唐長興二年進士，終永興節度判官，因家關右。

頏少篤學，與兄頌齊名。建隆二年舉進士，竇儀典貢舉，擢之上第。釋褐耀州軍事推官，以疾解，久不赴調。開寶中，復爲解州推官。太平興國初，召還，遷大理寺丞、陝西河北轉運判官，就改著作佐郎。秩滿，遷監察御史、通判永興軍府。坐秦王廷美假公帑緡錢，左授乾州團練副使，尋復舊官。六年，改殿中侍御史、通判邠州。徙知簡州，轉起居舍人。以公累去官，復爲殿中侍御史，知資、眉二州。頏所至，以簡靜爲治，蜀人便之。代還，遷侍御史、知安州，賜緡錢二十萬。移朗州，超拜工部郎中，命知陝州，賜金紫。

時西鄙用兵，餫道所出，軍士多亡命，嘯聚山林爲盜。頔嚴其巡捕，盜越他境。改刑部郎中，未幾召還。上益嘉之。眞宗以其舊人，素負才望，而久次于外，累召對，詢其文章。頔謙遜自晦，上益嘉之。翌日，命以本官知制誥，兼史館修撰。咸平二年，與溫仲舒、張詠同知貢舉。明年，召入翰林爲學士。五年，復與陳恕同典貢部，又知審官院、通進銀臺封駁司。俄卒，年六十七。詔遣官護葬，給其子仲回秘書丞奉終喪。

頔曠達夷雅，搢紳多慕其操尙。有集十卷。子三人：仲回，端拱元年進士及第，至太常博士；仲宰，國子博士；仲說，殿中丞。

張茂直字林宗，兗州瑕丘人。父延昇，以經術敎授鄉里。茂直方弱冠，慕容彥超據州城，驅之守陴。及周師破敵，擁城守者列坐，將斬之。有卒挾刃謂茂直曰：「汝髮甚鬒，惜爲頸血所汚，可先斷之。」茂直許焉。刃未及髮，會得釋。後勵志於學。

開寶中，州將器其爲人，首薦之，且給錢五萬，以助其裝。二年，登進士第，解褐海州推官，進司農寺丞、通判泰州。爲轉運使韋務昇誣奏，徙監梓州富國監。代還，自陳得雪，復通判靜安軍。軍不領縣，城闉之外，即深州之下博，茂直奏割下博隸焉。進秩著作佐郎。扈蒙薦其才，改秘書丞。

會福州民訟田，命茂直按之，將行，留不遣。參知政事李至稱其端實，命入益王元傑府爲記室參軍。王好學，多爲詩什，遇茂直甚厚。雖受時果之賜，亦分餉焉。王嘗遣使徵詩，茂直援筆而就，甚稱賞之。

端拱元年，召對，賜金紫。數日，改度支員外郎，三遷本曹郎中。眞宗居藩時，茂直與朱昂並在諸王府，每預宴集，屢因酬唱識其名。即位，選用舊臣，得茂直及昂，與梁周翰、師頏輩相繼知制誥。茂直既入西閣，會元傑生旦，遣持禮幣爲賜，復至舊府，時人榮之。

茂直淳至寡言，晚年多疾，才思梗澀不稱職。改秘書少監，出知潁州。咸平四年，卒，年七十五。子咸列，端拱二年進士及第；咸務，比部員外郎。

梁顥字太素，鄆州須城人。曾祖涓，成武主簿。祖惟忠，以明經歷佐使府，至天平軍節度判官。父文度早世，顥養於叔父。王禹偁始與鄉貢，顥依以爲學，嘗以疑義質于禹偁，禹偁拒之不答。顥發憤讀書，不期月，復有所質，禹偁大加器賞。初舉進士，不中第，留闕下。

獻疏曰：

臣歷觀史籍，唐氏之御天下也，列聖間出，人文闡燿，尙且渴於共治，旁求多彥，設科之選，逾四十等。當時秉筆之士，彬彬翔集，表著所以。左右前後，有忠有良，導化原、樹治本者，享三百年，得人之由也。五代不競，茲制日淪。國家興儒，追風三代。方今科名之設，俊造畢臻，秉筆者如林，趨選者如雲。貢於諸侯，考於春官，陛下躬臨愼擇，必盡至公。奈何所取不出於詩賦、策論，簡於心者援而陟之，咈於心者推而黜之，寧無濫陟枉黜之失耶？其間闒茸妄進，濫厠科場者，間亦有之。

若曰陛下嘉惠孤寒沉滯之士，罔計賢否，悉拔而登之，一視同仁。臣竊謂此非確論。蓋聖人在上，則內君子而外小人。若薰蕕同器，甚非所以正人倫、厚風俗也。況丘園之下，豈無宏才茂德之士。陛下誠能設科以擢異等之士，俾陳古今之治亂、君臣之得失、生民之休戚、賢愚之用舍，庶幾有益於治，不特詩賦、論策之小技，以應有司之求而已。

疏上，不報。

雍熙二年，復舉進士，廷試，方禹中獻賦。太宗召升殿，詢其門第，賜甲科，解褐大名府觀察推官。四年，與梁湛並召爲右拾遺、直史館，賜緋。判鼓司、登聞院。顥在大名佐趙昌言，昌言入掌樞密，會翟馬周事，顥坐貶虢州司戶參軍。起知魚臺縣，就加大理評事。召還，遷殿中丞。頃之，復直史館，歷開封府推官、三司關西道判官，轉太常博士。丁內艱，起令赴職，改右司諫。

眞宗初，詔羣臣言事，顥時使陝西，途中作聽政箴以獻。還爲度支判官。咸平元年，與楊勵、李若拙、朱台符同知貢舉。時詔錢若水重修太祖實錄，表顥參其事，又同修起居注。扈蹕大名，詔訪羣臣邊事，顥上疏曰：

臣聞自古用兵之道，在乎明賞罰而已。然而賞不可以獨任，罰不可以少失。故兵法曰：「罰之不行，譬如驕子之不可用。」又曰：「善爲將者，威振敵國，令行三軍。盡忠益時者，雖讎必賞；犯法敗事者，雖親必罰。」故孫武斬隊長而兵皆整，穰苴斬監軍而敵遂退。以此言之，兵法不可不正也。

昨者命將出師，乘秋備塞，而傅潛奉明詔，握重兵，逗撓無謀，守陴翫寇，老精兵於不用。以至蕃馬南牧，邊塵晝驚，河朔之民，流移失所，魏博以北，蹂踐一空。遂至殘妖未殄，鑾輅親征，此所謂以賊遺君父者也。乃或赦而不問，則何以謝橫死之民；或黜而不戮，則何以恢用兵之略。以軍法論之，固合斬潛以狥軍中，降詔以示天下。如此，則協前古之典章，戒後來之將帥，然后擇邊臣之可用者，就委用之。

臣嘗讀漢史，李廣之屯兵行師也，無部伍行陣，就善水草，人人自便，不擊刁斗以自衞，遠於斥候，未嘗遇害，而廣終爲名將，士卒樂用。又唐高祖之備北邊也，選勁兵爲游騎，不齎軍糧，隨逐水草，遇敵則殺，當時以爲得策。願於邊將中，不以名位高卑，但擇其武勇謀略素爲衆所推服者，取十人焉。人付騎士五十，器甲完備，輕齎糧糗，逐水草以爲利，往復扞禦。不令入郡邑，不許聚處，遇有寇兵，隨時掩捕。仍令烽候相望，交相救應。緣邊州郡守城兵帥，卽堅壁以待之。遇游騎近城，掩殺邊寇，內量出兵甲援救。如此，則乘城者不堅閉壘門，免坐觀於勝負；捍邊者不苟依郡郭，可行備於寇攘。雖匪良籌，且殊膠柱。

時論頗稱之。

三年，與李宗諤、趙安仁並命知制誥，賜金紫。是年冬，王均平，命爲峽路安撫使。歸掌三班。韓國華判大理，以斷刑失中，乃選顥以代之。四年，張齊賢使關右安撫，以顥爲之副。

顥有吏才，每進對，詞辯明敏，眞宗嘉賞之。凡羣臣上封者，悉付顥洎薛映〔一〕詳閱可否。冬，以河北饑盜，命與映分爲東、西路巡檢使。還，拜右諫議大夫，充戶部使。會罷三部使，以顥爲翰林學士同知審官院、三班。景德元年，權知開封。顥美風姿，強力少疾，閨門雍睦。與人交久而無改，士大夫多之。六月，暴病卒，年九十二〔三〕。上甚軫惻，賜贈加等。所著文集十五卷。子固、逑、適。適相仁宗，別有傳。

固字仲堅。幼有志節，嘗著漢春秋，顥器賞之。初，以顥遺蔭，賜進士出身。服闋，詣登聞院讓前命，願赴鄉舉，許之。大中祥符元年，舉服勤詞學科，擢甲第。解褐將作監丞、同判密州，就遷著作佐郎。歸朝，改著作郎、直史館，賜緋。歷戶部判官、判戶部勾院。爲人氣調俊爽，善與人交，疏財慷慨，尙氣義，明於吏道。馬元方領三司，臨事麤率，固撫其曠闕之狀，屢請對條奏。嘗詔鞫獄，時稱平審。天禧大禮成，奏頌甚工。無幾卒，年三十三。有集十卷。

楊徽之字仲猷，建州浦城人。祖郜，仕閩爲義軍校。家世尙武，父澄獨折節爲儒，終浦城令。徽之幼刻苦爲學，邑人江文蔚善賦，江爲能詩，徽之與之遊從，遂與齊名。嘗肄業於潯陽廬山，時李氏據有江表，乃潛服至汴、洛，以文投竇儀、王朴，深賞遇之。

周顯德中，舉進士，劉温叟知貢部，中甲科。同時登第者十六人，世宗命覆試，惟徽之與李覃、何曮、趙鄰幾中選。解褐校書郎、集賢校理。宰相范質深器重之。歷著作佐郎、右拾遺。竇儼纂禮樂書，徽之預焉。

乾德初，與鄭玘並出爲天興令，府帥王彥超素知其名，待以賓禮。蜀平，移峨眉令。時宋白宰玉津，多以吟詠酬答。復爲著作佐郎、知全州，就遷左拾遺、右補闕。太平興國初，代還。太宗素聞其詩名，因索所著。徽之以數百篇奏御，且獻詩爲謝，其卒章有「十年流落今何幸，叨遇君王問姓名」語。太宗覽之稱賞，自是聖製多以別本爲賜。遷侍御史、權判刑部。嘗屬疾，遣尙醫診療，賜錢三十萬。轉庫部員外郎，賜金紫，判南曹，同知京朝官差遣。會詔李昉等采緝前代文字，類爲文苑英華，以徽之精於風雅，分命編詩，爲百八十卷。歷遷刑、兵二部郎中。獻雍熙詞，上賡其韻以賜。

端拱初，拜左諫議大夫，出知許州。入判史館事，加修撰。因次對上言，曰：「自陛下嗣統鴻圖，闡揚文治，廢墜修舉，儒學響臻，乃至周巖野以聘隱淪，盛科選以來才彥，取士之道，亦已至矣。然擅文章者多超遷，明經業者罕殊用，向非振舉，曷勸專勤，師法不傳，祖述安在！且京師四方之會，太學首善之地。今五經博士，並闕其員，非所以崇教化、奬人材、繇內及外之道也。伏望濬發明詔，博求通經之士，簡之朝著，拔自草萊，增置員數，分教冑子，隨其所業，授以本官，廩稍且優，旌别斯在。淹貫之士，既蒙厚賞，則天下善類知所勸矣，無使唐、漢專稱得人。」太宗嘉納之，顧謂宰相曰：「徽之儒雅，操履無玷，置於館閣宜矣。」未幾，改判集賢院。嘗詔預觀燈乾元樓，上嘉其精力不衰。

時劉昌言拔自下位，不踰時參掌機務，懼無以厭人望，常求自安之計。董儼爲右計使〔三〕，欲傾昌言代之，嘗謂徽之曰：「上遇張洎、錢若水甚厚，旦夕將大用。」有直史館錢熙者，與昌言厚善，詣徽之，徽之語次及之。熙遽以告昌言，昌言以告洎。洎方固寵，謂徽之遣熙構飛語中傷己，遂白上。上怒，召昌言質其語。出徽之爲山南東道行軍司馬，熙落職通判朗州。徽之未行，改鎭安軍行軍司馬。

眞宗尹京，妙選僚佐，驛召爲左諫議大夫，與畢士安並充開封府判官，召對便殿，諭以輔導意。東宮建屬，以徽之兼左庶子。嘗出巡田，眞宗作詩言懷，因以寄之。遷給事中。卽位，拜工部侍郎、樞密直學士，俄兼秘書監。咸平初，加禮部侍郎。二年春，以衰疾求解近職，改兵部，仍兼秘書監。入謝，命坐，勞之曰：「圖書之府，淸淨無事，俾卿得以養性也。」是秋，特置翰林侍讀學士，命與夏侯嶠、呂文仲並爲之，賜宴秘閣，且褒以詩。

未幾，以足疾請告，上取名藥以賜。郊祀不及扈從，錫賚如侍祠之例。車駕北巡，徽之力疾辭於苑中。上顧謂曰：「卿勉進醫藥，比見，當不久也。」及駐蹕大名，特降手詔存諭。

明年春正月，車駕還，又遣使臨問。卒，年八十。贈兵部尚書，賜其家錢五十萬，絹五百匹。錄其外孫宋綬太常寺太祝，姪孫偃、集並同學究出身。

徽之純厚清介，守規矩，尙名教，尤疾非道以干進者。嘗言：「溫仲舒、寇準用搏擊取貴位，使後輩務習趨競，禮俗寖薄。」世謂其知言。徽之寡諧於俗，唯李昉、王祐深所推服，與石熙載、李穆、賈黃中爲文義友。自爲郎官、御史，朝廷卽待以舊德。善談論，多識典故，唐室以來士族人物，悉能詳記。酷好吟詠，每對客論詩，終日忘倦。旣沒，有集二十卷留於家，上令夏侯嶠取之以進。徽之無子。後徽之妻王卒，及葬，復以縉帛賜其家。

澈字晏如，徽之宗人也，世家建陽。父思進，晉天福中北渡海，因家於青州之北海，累佐使幕。澈幼聰警，七歲讀春秋左氏傳，卽曉大義。周宰相李穀召令默誦，一無遺誤，穀甚異之。年十六，思進爲鎭趙從事，會昭慶令缺，使府命澈假其任。時河決鄰郡，府督役甚急。澈部徒數千，徑大澤中，多蘆葦，令采刈爲筏，順流而下。旣至，執事者訝以後期，俄而葦筏繼至，駭而問之，澈以狀對，乃更嗟賞。

建隆初，舉進士，時竇儀典貢部，謂澈文詞敏速，可當書檄之任。調補河內主簿，再遷青州司戶參軍。知州張全操多不法，澈鞫獄平允，無所阿畏。太祖知其名，召試禁中，改著作佐郎，出知渠州。江南平，改通判虔州，令就大將曹彬分兵以行。旣入境，僞帥郭再興擁兵自固，澈單騎直趨其壘，諭以朝廷威信，再興卽奉符以代。澈悉料城中軍士之勇壯者，凡五百人爲一綱，部送京師。土豪黎、羅二姓，聚衆依山謀亂，澈率兵平之，擒二豪，械送闕下。

遷右贊善大夫、知淄州。事親以孝聞，求便侍養，徙同判青州。三遷祠部員外郞，復知淄州，又知舒州，累轉祠部郞中。咸平初，遴選王府僚佐，以澈爲雍王府記室參軍，賜金紫，加度支郞中。

景德初，車駕幸澶淵，王爲東京留守，澈遷兵部郞中，充留守判官。軍巡囚逸，王驚而感疾，及薨，又得閨門殘忍之狀，坐輔導不善免官。未幾，起爲祠部郞中。卒，年七十四。子巒，淳化進士，職方員外郞。

呂文仲字子臧，歙州新安人。父裕，僞唐歙州錄事參軍。文仲在江左，舉進士，調補臨川尉，再遷大理評事，掌宗室書奏。

入朝，授太常寺太祝，稍遷少府監丞。預修太平御覽、廣記、文苑英華，改著作佐郞。

太平興國中，上每御便殿觀古碑刻，輒召文仲與舒雅、杜鎬、吳淑讀之。嘗令文仲讀文選，繼又令讀江海賦，皆有賜賚。以本官充翰林侍讀，寓直御書院，與侍書王著更宿。時書學葛湍亦直禁中，太宗暇日，每從容問文仲以書史、著以筆法、湍以字學。雍熙初，文仲遷著作佐郎，副王著使高麗。復命改左正言，巡撫福建。未幾，賜金紫，加左諫議大夫。

淳化中，與陳堯叟並兼關西巡撫使。時內品方保吉專幹榷酤，威制郡縣。民疲吏擾，變易舊法，訟其掊克者甚衆。文仲等具奏其實，太宗怒甚。亟召保吉，將劾之，反爲保吉所訟，下御史驗問。文仲所坐皆細事，而素巽懦，且恥與保吉辯對，因自誣伏，遂罷職。既而太宗知其由，復令直秘閣；踰月，再爲侍讀。一日，召於崇政殿，讀上草書經史故實數十軸，詔模刻于石。遷起居舍人、兵部員外郎、同判吏部銓，知銀臺通進封駁司、審官院。咸平三年，拜工部郎中，充翰林侍讀學士，受詔集太宗歌詩爲三十卷，詔書加獎，又知審刑院。六年，授御史中丞。

景德中，鞫曹州奸民趙諫獄。諫多與士大夫交遊，內出姓名七十餘人，令悉窮治。文仲請對，言逮捕者衆，或在外郡，苟悉索之，慮動人聽。上曰：「卿執憲，當嫉惡如讎，豈公行黨庇邪？」文仲頓首曰：「中司之職，非徒繩糾愆違，亦當顧國家大體。今縱七十人悉得奸狀，以陛下之慈仁，必不盡戮，不過廢棄而已。但籍其名，更察其爲人，置於冗散，或舉選對歇之日擯斥之，未爲晚也。」上從其言。三年，遷工部侍郎，復爲翰林侍讀學士。文仲久居禁近，頗周密兢愼。一日早朝，暴得風疾，請告踰百日，詔續其奉。明年，改刑部侍郎，充集賢院學士，未幾卒，錄其子永爲奉禮郎。

文仲富詞學，器韻淹雅。其使高麗也，善於應對，淸淨無所求，遠俗悅之。後有使高麗者，必詢其出處。然性頗齷齪，不爲時論所許。有集十卷。

王著字知微，文仲同時人。自言唐相石泉公方慶之後，世家京兆渭南。祖賁，廣明中從僖宗入蜀，遂爲成都人。賁仕王建，爲雅州刺史。父景褱，萬州別駕。

著，僞蜀明經及第，歷平泉、百丈、永康主簿。蜀平赴闕，授隆平主簿，凡十一年不代。著善攻書，筆迹甚媚，頗有家法。太宗以字書訛舛，欲令學士刪定，少通習者。太平興國三年，轉運使侯陟以著名聞，改衞寺丞、史館祗候，委以詳定篇韻。六年，召見，賜緋，加著作佐郎、翰林侍書與侍讀，更直于御書院。

太宗聽政之暇，嘗以觀書及筆法爲意，諸家字體，洞臻精妙。嘗令中使王仁睿持御札示著，著曰：「未盡善也。」太宗臨學益勤，又以示著，著答如前。仁睿詰其故，著曰：「帝王始攻書，或驟稱善，則不復留心矣。」久之，復以示著。著曰：「功已至矣，非臣所能及。」其後眞宗嘗對宰相語其事，且嘉著之善於規益，於侍書待詔中亦無其比。

雍熙二年，遷左拾遺，使高麗。端拱初，加殿中侍御史。二年，與文仲同賜金紫。明年，卒，特加賵賜，錄其子嗣復爲奉禮郎。

呂祐之字元吉，濟州鉅野人。父文贊，本州錄事參軍。祐之，太平興國初，舉進士，解褐大理評事、通判洋州。改右贊善大夫，出爲泰寧軍節度判官，移天雄軍。召拜殿中侍御史，決獄西蜀。還知貝州，換右補闕、直史館、同判吏部南曹，遷起居舍人。端拱中，副呂端使高麗，假內庫錢五十萬以辦裝。還，遇風濤，舟欲覆，祐之悉取所得貨沉之，即止。復獻海外覃皇澤詩十九首，太宗嘉之，仍蠲其所貸。淳化初，判戶部勾院，會分備三館職，以祐之與趙昂、安德裕並直昭文館。俄以本官知制誥，賜金紫，同知貢舉。

有東野日宣者，祐之以妻族嘗薦舉之，坐鞫獄陳州不實，貶官，祐之亦降授殿中丞，再直史館。未幾，復知制誥。太宗嘗閱班簿，擇近臣舉官，覩祐之姓名，宰相因言其前坐舉無狀。上曰：「此正可令贖過矣。」卽取祐之焉。

至道初，拜右諫議大夫，賜金紫，知審官院。出知襄州，徙壽州。眞宗卽位，轉給事中，復知襄州，移昇州。歲餘，又典襄陽。歸，掌吏部選事，知通進、銀臺司，與呂文仲並拜工部侍郎、翰林侍讀學士。自置侍讀、侍講，甚艱其選，至是裁七人。祐之第其名氏，刻石于秘閣。

祐之純謹長者，不喜趨競，所至無顯譽，備顧問，不能有所啓發。會文仲以疾罷近職，祐之亦出爲集賢院學士，仍並遷刑部侍郎。景德四年，卒，年六十一。有集三十卷。

潘愼修字成德，泉州莆田縣人。父承祐，仕閩，後歸江南，仕李景，至刑部尙書致仕。愼修少以父任爲秘書省正字，累遷至水部郎中兼起居舍人。

開寶末，王師征江南，李煜遣隨其弟從鎰入貢買宴錢，求緩兵。留館懷信驛。旦夕捷書至，邸吏督從鎰入賀。愼修以爲國且亡，當待罪，何賀也？自是每羣臣稱賀，從鎰卽奉表請罪。太祖嘉其得禮，遣中使慰諭，供帳牢餼悉加優給。煜歸朝，以愼修爲太子右贊善大夫。煜表求愼修掌記室，許之。煜卒，改太常博士。歷膳部、倉部、考功三員外，通判壽州，知開封縣，又知湖、梓二州。

淳化中，秘書監李至薦之，命以本官知直秘閣。愼修善弈棊，太宗屢召對弈，因作棊說以獻。大抵謂：「棊之道在乎恬默，而取舍爲急。仁則能全，義則能守，禮則能變，智則能兼，信則能克。君子知斯五者，庶幾可以言棊矣。」因舉十要以明其義，太宗覽而稱善。俄與直昭文館韓援使淮南巡撫，累遷倉部、考功二部郎中。咸平中，又副邢昺爲兩浙巡撫使，俄同修起居注。景德初，上言衰老，求外任。眞宗以儒雅宜留秘府，止聽解記注之職。數月，擢爲右諫議大夫、翰林侍讀學士。從幸澶州，遘寒疾，詔令肩輿先歸。明年正月，卒，年六十九。賻錢二十萬，絹一百匹。

愼修疾雖亟，精爽不亂，託陳彭年草遺奏，不爲諸子干澤，但以主恩未報爲恨。上憫之，錄其子汝士爲大理評事，汝礪爲奉禮郎。令有司給舟載其柩歸洪州。

愼修風度醞藉，博涉文史，多讀道書，善淸談。先是，江南舊臣多言李煜闇懦，事多過實。眞宗一日以問愼修，對曰：「煜或懵理若此，何以享國十餘年？」他日，對宰相語及之，且言愼修溫雅不忘本，得臣子之操，深嘉奬之。當時士大夫與之遊者，咸推其素尙。然頗恃前輩，待後進倨慢，人以此少之。有集五卷。

汝士至工部員外郎，直集賢院。

杜鎬字文周，常州無錫人。父昌業，南唐虞部員外郎。鎬幼好學，博貫經史。兄爲法官，嘗有子毀父畫像，爲旁親所訟，疑其法不能決。鎬曰：「僧道毀天尊、佛像，可比也。」兄甚奇之。舉明經，解褐集賢校理，入直澄心堂。

江南平，授千乘縣主簿。太宗卽位，江左舊儒多薦其能，改國子監丞、崇文院檢討。會將祀南郊，彗星見，宰相趙普召鎬問之。鎬曰：「當祭而日食，猶廢；況謫見如此乎？」普言于上，卽罷其禮。翌日，遷著作佐郎，改太子左贊善大夫，賜緋魚。歷殿中丞、國子博士，加祕閣校理。太宗觀書祕閣，詢鎬經義，進對稱旨，卽日改虞部員外郎，加賜金帛。又問：「西漢賜與悉用黃金，而近代爲難得之貨，何也？」鎬曰：「當是時，佛事未興，故金價甚賤。」又嘗召問天寶梨園事，敷奏詳悉。再遷駕部員外郎，判太常禮院，與朱昂、劉承珪編次館閣書籍，虞部郎中〔四〕，事畢，賜金紫，改直祕閣。會修太祖實錄，命鎬檢討故事，以備訪問。

景德初，置龍圖閣待制，因以命鎬，加都官郎中。從幸澶淵，遇懿德皇后忌日，疑軍中鼓吹之禮，時鎬先還備儀仗，命馳騎問之。鎬以武王載木主伐紂，前歌後舞爲對。預修册府元龜，改司封郎中。四年，拜右諫議大夫、龍圖閣直學士，賜襲衣、金帶，班在樞密直學士下。時特置此職，儒者榮之。

大中祥符中，同詳定東封儀注，遷給事中。三年，又置本閣學士，遷鎬工部侍郎，充其職。上日，賜宴秘閣，上作詩賜之，進秩禮部侍郎。六年冬，卒，年七十六。錄其子渥爲大理寺丞及三孫官。

鎬博聞強記，凡所檢閱，必戒書吏云：「某事，某書在某卷、幾行。」覆之，一無差誤。每得異書，多召問之，鎬必手疏本末以聞，顧遇甚厚。士大夫有所著撰，多訪以古事，雖晚輩、卑品請益，應答無倦。年踰五十，猶日治經史數十卷，或寓直館中，四鼓則起誦春秋。所居僻陋，僅庇風雨，處之二十載，不遷徙。燕居暇日，多挈醪饌以待賓友。性和易，清素有懿行，士類推重之。

查道字湛然，歙州休寧人。祖文徽，仕南唐至工部尚書。父元方，亦仕李煜，爲建州觀察判官。王師平金陵，盧絳據歙州，遣使傳檄至郡，元方斬其使。及絳擒，太祖聞元方所爲，優奬之。拜殿中侍御史、知泉州，卒。

道幼沉嶷不羣，罕言笑，喜親筆硯，文徽特愛之。未冠，以詞業稱。侍母渡江，奉養以孝聞。母嘗病，思鱖羹，方冬苦寒，市之不獲。道泣禱于河，鑿冰取之，得鱖尺許以饋。又封臂血寫佛經，母疾尋愈。後數年，母卒，絕意名宦，遊五臺，將落髮爲僧。一夕，震雷破柱，道坐其下，了無怖色，寺僧異之，咸勸以仕。

端拱初，舉進士高第，解褐館陶尉。曹彬鎭徐州，辟爲從事，深被禮遇。改興元觀察推官。寇準薦其才，授著作佐郎。淳化中，蜀寇叛，命道通判遂州。召對，出御書歷，俾錄其課，給以實奉。至道二年，有使兩川者，得道公正淸潔之狀以聞，優詔嘉獎。遷秘書丞，俄徙知果州。

時寇黨尙有伏巖谷依險爲柵者，其酋何彥忠集其徒二百餘，止西充之大木槽，彀弓露刃。詔書招諭之，未下，咸請發兵殄之。道曰：「彼愚人也，以懼罪，欲延命須臾爾。其黨豈無詿誤邪？」遂微服單馬數僕，不持尺刃，間關林壑百里許，直趨賊所。初悉驚畏，持滿外嚮。道神色自若，踞胡床而坐，諭以詔意。或識之曰：「郡守也，嘗聞其仁，是寧害我者。」即相率投兵羅拜，號呼請罪，悉給券歸農。加賜袍帶驛奏，璽書褒諭。

咸平四年代歸，賜緋魚。上言曰：「朝廷命轉運使、副，不惟審度金穀，蓋以察廉郡縣，庶臻治平，以召和氣。今觀所至，或匪盡公，蓋無懲勸之科，致有因循之弊。望自今每使回日，先令具任內曾薦舉才識者若干，奏絀貪猥者若干，朝廷議其否臧，以爲賞罰。」從之。俄出知寧州。會舉賢良方正之士，李宗諤以道名聞，策入第四等，拜左正言、直史館。未幾，出爲西京轉運副使。六年，始令三司使分部置副，召入，拜工部員外郎、充度支副使，賜金紫。道儒雅迂緩，治劇非所長。卞袞爲鹽鐵副使，與道同候對，將升殿，遽出奏牘請道同署。及上詢問事本，道素未省視，不能對，遂以本官罷，出知襄州。卒不能自辯，亦無慍色。

大中祥符元年，歸直史館，遷刑部員外郎，預修册府元龜。三年，進秩兵部，爲龍圖閣待制，與張知白、孫奭、王曙並命焉。加刑部郎中、判吏部選事，糾察在京刑獄。奉使契丹，以久次，進右司郎中。眞宗退朝之暇，召馮元講易便坐，惟道與李虛己、李行簡預焉。天禧元年，以耳聵難於對問，表求外任，得知虢州。將行，上御龍圖閣飲餞之。秋，蝗災民歉，道不俟報，出官廩米賑之，又設粥糜以救饑者，給州麥四千斛爲種於民，民賴以濟，所全活萬餘人。二年五月，卒。訃聞，眞宗軫惜之。詔其子奉禮郎循之乘傳往治喪事，遷大理評事，賦祿終制。

道性淳厚，有犯不較，所至務寬恕，胥吏有過未嘗笞罰，民訟逋負者，或出己錢償之，以是頗不治。嘗出按部，路側有佳棗，從者摘以獻，道即計直掛錢於樹而去。兒時嘗戲畫地爲大第，曰：「此當分贍孤遺。」及居京師，家甚貧，多聚親族之惸獨者，祿賜所得，散施隨盡，不以屑意。與人交，情分切至，廢棄孤露者，待之愈厚，多所周給。

初，赴舉，貧不能上，親族裒錢三萬遺之。道出滑臺，過父友呂翁家。翁喪，貧窶無以葬，其母兄將鬻女以襄事。道傾褚中錢與之，且爲其女擇壻，別加資遺。又故人卒，貧甚，質女婢於人。道爲贖之，嫁士族。搢紳服其履行。好學，嗜弈棋，深信內典。平居多茹蔬，或止一食，默坐終日，服玩極於卑儉。嘗夢神人謂曰：「汝位至正郎，壽五十七。」而享年六十四，論者以爲積善所延也。有集二十卷，從兄陶。

陶字大均，初事李煜，以明法登科，補常州錄事參軍。歸朝，詔大理評事，試律學，除本寺丞，遷大理正，歷侍御史、權判大理寺，賜緋。斷官仲禹錫訟陶用法非當，陶抗辯得雪。遷工部郎中，俄知台州，累遷兵部。咸平五年，朱博爲大理，議趙文海罪不當，宰相請以陶代。眞宗曰：「聞陶亦深文，當加戒勗。」卽遷秘書少監、判寺事。時楊億知審刑，陶屢攻其失，又命代之，賜金紫。陶持法深刻，用刑多失中，前後坐罰金百餘斤，皆以失入，無誤出者。景德三年，卒，年七十。子拱之，淳化三年進士，後爲都官郎中；慶之，太子中舍。

論曰：典誥命者，以詞章典雅爲先；侍講讀者，以道德洽聞爲貴。自昔皆難其人，至宋尤重其選。太宗崇尙儒術，聽政之暇，以觀書爲樂，置翰林侍讀學士以備顧問。眞宗克紹先志，兼置侍講學士，且因內閣以設職名，俾鴻碩之士更直迭宿，相與從容講論。以丕之淸介，頎之和豫，顥之明敏，茂直之淳厚，俾領詞職，固無忝矣。若文仲之器韻淹雅，愼修之醞藉該貫，杜鎬之博聞強識，查道之純孝篤義，置諸左右，啓沃尤多，豈直講論文義而已哉。若祜之不喜趨競，徽之深疾幸進，風采凝峻，又其卓然者也。徽之嘗謂：「溫仲舒、寇準以搏擊取貴位，使後輩務習趨競，禮俗寖薄。」君子以爲名言云。

校勘記

〔一〕薛映　原作「薛暎」，據本書卷三〇五薛映傳、長編卷五〇、編年綱目卷六改。

〔二〕年九十二　東都事略卷四七本傳作「年四十二」。據洪邁容齋四筆卷一四梁狀元八十二歲條、俞正燮癸巳存稿卷八書宋史梁灝傳後條考證，皆以「年九十二」爲非。「九」乃「四」字之誤。

〔三〕董儼爲右計使　「董儼」，原作「童儼」。按本書卷二六七張洎傳記此事時作「董儼」。董儼，本書卷三〇七有傳，太宗時「拜右諫議大夫，充右計使」。據改。

〔四〕虞部郎中　此處疑有誤。

宋史卷二百九十七

列傳第五十六

孔道輔子宗翰 鞠詠 劉隨 曹修古 郭勸 段少連

孔道輔字原魯，初名延魯，孔子四十五代孫也。父勖，進士及第，爲太平州推官，以殿中丞通判廣州。會眞宗東封，躬詣孔子祠。帝問宰相：「孔氏今孰爲名者？」或言勖有治行，卽召對，以爲太常博士、知曲阜縣。初，勖在廣州，以淸潔聞，及被召，蕃酋爭持寶貨以獻，皆慰遣之。後爲御史臺推直官，累遷祕書監、分司南京，管勾祖廟，以尙書工部侍郎致仕。後道輔卒，年八十九。

道輔幼端重，舉進士第，爲寧州軍事推官，數與州將爭事。有蛇出天慶觀眞武殿中，一郡以爲神，州將帥官屬往奠拜之，欲上其事。道輔徑前以笏擊蛇，碎其首，觀者初驚，後莫不歎服。遷大理寺丞、知仙源縣，主孔子祠事。孔氏故多放縱者，道輔一繩以法。上言廟制庳陋，請加修崇，詔可。再遷太常博士。章獻太后臨朝，召爲左正言。受命日，論奏樞密使曹利用、尙御藥羅崇勳竊弄威柄，宜早斥去，以淸朝廷。立對移刻，太后可其言，乃退。未幾，爲直史館、判三司理欠憑由司。

奉使契丹，道除右司諫、龍圖閣待制。契丹宴使者，優人以文宣王爲戲，道輔艴然徑出。契丹使主客者邀道輔還坐，且令謝之。道輔正色曰：「中國與北朝通好，以禮文相接。今俳優之徒，慢侮先聖而不之禁，北朝之過也。道輔何謝！」契丹君臣默然，又酌大卮謂曰：「方天寒，飲此，可以致和氣。」道輔曰：「不和，固無害。」既還，言者以爲生事，且開爭端。仁宗問其故，對曰：「契丹比爲黑水所破，勢甚蹙。平時漢使至契丹，輒爲所侮，若不較，恐益慢中國。」帝然之。歷判吏部流內銓、糾察在京刑獄。坐糾事不當，出知鄆州，徙靑州。還判流內銓，遷尙書兵部員外郞，復出知徐、許二州，徙應天府。

明道二年，召爲右諫議大夫、權御史中丞。會郭皇后廢，道輔率諫官孫祖德、范仲淹、宋郊、劉渙，御史蔣堂、郭勸、楊偕、馬絳、段少連十人，詣垂拱殿伏奏：「皇后天下之母，不當輕議絀廢。願賜對，盡所言。」帝使內侍諭道輔等至中書，令宰相呂夷簡以皇后當廢狀告之。道輔語夷簡曰：「大臣之於帝后，猶子事父母也；父母不和，可以諫止，奈何順父出母乎？」夷簡曰：「廢后有漢、唐故事。」道輔復曰：「人臣當道君以堯、舜，豈得引漢、唐失德爲法邪？」夷簡不答，卽奏言：「伏閤請對，非太平美事。」於是出道輔知泰州。明日晨，入至待漏，聞有詔，亟馳出城。頃之，徙徐州，又徙兗州，進龍圖閣直學士，遷給事中。在兗三年，復入爲御史中丞。

道輔性鯁挺特達，遇事彈劾無所避，出入風采肅然，及再執憲，權貴益忌之。初，道輔與其父里中僦郭贇舊宅居之，有言於帝者曰：「道輔家近太廟，出入傳呼，非所以尊神明。」卽詔道輔他徙。集賢校理張宗古上言，漢內史府在太廟堧垣中，國朝以來，廟垣下皆有官私第舍，謂不須避。帝出宗古通判萊州。道輔歎曰：「憸人之言入矣！」

會受詔鞫馮士元獄，事連參知政事程琳。宰相張士遜素惡琳，而疾道輔不附己，將逐之，察帝有不悅琳意，卽謂道輔：「上顧程公厚，今爲小人所誣，見上，爲辨之。」道輔入對，言琳罪薄不足深治。帝果怒，以道輔朋黨大臣，出知鄆州。已而道輔知爲士遜所賣，頗憤惋。時大寒上道，行至韋城，發病卒，天下莫不以直道許之。皇祐三年，王素因對語及道輔，仁宗思其忠，特贈尙書工部侍郎。子宗翰。

宗翰字周翰。登進士第，知仙源縣，而爲治有條理，遇族人有恩，不以私故骫法。王珪、司馬光皆上章論薦，由通判陵州爲夔峽轉運判官，提點京東刑獄、知虔州。城濱章、貢兩江，歲爲水齧。宗翰伐石爲址，冶鐵錮之，由是屹然，詔書褒美。歷陝、揚、洪、兗州，皆以治聞。哲宗初立求言，吏民上書以千數，詔司馬光采閱其可用者十五人，獨稱獎其二，乃宗翰與王鞏也。

元祐初，召爲司農少卿，遷鴻臚卿。言：「孔子之後，自漢以來有褒成、奉聖、宗聖之號，皆賜實封或縑帛，以奉先祀。至于國朝，益加崇禮。眞宗東封臨幸，賜子孫世襲公爵，然兼領他官，不在故郡，於名爲不正。請自今襲封之人，使終身在鄉里。」詔改衍聖公爲奉聖公，不領他職，給廟學田萬畝，賜國子監書，立學官以誨其子弟。進刑部侍郞，屬疾求去，以寶文閣待制知徐州，未拜而卒。

鞠詠字詠之，開封人。父勵，尙書膳部員外郞、廣南轉運使。詠十歲而孤，好學自立。舉進士，試秘書省校書郞、知錢塘縣，改著作郞、知山陰縣。

仁宗卽位，以太常博士召爲監察御史。錢惟演自亳州來朝，圖入相。詠言：「惟演儉險，嘗與丁謂爲婚姻，緣此大用。後揣知謂奸狀已萌，懼牽連得禍，因此力攻謂。今若遂以爲相，必大失天下望。」太后遣內侍持奏示之，惟演猶顧望不行。詠語諫官劉隨曰：「若相惟演，當取白麻廷毁之。」惟演聞，乃亟去。

大安殿柱生芝草，召羣臣就觀。詠言：「陛下新即位，河決未塞，霖雨害稼，宜思所以應災變。臣願陛下以援進忠良、退斥邪佞爲國寶，以訓勸兵農、豐積倉廩爲天瑞。草木之怪，何足尙哉！」

時王欽若復相，詠嫉欽若阿倚，數睥睨其短，欽若心忌之。會詠兼左巡使，率府率崇俊入朝失儀，詠言崇俊少在邊，今老矣，此不足罪。欽若奏詠廢朝廷儀，出通判信州。又坐鞫陳絳獄失實，徙邵州。欽若卒，御史中丞王臻奏還詠殿中侍御史，爲三司鹽鐵判官。曹利用貶死，利用嘗所薦擢者多領兵守邊，朝廷欲罷去之，詠請一切毋治。

天聖六年夏，大星晝隕，有聲如雷，詠條五事上之。因言：「太子少保致仕晁迥，雖老而有器識，宜蒙訪對，其必有補。」又言：「三司使胡則，丁謂黨也，性貪巧，不可任利權。」河北、京師旱饑，奏請出太倉米十萬石振饑民。江、淮制置使鍾離瑾因奏計，多致東南物以賂權貴。詠請御史臺劾狀，帝面諭瑾亟還所部。以尙書禮部員外郎兼侍御史知雜事、權同判吏部流內銓，爲三司鹽鐵副使。

八年，特置天章閣待制，以詠及范諷爲之。判登聞檢院。定國軍節度使張士遜入覲，冀得再用。詠奏曰：「曹利用擅威福，士遜與之共事，相親厚，援薦以至相位。陛下以東宮僚屬用之，臣願割舊恩，伸公義，趣使之藩。」士遜乃赴鎭。明年詠卒。嘗著道釋雜言數十篇，別搆淨室以居，自號深寧子。

劉隨字仲豫，開封考城人。以進士及第，爲永康軍判官。軍無城堞，每伐巨木爲栅，壞輒以他木易之，頗用民力。隨因令環植楊柳數十萬株，使相連屬，以爲限界，民遂得不擾。屬縣令受賕鬻獄，轉運使李士衡託令於隨，不從。士衡憤怒，乃奏隨苛刻，不堪從政，罷歸，不得調。初，西南夷市馬入官，苦吏誅索，隨爲繩按之。既罷，夷人數百訴於轉運使曰：「吾父何在？」事聞，乃得調。

後改大理寺丞，爲詳斷官。李溥以贓敗，事連權貴，有司希旨不窮治，隨請再劾之，卒抵溥罪。晁迥薦通判益州，呂夷簡安撫川峽，又言其材，以太常博士改右正言。數月，坐嘗爲開封府發解巡捕官，而不察舉人，私以策辭相授，降監濟州稅，稍徙通判晉州。

還朝，遷右司諫，爲三司戶部判官。隨在諫職數言事，嘗言：「今之所切，在於納諫，其餘守常安靖而已。」又奏：「頻年水旱，咎在執事大臣忿爭不和。」請察王欽若等所爭，爲辨曲直。」又因星變言：「國家本支蕃衍，而定王〔二〕之外，封策未行。望擇賢者，用唐故事，增廣嗣王、郡王之封，以慰祖宗意。」時下詔蜀中，選優人補教坊，隨以爲賤工不足辱詔書。又劾奏江、淮發運使鍾離瑾載奇花怪石數十艘，納禁中及賂權貴。累疏論丁謂姦邪，不宜還之內地；胡則，謂之黨，既以罪出陳州，不當復進職。王欽若既死，詔塑其像茅山，列於仙官。隨言：「欽若贓汚無忌憚，考其行，豈神仙耶？宜察其妄。」又言：「李維以詞臣求換武職，非所以勵廉節。」前後所論甚衆。

帝既益習天下事，而太后猶未歸政，隨請軍國常務，專稟帝旨，又諫太后不宜數幸外家，太后不悅。會隨請外，出知濟州，改起居郎。久之，遷尚書刑部員外郎，入兼侍御史知雜事。上言：「比年庶官僥倖請託，或對見之際，涕泗祈恩，或績效甚微，衒鬻要賞。亦有藩翰之臣，位尊職重，表章不遜，請求靡厭。按察之司，燕安顧望，以容奸爲大體，以舉職爲近名，以巧詐爲賢，以恬退爲拙。以至貪殘者瀆于貨財，老疾者不知止足。請行申儆之法。」朝廷爲下詔戒中外。

未幾，權同判吏部流內銓，以長定格從事，吏不得爲奸。改三司鹽鐵副使。使契丹，以病足痺，辭不能拜。及還，爲有司劾奏，奪一官，出知信州，徙宜州，再遷工部郎中、知應天府。召爲戶部副使，改天章閣待制，不旬日卒。

隨與孔道輔、曹修古同時爲言事官，皆以淸直聞。隨臨事明鋭敢行，在蜀，人號爲「水晶燈籠」。初，使契丹還，會貶，而官收所得馬十五乘。既卒，帝憐其家貧，賜錢六十萬。

曹修古字述之，建州建安人。進士起家，累遷秘書丞、同判饒州。宋綬薦其材，召還，以太常博士爲監察御史。上四事，曰行法令、審故事、惜材力、辨忠邪，辭甚切至。又奏：「唐貞觀中，嘗下詔令致仕官班本品見任上，欲其知恥而勇退也。比有年餘八十，尙任班行，心力旣衰，官事何補。請下有司，敕文武官年及七十，上書自言，特與遷官致仕，仍從貞觀舊制，卽宿德勳賢，自如故事。」因著爲令。

修古嘗偕三院御史十二人晨朝，將至朝堂，黃門二人行馬不避，呵者止之，反爲所詈。修古奏：「前史稱，御史臺尊則天子尊。故事，三院同行與知雜事同，今黃門侮慢若此，請付所司劾治。」帝聞，立命笞之。晏殊以笏擊人折齒。修古奏：「殊身任輔弼，百僚所法，而忿躁亡大臣體。古者，三公不按吏，先朝陳恕於中書榜人，卽時罷黜。請正典刑，以允公議。」

司天監主簿苗舜臣等嘗言，土宿留參，太白晝見，詔日官同考定。及奏，以謂土宿留參，順不相犯；太白晝見，日未過午。舜臣等坐妄言災變被罰。修古奏言：「日官所定，希旨悅上，未足爲信。今罰舜臣等，其事甚小，然恐人人自此畏避，佞媚取容，以災爲福，天變不告，所損至大。」禁中以翡翠羽爲服玩，詔市於南越。修古以謂重傷物命，且眞宗時嘗禁採狨毛，故事未遠。命罷之。時頗崇建塔廟，議營金閣，費不可勝計，修古極陳其不可。久之，出知歙州，徙南劍州，復爲開封府判官。歷殿中侍御史，擢尙書刑部員外郎、知雜司事、權同判吏部流內銓。未踰月，會太后兄子劉從德死，錄其姻戚至於廝役幾八十人，龍圖閣直學士馬季良、集賢校理錢曖皆緣遺奏超授官秩，修古與楊偕、郭勸、段少連交章論列。太后怒，下其章中書。大臣請黜修古知衢州，餘以次貶。太后以爲責輕，命皆削一官，以修古爲工部員外郎、同判杭州，未行，改知興化軍。會赦復官，卒。

修古立朝，慷慨有風節。當太后臨朝，權倖用事，人人顧望畏忌，而修古遇事輒言，無所回撓。既沒，人多惜之。家貧，不能歸葬，賓佐賻錢五十萬。季女泣白其母曰：「奈何以是累吾先人也。」卒拒不納。太后崩，帝思修古忠，特贈右諫議大夫，賜其家錢二十萬，錄其壻劉勳爲試將作監主簿。修古無子，以兄子覲爲後。

覲知封州，儂智高亂，死之，見忠義傳。弟修睦，性廉介自立，與修古同時舉進士，有聲鄉里，累官尙書都官員外郎、知邵武軍。御史中丞杜衍薦以爲侍御史。歲餘，改司封員外郎，出知壽州，徙泉州。坐失舉，奪一官罷去。後以知吉州，不行，上書請老，不聽，分司南京，未幾致仕，年五十一。章得象表其高，詔還所奪官，卒。

曹氏自修古以直諒聞，其女子亦能不累於利，至覲，又能死其官，而修睦亦恬於仕進，不待老而歸，世以是賢之。

郭勸字仲褒，鄆州須城人。舉進士，授寧化軍判官，累遷太常博士、通判密州。特遷尚書屯田員外郎、梓州路轉運判官。以母老固辭，復爲博士、通判萊州。州民霍亮爲仇人誣罪死，吏受賕傅致之，勸爲辨理得免。擢殿中侍御史。

時宋綬出知應天府，杜衍在荆南，勸言：「綬有辭學，衍清直，不宜處外。」又言：「武勝軍節度使錢惟演遷延不赴陳州，覬望相位；弟惟濟任觀察使、定州總管，自請就遷留後；胡則以罪罷三司使，乃遷工部侍郎、集賢院學士。請趣惟演上道，罷惟濟兵權，追則除命。」又論劉從德遺奏恩濫，貶太常博士、監濰州稅〔三〕。

改祠部員外郎、知萊州。月餘，復爲侍御史、判三司鹽鐵勾院。郭皇后廢，議選納陳氏，勸進諫曰：「正家以正天下，自后妃始。郭氏非有大故，不當廢。陳氏非世閥，不可以儷宸極。」疏入，后已廢，而陳氏議遂寢。

遷兵部員外郎兼起居舍人、同知諫院。馬季良自貶所求致仕，朝廷從之。勸言：「致仕所以待賢者，豈負罪貶黜之人可得，請追還敕誥。」又言：「發運使劉承德獻輪扇浴器，大率以媚上也。請付外毀，以戒邪佞。」

趙元昊襲父位，以勸爲官告使，所遺百萬，悉拒不受。還，兼侍御史知雜事、權判流內銓，遷工部郎中、度支副使，拜天章閣待制、知延州。元昊將山遇率其族來歸，且言元昊將反。勸與兵馬鈐轄李渭議，自德明納貢四十年，有內附者未嘗留，乃奏卻之。是冬，元昊果反，遣其使稱僞官來。勸視其表函猶稱臣，因上奏曰：「元昊雖僭中國名號，然尚稱臣，可漸以禮屈之，願與大臣熟議。」遂落職知齊州，改淄州，數月，移磁州。元昊益侵邊，關陝擾攘，言者猶指勸不當絕山遇事，又降兵部員外郎。丁母憂，起復，知鳳翔府，尋復待制。

召權戶部副使，以龍圖閣直學士知滑州，再遷兵部郎中，徙滄州，又徙成德軍。盜起甘陵，徙鄆州。既而知成德軍韓琦言，勸所遣將張忠、劉遵，平賊功皆第一，特詔獎諭。未幾，召爲翰林侍讀學士，復判流內銓，改左諫議大夫、權御史中丞。遷給事中，辭不受，而請贈其祖萊陽令寧，遂以爲尚書祠部員外郎。

衞士有相惡者，陰置刃衣篋中，從勾當皇城司楊景宗入禁門，既而爲閽者所得，景宗輒隱不以聞。勸請先治景宗罪，章再上，不聽，又廷爭累日，卒貶景宗。祀明堂，將加恩中外官，勸就齋次，帥羣御史求對，不許，又極論之。是年，復爲侍讀學士、同知通進銀臺司。

勸性廉儉，居無長物。嘗謂諸子曰：「顏魯公云，『生得五品服章紱，任子爲齋郎，足矣。』」及再爲侍讀，曰：「吾起諸生，志不過郡守，今年七十，列侍從，可以歸矣。」遂用元日拜章，三上不得謝，賜銀使市田宅。後二年卒。

子源明，治平中，爲太常博士。會御史知雜事呂誨等奏彈中書議追崇濮安懿王典禮非是，被黜，以源明補監察御史裏行。源明乞免除命，請追誨等，遂聽免。後以職方員外郎知單州，卒。

段少連字希逸，開封人。其母嘗夢鳳集家庭，寤而生少連。及長，美姿表，倜儻有識度。舉服勤詞學，爲試祕書省校書郎、知崇陽縣。崇陽劇邑，自張詠爲令有治狀，其後惟少連能繼其風迹。權杭州觀察判官。預校道經，改秘書省著作佐郎，歷知蒙城、名山、金華三縣，以本省丞爲審刑院詳議官。張士遜守江寧，辟通判府事。還爲御史臺推直官，遷太常博士。論劉從德遺奏恩濫，降祕書丞、監漣水軍酒稅。復爲博士、通判天雄軍。

太后崩，召爲殿中侍御史，與孔道輔等伏閤言郭皇后不當廢，少連坐贖。復上疏曰：

「陛下親政以來，進用直臣，開闢言路，天下無不歡欣。一旦以諫官、御史伏閤，遽行黜責，中外皆以爲非陛下意。蓋執政大臣，假天威以出道輔、仲淹，而斷來者之說也。竊覩戒諭：『自今有章，宜如故事密上，毋得羣詣殿門請對。』且伏閤上疏，豈非故事，今遽絕之，則國家復有大事，誰敢旅進而言者。昔唐陽城王仲舒伏閤雪陸贄，崔元亮叩殿陛理宋申錫，前史以爲美事。今陛下未忍廢黜皇后，而兩府列狀議降爲妃，諫官、御史，安敢緘默。陛下深惟道輔等所言爲阿黨乎？爲忠亮乎？」疏入不報。

又上疏曰：

高明粹清，凝德無累者，天之道也。氛祲蔽翳，晦明偶差，乃陰陽之沴爾。象天德者，君之體也。治陰陽者，臣之職也。陛下秉一德、臨萬方，有生之類，莫不浸涵德澤。而氛祲蔽翳，偶差晦明，以累聖德者，由大臣懷祿而不諫，小臣畏罪而不言。臣獨何人，敢貢狂瞽。竊痛陛下履仁聖之具美，乏骨鯁之良輔，因成不忍之忿，又稽不遠之復。臣是以瀝肝膽，披情愫，爲陛下廓清氛祲蔽翳之累。

易曰：「夫夫婦婦而家道正，正家而天下定。」詩云：「刑于寡妻，以御于家邦。」若然，則君天下修化本者，莫不自內而刑外也。況聞入道降妃之議，出自臣下。且后妃有罪，黜則告宗廟，廢則爲庶人，安有不示之於天下，不告之於祖宗，而陰行臣下之議乎？且皇后以小過降爲妃，則臣下之婦有小過者，亦當降爲妾矣。比抗章請對，不蒙賜召，豈非奸邪之臣，離間陛下耶？臣等赴中書，時執政之臣，謂后有妬忌之行，始議入道，終降爲妃。僉云有上封者，慮后不利於聖躬，故築高垣，置在別館。臣等備言中外之議，以爲未可。願速降明詔，復中宮位號，以安民心。翌日詔出，乃云「中宮有過，掖庭具知，特示涵容，未行遽黜，置之別館，俾自省修，供給之間，一切如故。」臣未審黜置別館，爲后爲妃？詔書不言，安所取信。況皇后事陛下一紀有餘，而輔臣倉卒以降黜之議，惑於宸聽，搢紳循默，無敢爲陛下言者。臣所謂氛祲蔽翳，以累聖德者，蓋臣職有曠爾。

臣竊恐奸邪之人，引漢武幽陳皇后故事，以諂惑陛下。且漢武驕奢淫縱之主，固不足踵其行事。而爲人臣者，思致君如堯、舜，豈致君如漢武哉！今皇后置於別館，必恐懼修省，陛下仁恕之德，施於天下，而獨不加於中宮乎？願詔復中宮位號，杜絕非間，待之如初。天地以正，陰陽以和，人神共懽，豈不美哉。陛下苟爲邪臣所蔽，不加省察，臣恐高宗王后之枉，必見於他日，宮闈不正之亂，未測於將來，惟聖神慮焉。

未幾，除開封府判官，改尚書刑部員外郎、直集賢院，爲三司度支判官，出爲兩浙轉運副使〔三〕。舊使者所至郡縣，索簿書，不暇殫閱，往往委之吏胥，吏胥持以爲貨。少連命郡縣上簿書悉緘識，遇事間指取一二自閱，擿其非是者按之，餘不及閱者，全緘識以還。由是吏不能爲奸，而州縣簿書莫敢不治矣。部吏有過，召詰曰：「聞子所爲若此，有之乎？有當告我，我容汝自新；苟以爲無，吾不使善人被謗，卽爲汝辨明矣。」吏不敢欺，皆以實對。少連每得其情，諄諄戒飭使去，後有能自改過者，猶保任之。秀州獄死無罪人，時少連在杭，吏畏恐聚謀，僞爲死者服罪款，未及綴，屬少連已挐舟入城，訊獄吏，具服請罪，以爲神明。是時，鄭向守杭，無治才。訟者不服，往往自州出，徑趨少連；少連一言處決，莫不盡其理。

徙使淮南，兼發運司事，加兵部員外郎。又徙陝西。駙馬都尉柴宗慶知陝州，縱其下撓民，少連入境，劾奏之。入兼侍御史知雜事，踰月，爲三司度支副使〔四〕。河東地震，奉使安撫。還，擢工部郎中、天章閣待制、知廣州。時元昊反，范仲淹薦少連才堪將帥，遷龍圖閣直學士、知涇州，改渭州，命未至而卒。少連通敏有才，遇事無大小，決遣如流，不爲權勢所屈。既卒，仁宗歎惜之。

論曰：古人有言：「山有猛獸，藜藿爲之不採。」當天聖、明道間，天子富於春秋，母后稱制，而內外肅然，紀綱具舉，朝政亡大闕失，奸人不得以自肆者，繇言路得人故也。是時，孔道輔、鞠詠、劉隨、曹修古迭爲諫官、御史，郭勸、段少連繼之，皆侃侃正色，遇事輒言，雖被斥逐，不更其守。及帝旣親政，道輔、勸、少連復任言責，郭后之廢，引議慷慨，犯人主，責大臣，其氣益壯，遺風餘烈，天下至今稱之。詩所謂「邦之司直」，其庶幾歟！

校勘記

〔一〕定王　原作「安定王」，長編卷一〇六載劉隨此疏無「安」字。本書卷二四五周王元儼傳，「仁宗即位，拜太尉、尙書令兼中書令，徙節鎭安、忠武，封定王」。劉所說的就是此事，定王是指元儼，「安」字衍，據刪。

〔二〕監濰州稅　「濰州」原作「維州」，據長編卷一一〇、宋會要職官六四之三二改。

〔三〕出爲兩浙轉運副使　東都事略卷六〇本傳、范仲淹范文正公集卷一四段少連墓表都作「出爲兩浙轉運使」。

〔四〕三司度支副使　「三司」、「度支」原倒置，據同上書同卷同篇乙正。

宋史卷二百九十八

列傳第五十七

彭乘　嵇穎　梅摯　司馬池 子旦　從子里　曾孫朴　李及

燕肅 子度　孫瑛　蔣堂　劉夔　馬亮　陳希亮

彭乘字利建，益州華陽人。少以好學稱州里，進士及第。嘗與同年生登相國寺閣，皆瞻顧鄉關，有從宦之樂，乘獨西望，悵然曰：「親老矣，安敢舍晨昏之奉，而圖一身之榮乎！」翌日，奏乞侍養。居數日，授漢陽軍判官，遂得請以歸。久之，有薦其文行者，召試，爲館閣校勘。固辭還家，後復除鳳州團練推官。

天禧初，用寇準薦，爲館閣校勘，改天平軍節度推官。預校正南北史、隋書，改秘書省著作佐郎，遷本省丞、集賢校理。懇求便親，得知普州，蜀人得守鄉郡自乘始。普人鮮知學，乘爲興學，召其子弟爲生員敎育之。乘父卒，既葬，有甘露降于墓柏，人以爲孝感。服除，知荆門軍，改太常博士。召還，同判尙書刑部，出知安州，徙提點京西刑獄，改夔州路轉運使。會土賊田忠霸誘下溪州蠻將內寇，乘適按郡至境，大集邊吏，勒兵下山以備賊，賊遁去。因遣人間之，其黨斬忠霸，夷其家。召修起居注，擢知制誥，累遷工部郎中，入翰林爲學士，領吏部流內銓、三班院，爲羣牧使。旣病，仁宗勑太醫診視，賜以禁中珍劑。卒，賜白金三百兩。御史知雜何郯論請贈官，不許，詔一子給奉終喪。

初，修起居注缺中書舍人，而乘在選中，帝指乘曰：「此老儒也，雅有恬退名，無以易之。」及召見，諭曰：「卿先朝舊臣，久補外，而未嘗自言。」對曰：「臣生孤遠，自量其分，安敢過有所望。」帝頗嘉之。乘質重寡言，性純孝，不喜事生業。聚書萬餘卷，皆手自刊校，蜀中所傳書，多出於乘。晚歲，歷典贊命，而文辭少工云。

嵇穎字公實，應天宋城人。父適，嘗爲石首主簿。民有父子坐重繫，府檄適按之，抵其父於法，而子獲免。父死，假人言曰：「主簿，仁人也，行且生賢子，後必大。」明年穎生。

天聖中，進士及第，授蔡州團練判官。王曾知青州、徙天雄軍，皆辟爲從事。後用曾薦，遷太子中允，爲集賢校理。歷開封府推官、三司度支判官、同修起居注，擢知制誥，累遷尙書兵部員外郎。召入翰林爲學士，未及謝，卒。詔以告敕、襲衣、金帶、鞍勒馬賜其家。

穎舉進士，時王曾、張知白相繼爲南京留守，見穎謹厚篤學，謂其子弟曰：「若曹師表也。」張堯封嘗從穎學，所爲文，多留穎家。其後堯封女入禁中，爲修媛，甚被寵幸，令其弟化基詣穎，求編次其父稿，爲序以獻之。穎不答，亦不以獻。

梅摯字公儀，成都新繁人。進士，起家大理評事、知藍田上元縣，徙知昭州，通判蘇州。二浙饑，官貸種食，已而督償頗急，摯言借貸本以行惠，乃重困民，詔緩輸期。

慶曆中，擢殿中侍御史。時數有災異，引洪範上變戒曰：「『王省惟歲』，謂王總羣吏如歲，四時有不順，則省其職。今日食于春，地震于夏，雨水于秋。一歲而變及三時，此天意以陛下省職未至，而丁寧戒告也。伊、洛暴漲漂廬舍，海水入台州殺人民，浙江潰防，黃河溢埽，所謂『水不潤下』。陛下宜躬責修德，以回上帝之眷佑。陰不勝陽，則災異衰止，而盛德日起矣。」

徙開封府推官，遷判官。僧常瑩以簡札達宮人，輦官鄭玉醉呼，毆徼巡卒，皆釋不問，摯請悉杖配之。改度支判官，進侍御史。論石元孫「不死行陳，係縲以還，國之辱也，不斬無以厲邊臣。」再奏不報。李用和除宣徽使，加同中書門下平章事。摯言：「國初，杜審瓊亦帝舅也，官止大將軍；李繼隆累有戰功，晚年始拜使相。祖宗愼名器如此，今不宜亟授無功。」以戶部員外郎兼侍御史知雜事、權判大理寺。言：「權陝西轉運使張堯佐非才，繇宮掖以進，恐上累聖德。」及奏減資政殿學士員，召待制官同議政，復百官轉對。帝謂大臣曰：「梅摯言事有體。」以爲戶部副使。

會宴契丹使紫宸殿，三司副使當坐殿東廡下。同列有謂曲宴〔一〕例坐殿上，而大宴當止殿門外爾。因不卽坐，與劉湜、陳洎趨出。降知海州，徙蘇州，入爲度支副使。初，河北歲饑，三司益漕江、淮米餉河北。後江、淮饑，有司尙責其數，摯奏減之。

擢天章閣待制、陝西都轉運使。還判吏部流內銓，進龍圖閣學士、知滑州。州歲備河，調丁壯伐瀨葦，摯以疲民，奏用州兵代之。河大漲，將決，夜率官屬督工徒完隄，水不爲患，詔獎其勞。勾當三班院、同知貢舉。請知杭州，帝賜詩寵行。累遷右諫議大夫，徙江寧府，又徙河中，卒。

摯性淳靜，不爲矯厲之行，政迹如其爲人。平居未嘗問生業，喜爲詩，多警句。有奏議四十餘篇。

司馬池字和中，自言晉安平獻王孚後，征東大將軍陽葬安邑瀾洄曲，後魏析安邑置夏縣，遂爲縣人。池少喪父，家貲數十萬，悉推諸父，而自力讀書。時議者以蒲坂、竇津、大陽路官運鹽回遠聞，乃開峪口道，自聞喜逾山而抵垣曲，咸以爲便。池謂人曰：「昔人何爲捨逕而就迂，殆必有未便者。」衆不以爲然。未幾，山水暴至，鹽車人牛盡没入河，衆乃服。

舉進士，當試殿庭而報母亡，友匿其書。池心動，夜不能寐，曰：「吾母素多疾，家豈無有異乎？」行至宮城門，徘徊不能入。因語其友，而友止以母疾告，遂號慟而歸。後中第，授永寧主簿。出入乘驢。與令相惡，池以公事謁令，令南向踞坐不起，池挽令西向偶坐論事，不爲少屈。歷建德、郫縣尉。蜀人妄言戍兵叛，蠻將入寇，富人爭瘞金銀逃山谷間。令闆丘夢松假他事上府，主簿稱疾不出，池攝縣事。會上元張燈，乃縱民遊觀，凡三夕，民心遂安。

調鄭州防禦判官、知光山縣。禁中營造，詔諸州調竹木，州符期三日畢輸。池以土不產大竹，轉市蘄、黄，非三日可致，乃更與民自爲期，約過不輸者罪之，既而輸竹先諸縣。盛度薦於朝，改秘書省著作佐郎、監安豐酒稅，徙知小溪縣。劉燁知河南府，辟知司錄參軍事，歲餘，通判留守司。樞密使曹利用奏爲羣牧判官，辭不就，朝廷固授之。利用嘗委括大臣所負進馬價，池曰：「令之不行，由上犯之。公所負尙多，不先輸，何以趣他人。」利用驚曰：「吏給我已輸矣。」亟命送官，數日而諸負者皆入。利用貶，其黨畏罪，從而毀短者甚衆，池獨颺言于朝，稱利用枉，朝廷卒不問。

會詔百官轉對，池言：「唐制門下省，詔書之出，有不便者得以封還。今門下雖有封駁之名，而詔書一切自中書以下，非所以防過舉也。」內侍皇甫繼明給事章獻太后閤，兼領估馬司，自言估馬有羨利，乞遷官。事下羣牧司，閱無羨利。繼明方用事，自制置使以下皆欲附會爲奏，池獨不可。除開封府推官，敕至閤門，爲繼明黨所沮，罷知耀州。擢利州路轉運使、知鳳翔府。

召知諫院，上表懇辭。仁宗謂宰相曰：「人皆嗜進，而池獨嗜退，亦難能也。」加直史館，復知鳳翔。有疑獄上讞，大理輒復下，掾屬惶遽引咎。池曰：「長吏者政事所繇，非諸君過。」乃獨承其罪，有詔勿劾。岐陽鎭巡檢夜飲富民家，所部卒執之，俾爲約，不敢復督士卒，而後釋其縛；池捕首惡誅之，巡檢亦坐廢。

累遷尙書兵部員外郞，遂兼侍御史知雜事。嘗言：「陝西用兵無宿將，劉平好自用而少智謀，必誤大事。」後平果敗。更戶部度支、鹽鐵副使。歲滿，中書進名，帝曰：「是固辭諫官者。」擢天章閣待制、知河中府，徙同州，又徙杭州。

池性質易，不飾廚傳，剸劇非所長，又不知吳俗，以是謗譏聞朝廷。轉運使江鈞、張從革劾池決事不當十餘條，及稽留德音，降知虢州。初，轉運使既奏池，會吏有盜官銀器，械州獄，自陳爲鈞掌私廚，出所賣過半；又越州通判載私物盜稅，乃從革之姻，遣人私請。或謂池可舉劾以報仇，池曰：「吾不爲也。」人稱其長者。徙知晉州，卒。子旦、光，光自有傳。從子里。

旦字伯康。清直敏強，雖小事必審思，度不中不釋。以父任，爲秘書省校書郎，歷鄭縣主簿。鄭有婦鬬訟奪人田者，家多金錢，市黨胥吏，合爲奸謾，十年不決。旦取案一閱，情僞立見，黜吏十數輩，冤者以直。又井元慶豪欺鄉里，莫敢誰何，旦擒致于法。時旦年尙少，上下易之，自是驚服。吏捕蝗，因緣搔民。旦言：「蝗，民之仇，宜聽自捕，輸之官。」後著爲令。丁內外艱，服除，監饒州永平鑄錢監。知祁縣，天大旱，人乏食，羣盜剽敓，富家巨室至以兵自備。旦召富者開以禍福，於是爭出粟，減直以糶，猶不失其贏，飢者獲濟，盜患亦弭。

舉監在京百萬倉，時祁隸太原，以太原留，不召。通判乾州，未行，舉監在京雜物庫。知宜興縣，其民囂訟，旦每獄必窮根株，痛繩之，校繫縣門，民稍以詆冒爲恥。市貫大溪，貫昌朝所作長橋，壞廢歲久，旦勸民葺復，不勞而成。

時王安石守常州，開運河，調夫諸縣。旦言：「役大而亟，民有不勝，則其患非徒不可就而已。請令諸縣歲遞一役，雖緩必成。」安石不聽。秋，大霖雨，民苦之，多自經死，役竟罷。歷知梁山軍、安州。旦治郡有大體，所施設，取於適理便事。再監鳳翔太平宮，以熙寧八年致仕。歷官十七遷，至太中大夫。元祐二年，卒，年八十二。

旦澹薄無欲，奉養苟完，人不見其貴。與弟光尤友愛終始，人無間言。光居洛，旦居夏縣，皆有園沼勝概。光歲一往省旦，旦亦間至洛視光。凡光平時所與論天下事，旦有助焉。及光被門下侍郎召，固辭不拜。旦引大義語之曰：「生平誦堯、舜之道，思致其君，今時可而違，非進退之正也。」光幡然就位。方是時，天下懼光之終不出，及聞此，皆欣然稱旦曰：「長者之言也。」

英宗即位，例以親屬入賀得官，時旦在梁山，諸孫未仕者皆不遣，惟遣其從兄子稟。旦與人交以信義，喜周其急。嘗有以罪免官貧不能存者，月分俸濟之，其人無以報，願以女爲妾。旦驚謝之，亟出妻奩中物使嫁之。旦生於丙午，與文彥博、程公珦、席汝言爲同年會，賦詩繪像，世以爲盛事，比唐九老。三子：良，試將作監主簿；富，承議郎、陝州通判；宏，陳留令。宏子朴。

里字昭遠。進士釋褐，授威勝軍判官，改大理寺丞。龐籍爲鄜延經略使，奏通判鄜州。州將武人，不法，里平居與之驩甚，臨事正色力爭，不少假借。性廉靜質直，所至有惠政。每罷官，至京師，未嘗有所謁覲。審官榜久闕，人所不取者，乃受之而去。後知乾州，爲太常少卿而卒。

朴字文季，少育于外祖范純仁。紹聖黨事起，父宏上書論辨得罪。純仁責永州，疾失明，客至，必令朴導以見。時方七歲，進揖應對如成人，客皆驚歎。以純仁遺恩爲官。宏死，徒跣負柩還。調晉寧軍士曹參軍。通判不法，轉運使王似諷朴伺其過，朴不可，曰：「下吏而陷長官，不唯亂常，人且不食吾餘矣，死不敢奉敎。」似賢而薦之。

靖康初，入爲虞部、右司員外郎。金人次汴郊，命朴使之。二酋問朴家世，具以告。喜曰：「賢者之後也。」待之加禮，乃吐腹心，諭以亟求講解。朴復命，任事者疑不決。都城陷，欽宗思朴之言，以爲兵部侍郎。二帝將北遷，又貽書請存立趙氏，金人憚之，挾以北去，且悉取其孥。開封儀曹趙鼎，爲匿其長子倬於蜀，故得免。

建炎登極，赦至燕，朴私令齎詣徽宗，爲人所告。金主憐其忠，釋之。徽宗崩，朴與奉使宋弁在燕共議制服，弁欲先請，朴曰：「爲臣子聞君父喪，當致其哀，尙何請。設請而不許，奈何？」遂服斬衰，朝夕哭。金人亦義而不問。又遣宋松年間行，以金人情實歸報。宋因王倫出使，持黃金賜朴。倫還，言金命朴爲行臺左丞，朴辭而止，益重之。後卒於眞定。訃聞，詔稱其忠節顯著，贈兵部尙書，謚曰忠潔。

李及字幼幾，其先范陽人，後徙鄭州。父覃，左拾遺。及舉進士，再調昇州觀察推官。寇準薦其才，擢大理寺丞、知興化軍。以殿中丞通判曹州。州民趙諫者，素無賴，持郡短長，縱爲奸利。及受命，諫在京師，乃謁及，及不之見，慢罵而去，投匿名書誣及，因以毀朝政。會上封者發諫事，命轉運使與及察其狀。及條上諫前後所爲不道，詔御史劾得其實，斬於都市，及由是知名。擢知隴州。

初，置提點刑獄，內出及與陳綱二人名付中書。明日，以綱使河北，及使陝西，特遷一官。還判三司磨勘司，出知鳳翔府，徙延州，除三司戶部副使，爲淮南轉運使，累遷太常少卿、知秦州。議者以及謹厚，非守邊才。及至秦州，州將吏亦頗易之。會有禁卒白晝攫婦人金釵於市，吏執以來。及方坐觀書，召之使前，略加詰問，其人服罪。及亟命斬之，觀書如故，於是將士皆驚服。改左司郎中、樞密直學士，以右諫議大夫召還，勾當三班院，再遷尙書工部侍郎，歷知杭州鄆州、應天河南府，召拜御史中丞。卒，年七十。特贈禮部尙書，謚恭惠。

及資質淸介，所治簡嚴，喜慰薦下吏，而樂道人之善。在杭州，惡其風俗輕靡，不事宴游。一日，冒雪出郊，衆謂當置酒召客，乃獨造林逋淸談，至暮而歸。居官數年，未嘗市吳中物。比去，唯市白樂天集。在河南，杜衍爲提點刑獄，間與衍會，而具甚疏薄。他日，中貴人用事者至，亦無加品，衍歎其淸德。娶張氏，性嫉悍。及嘗生子，鞠之外舍，張固請歸保養之，乃會親屬，以子擊堂柱，碎其首。及遂無子，以弟之子爲後。

燕肅字穆之，青州益都人。父峻，慷慨任俠，楊光遠反時，率其屬迎符彥卿，遂家曹州。肅少孤貧，游學。舉進士，補鳳翔府觀察推官。寇準知府事，薦改秘書省著作佐郎、知臨邛縣。縣民嘗苦吏追擾，肅削木爲牘，民訟有連逮者，書其姓名，使自召之，皆如期至。知考城縣，通判河南府。召爲監察御史，準方知河南，奏留之。遷殿中侍御史〔二〕、提點廣南西路刑獄，遷侍御史，徙廣南東路。還，爲丁謂所惡，出知越州。徙明州，俗輕悍喜鬥，肅下令獨罪先毆者，於是鬥者爲息。直昭文館，爲定王府記室參軍，判尙書刑部。建言：「京師大辟一覆奏，而州郡之獄有疑及情可憫者上請，多爲法司所駁，乃得不應奏之罪。願如京師，死許覆奏。」遂詔疑獄及情可憫皆上請，語在刑法志。其後大辟上請者多得貸，議自肅始。

擢龍圖閣待制、權知審刑院、知梓州，還，同糾察在京刑獄，再判刑部，累遷左諫議大夫、知亳州，徙靑州〔三〕。屬歲歉，命兼京東安撫使。入判太常寺兼大理寺，復知審刑。肅言：「舊太常鐘磬皆設色，每三歲親祠，則重飾之。歲既久，所塗積厚，聲益不協。」乃詔與李照、宋祁同按王朴律，卽劀滌考擊，合以律準，試於後苑，聲皆協。又詔與章得象、馮元詳刻漏。進龍圖閣直學士、知潁州，徙鄧州。官至禮部侍郎致仕，卒。

肅喜爲詩，其多至數千篇。性精巧，能畫，入妙品，圖山水罨布濃淡，意象微遠，尤善爲古木折竹。嘗造指南、記里鼓二車及欹器以獻，又上蓮花漏法。詔司天臺考於鐘鼓樓下，云不與崇天曆合。然肅所至，皆刻石以記其法，州郡用之以候昏曉，世推其精密。在明州，爲海潮圖，著海潮論二篇。子度，孫瑛。

度字唐卿。登進士第，知陳留縣。京東蝗，年飢盜發，度勸邑豪出粟六萬以濟民，又行保伍法以察盜，善狀日聞。通判永興軍。三司使王堯臣舉爲戶部判官，以伐閱淺，始命權發遣，遂爲故事。

出知滑。滑與黎陽對境，河埽下臨魏都，霖潦暴至，薪芻不屬。度曰：「魏實爲河朔根本，不可坐視成敗。」悉以所儲茭楗禦之，埽賴以不潰。復爲戶部判官。歲皇祐甲午，益州言：「歲在甲午，蜀再亂，今又値之，民爲戚戚。」乃命度出使備不虞，還奏無足慮。權河北轉運副使，六塔河決，坐貶秩知蔡州，徙福州。閩故多盜，度請假事權制攝一道，遂加兵馬鈐轄。入爲戶部副使，以右諫議大夫知潭州。卒，年七十。

度有心計，凡六佐大農。慶曆中，三司請榷河北鹽。度言：「川峽不榷酒，河北不禁鹽，此祖宗順民俗，不易之制也，榷之非是。」會張方平亦論之，議遂寢。

瑛字仁叔，以蔭爲瑕丘尉。縣人習爲盜，瑛榜諭曰：「今平民或呼以盜，必怒見詞色，顧乃舍耕稼本業，爲人所不肯爲者。及陷於罪，則終身不齒於鄉閭，尉不忍以是待汝。」盜感悟，爲稍弭。累遷太府丞、開封少尹。歷廣東轉運判官，進副使，加直秘閣。時方尙老氏教，瑛言：「守臣任滿考課，乞以興崇教法、拯葺道宮爲善最。」從之。連進直龍圖閣。

時瑛在嶺嶠七年，括南海犀珠、香藥，奉宰相內侍，人目之爲「香燕」。遂以徽猷閣待制提舉醴泉觀，拜戶部侍郎。徽宗賜書「仁人義士之家」以表之，蓋取王安石頌其曾大父肅詩語也。轉開封尹，賜進士出身，兼侍讀，且將大用。後以御史言瑛不能撥煩戢奸吏，致賊殺不辜，罷爲龍圖閣直學士。未數月，爲戶部尚書。

靖康初，以龍圖閣學士知河陽。金兵入寇，三城當兵衝，瑛至，未及備，而兵騎大集，乘銳攻城，瑛不能禦，將出奔，爲亂兵所害，年五十。建炎初，賜端明殿學士。

蔣堂字希魯，常州宜興人。擢進士第，爲楚州團練推官。滿歲，吏部引對，眞宗覽所試判，善之，特授大理寺丞、知臨川縣。縣富人李甲多爲不法，前令莫能制，堂戒諭不悛，白州以兵索其家，得僭乘輿物，置于死。

歷通判眉、許、吉、楚州，以太常博士知泗州，召爲監察御史。禁中火，有司請究所起，多引宮人屬吏。堂言：「火起無迹，安知非天意也，陛下宜修德應變。有司乃欲歸咎宮人，以之屬吏，何求不可，而遂賜之死，是重天譴也。」詔原之。論奏郭皇后不當廢，坐贖。再遷侍御史、判三司度支勾院，出爲江南東路轉運使，徙淮南，兼江、淮發運事。

時廢發運使，上封者屢以爲非便。堂言：「唐裴耀卿、劉晏、第五琦、李巽、裴休，皆嘗爲江淮、河南轉運使，不聞別置使名。國朝卞袞、王嗣宗、劉師道，亦止爲轉運兼領發運司事，而歲輸京師常足。」時雖用其議，後卒復。在江、淮，歲薦部吏二百人。或謂曰：「一有謬舉，且得罪，何以多爲？」堂曰：「十得二三，亦足報國。」坐失按蘄州王蒙正故入部吏死罪，降知越州。州之鑑湖，馬臻所爲，溉田八千頃，食利者萬家，前守建言聽民自占，多爲豪右所侵，堂奏復之。

徙蘇州，入判刑部，徙戶部勾院，歷戶部、度支、鹽鐵副使，安撫梓夔路，擢天章閣待制、江淮制置發運使。先是，發運使上計，造大舟數十，載江、湖物入遺京師權貴，堂曰：「吾豈爲此，歲入自可附驛奏也。」前後五年，未嘗一至京師。就除河東路都轉運使，未行，知洪州。改應天府，累遷左司郎中、知杭州，以樞密直學士知益州。

慶曆初，詔天下建學。漢文翁石室在孔子廟中，堂因廣其舍爲學宮，選屬官以教諸生，士人翕然稱之。楊日嚴在蜀，有能名，堂素不樂之。於是節遊宴，減廚傳，專尚寬縱，頗變日嚴之政。又建銅壺閣，其制宏敞，而材不預具，功既半，乃伐喬木于蜀先主惠陵、江瀆祠，又毀后土及劉禪祠，蜀人浸不悅，獄訟滋多。久之，或以爲私官妓，徙河中府，又徙杭州、蘇州。以尚書禮部侍郎致仕，卒，特贈吏部侍郎。

堂爲人淸修純飭，遇事毅然不屈，貧而樂施。好學，工文辭，延譽晚進，至老不倦，尤嗜作詩，有吳門集二十卷。

劉夔字道元，建州崇安人。進士中第，補廣德軍判官，累遷尚書屯田員外郎，權侍御史。李照改製大樂鐘磬，夔以爲：「樂之大本，與政化通，不當輕易其器。願擇博學之士以補卿、丞，凡四方妄獻說以要進者，請一切罷之。」帝善其言。

歷三司戶部判官，判度支勾院，江西、兩浙、淮南轉運使，加直史館、知陝州，改太常少卿、知廣州。所至有廉名。權三司度支副使。桂陽監蠻唐和寇邊，以右諫議大夫、龍圖閣直學士知潭州，兼湖南安撫使。初至，遣人諭蠻酋使降；不從，乃舉兵擊敗和于銀江源，進破其巢穴，蠻逃遁遠去。前將以帛購蠻首，至是有持首取購者，按問，乃輒殺平民，誅之而罷購，州境獲安。還，權判吏部流內銓、知審刑院。

河北大水，民流入京東爲盜，詔增京東守備。帝問誰可守鄆者，宰相以夔對，進給事中、樞密直學士以往。至鄆，發廩振飢，民賴全活者甚衆，盜賊衰息，賜書褒諭。大臣議欲修復河故道，夔極言其不可，遂罷。遷工部侍郎、知福州。請解官入武夷山爲道士，弗許。知建州，尋告老，遂以戶部侍郎致仕。英宗即位，遷吏部。卒，年八十三。

夔嘗過江東，見二四繫累年矣。問之，曰：「前此殺吉州掾徐咸，疑二人者。」夔爲言於朝，釋之，後果得眞盜。嘗遇隱者，得養生術，遂蔬食及獨居，退處一閤，家人罕見其面。至老，手足耳目強明，如少壯時。不治財產，所收私田有餘穀，則以振鄉里貧人。前死數日，自作遺表，以祿賜所餘分親族。告其家人曰：「某日，吾死矣。」如期而死。無子。

馬亮字叔明，廬州合肥人。舉進士，爲大理評事、知蕪湖縣，再遷殿中丞、通判常州。吏民有因緣亡失官錢，籍其貲猶不足以償，妻子連逮者至數百人。亮縱去，緩與之期，不踰月，盡輸所負。羅處約使江東，以亮治行聞，擢知濮州。

會諸路轉運司置糾察刑獄官，以福建路命亮，覆訊寃獄，全活者數十人。遷太常博士、知福州。蘇易簡薦亮才任繁劇，召還，同提點三司都勾院、磨勘憑由司。久之，出知饒州。州豪白氏多執吏短長，嘗殺人，以赦免，愈驁橫，爲閭里患，亮發其奸，誅之，部中畏懾。州有鑄錢監，匠多而銅錫不給，亮請分其工之半，別置監于池州，歲增鑄緡錢十萬。遷殿中侍御史。

眞宗卽位，上書言：「陛下初政，軍賞宜速，而所在不時給，請遣使分督之。又赦書蠲除州縣逋負，而有司趣責愈急，宜如赦推恩以寬民。故事，以親王尹開封，地尊勢重，嫌隙易生，願鑒其繇，以示保全親愛之道。契丹仍歲南侵，河朔蕭然，請修好以息邊民。」帝善其言，以亮爲可用。

王均反，以爲西川轉運副使。賊平，主將邀功，誅殺不已，亮全活千餘人。城中米斗千錢，亮出廩米裁其價，人賴以濟。召問蜀事，會械送賊詿誤者八十九人至闕下，執政欲盡誅之。亮曰：「愚民脅從，此特百之一二，餘竄伏山林者衆。今不貸之，反側之人，聞風疑懼，一唱再起，是滅一均、生一均也。」帝悟，悉宥之。加直史館，復遣還部。

時諸州鹽井，歲久泉涸，而官督所負課，繫捕者州數百人。亮盡釋繫者，而奏廢其井，又除屬部舊逋官物二百餘萬。還知潭州，屬縣有亡命卒剽攻，爲鄉閭患，人共謀殺之。事覺，法當死者四人，亮咸貸之，曰：「爲民去害，而反坐以死罪，非法意也。」徙昇州。行次江州，屬歲旱民飢，湖湘漕米數十舟適至，亮移文守將，發以振貧民。因奏：「瀕江諸郡皆大歉，而吏不之救，願罷官糴，令民轉粟以相賙。」

以右諫議大夫知廣州。時宜州陳進初平，而澄海兵從進反者家屬二百餘人，法當配隸，亮悉置不問。鹽戶逋課，質其妻子於富室，悉取以還其家。海船久不至，使招來之，明年，至者倍其初，珍貨大集，朝廷遣中使賜宴以勞之。是歲東封，亮敦諭大食陀婆離、蒲含沙貢方物泰山下。

歷知虔洪二州、江陵府，再遷尙書工部侍郞，復知昇州，徙杭州，加集賢院學士。先是，江濤大溢，調兵築堤而工未就，詔問所以捍江之策。亮禱詔禱伍員祠下〔四〕，明日，潮爲之却，出横沙數里，隄遂成。入爲御史中丞。建言：「士民父祖未葬而析居，請自今未葬者，毋得輒析。」明年，改兵部侍郞、知廬州，徙江陵，又徙江寧府。仁宗初，拜尙書右丞，復知廬州，召判尙書都省兼知審刑院，遷工部尙書、知亳州，又遷江寧府，以太子少保致仕，卒，贈尙書右僕射。

亮有智略，敏於政事，然其所至無廉稱。呂夷簡少時，從其父蒙亨爲縣福州，亮見而奇之，妻以女。妻劉恚曰：「嫁女當與縣令兒邪？」亮曰：「非爾所知也。」陳執中、梁適爲京官，田況、宋庠及其弟祁爲童子時，亮皆厚遇之，曰：「是後必大顯。」世以亮爲知人。亮卒，時夷簡在相位，有司謚曰忠肅，人不以爲是也。子仲甫，爲天章閣待制。

陳希亮字公弼，其先京兆人。唐廣明中，違難遷眉州靑神之東山。希亮幼孤好學，年十六，將從師，其兄難之，使治錢息三十餘萬。希亮悉召取錢者，焚其劵而去。業成，乃召兄子庸、諭使學，遂俱中天聖八年進士第，里人表其閭曰「三儁」。

初爲大理評事、知長沙縣。有僧海印國師，出入章獻皇后家，與諸貴人交通，恃勢據民地，人莫敢正視，希亮捕治寘諸法，一縣大聳。郴州竹場有僞爲券給輸戶送官者，事覺，輸戶當死，希亮察其非辜，出之，已而果得其造僞者。再遷殿中丞，徙知鄠縣〔五〕。老吏曹腆侮法，以希亮年少，易之。希亮視事，首得其罪。腆叩頭出血，願自新，希亮戒而捨之，卒爲善吏。巫覡歲斂民財祭鬼，謂之春齋，否則有火災；民訛言有緋衣三老人行火。希亮禁之，民不敢犯，火亦不作。毀淫祠數百區，勒巫爲農者七十餘家。及罷去，父老送之出境，泣曰：「公去我，緋衣老人復出矣。」遷太常博士。有言郴獄活人死罪，賜五品服。

初，蜀人官蜀，不得通判州事。希亮以母老，願折資爲縣侍親，於是知臨津縣。母終，服除，爲開封府司錄司事。福勝塔火，官欲更造，度用錢三萬，希亮言：「陝西用兵，願以此餽軍。」詔罷之。青州民趙禹上書，言趙元昊必反，宰相以禹狂言，徙建州，元昊果反。禹訟所部，不受，亡至京自理，宰相怒，下開封獄。希亮言禹可賞不可罪，爭不已。上釋禹，賞爲徐州推官，且欲以希亮爲御史。會外戚沈元吉以奸盜殺人，希亮一問得實，自驚仆死，沈氏訴之，詔御史劾希亮及諸掾吏。希亮曰：「殺此賊者獨我耳。」遂引罪坐廢。

期年，盜起京西，殺守令，富弼薦希亮可用，起知房州。州素無兵備，民凜凜欲亡去，希亮以牢城卒雜山河戶，得數百人。日夜部勒，聲振山南，民恃以安。殿侍雷甲以兵百餘人逐盜竹山，甲不能戢，所至爲暴。或疑爲盜，告希亮盜入境，且及門。希亮卽勒兵阻水拒之，命持滿無得發，士皆植立如偶人。甲射之，不動，乃下馬拜請死，曰：「初不知公官軍也。」吏士皆欲斬甲以狥，希亮獨治爲暴者十餘人，使甲以捕盜自贖。

時劇賊党軍子方張，轉運使使供奉官崔德贇捕之。德贇旣失党軍子，遂圍竹山民賊所嘗舍者曰向氏，殺父子三人，梟首南陽市。曰：「此党軍子也。」希亮察其寃，下德贇獄，未服。党軍子獲於商州，詔賜向氏帛，復其家，流德贇通州。或言華陰人張元走夏州，爲元昊謀臣。詔徙其族百餘口於房，幾察出入，飢寒且死。希亮曰：「元事虛實不可知，使誠有之，爲國者終不顧家，徒堅其爲賊耳。此又皆其疏屬，無罪。」乃密以聞，詔釋之。老幼哭希亮庭下曰：「今當還故鄉，然奈何去父母乎？」遂畫希亮像祠焉。

代還，執政欲以爲大理少卿，希亮曰：「法吏守文，非所願，願得一郡以自效。」乃以爲宿州。州跨汴爲橋，水與橋爭，常壞舟。希亮始作飛橋，無柱，以便往來。詔賜縑以褒之，仍下其法，自畿邑至于泗州，皆爲飛橋。

皇祐元年，移滑州。奏事殿上，仁宗勞之曰：「知卿疾惡，無懲沈氏子事。」未行，詔提舉河北便糴。都轉運使魏瓘劾希亮擅增損物價。已而瓘除龍圖閣學士、知開封府，希亮乞廷辨。旣對，仁宗直希亮，奪瓘職知越州，且欲用希亮。希亮言：「臣與轉運使不和，不得爲無罪。」力請還滑。會河溢魚池埽，且決，希亮悉召河上使者，發禁兵捍之。廬於所當決，吏民涕泣更諫，希亮堅臥不動，水亦去，人比之王尊。

是歲，盜起宛句，晝劫張郭鎮，執濮州通判井淵。仁宗以爲憂，問執政可用者。未及對，仁宗曰：「朕得之矣。」乃以希亮爲曹州。不踰月，悉擒其黨。

淮南飢，安撫、轉運使皆言壽春守王正民不任職，正民坐免，詔希亮乘傳代之。轉運使調里胥米而蠲其役，凡十三萬石，謂之折役米。米翔貴，民益飢。希亮至，除之，且表其事，旁郡皆得除。又言正民無罪，職事辦治。詔復以正民爲鄂州。

久之，徙知廬州。虎翼軍士屯壽春者，以謀反誅，遷其餘不反者數百人於廬，皆自疑不安。一日，有竊入府舍將爲不利者。希亮笑曰：「此必醉耳。」貸而流之，盡以其餘給左右使令，且以守倉庫。人爲之懼，希亮益加親信，皆感德，指心誓爲希亮死。改提點刑獄江東，遷度支郎中，徙河北。

嘉祐二年，入爲開封府判官，改判三司戶部勾院。朝廷以三司事冗，簿書留滯，乃命希亮又兼開拆司。榮州鬻鹽凡十八井，歲久澹竭，有司責課如初，民破產籍沒者三百餘家。希亮爲言，還其所籍，歲蠲三十餘萬斤。三司簿書滯留者，自天禧以來，末帳六百有四，明道以來，生事二百一十二萬，希亮日夜課吏，凡九月，去其三之二。度支吏不時勾，希亮杖之。副使以希亮擅決罰，由是事復滯。

會接伴契丹使還，自請補外，乃以爲京西轉運使，賜三品服。石塘河役兵叛，其首周元自稱周大王，震動汝、洛間。希亮聞之，即日輕騎出按，吏請以兵從，希亮不許。其賊二十四人道遇希亮，以希亮輕出，意色閑和，不能測，遂相與列訴道周。希亮徐問其所苦，命一老兵押之，曰：「以是付葉縣，聽吾命。」既至，令曰：「汝以自首，皆無罪，然必有首謀者。」衆不敢隱，乃斬元以狥，流軍校一人，餘悉遣赴役如初。

遷京東轉運使。濰州〔六〕參軍王康赴官，道博平，大猾有號「截道虎」者，毆康及其女幾死，吏不敢問。希亮移捕甚急，卒流海島；又劾吏故縱，坐免者數人。徐州守暴苛，以細過籍民產數十家，獲小盜，使必自誣抵死。希亮言其狀，卒以廢去。

數上章請老，不允，移知鳳翔。倉粟支十二年，主者以腐敗爲憂，歲飢，希亮發十二萬石貸民。有司懼爲擅發，希亮身任之。是秋大熟，以新易舊，官民皆便。于闐使者入朝，過秦州，經略使以客禮享之。使者驕甚，留月餘，壞傳舍什器，縱其徒入市掠飲食，民戶皆晝閉。希亮聞之曰：「吾嘗主契丹使，得其情。使者初不敢暴橫，皆譯者教之，吾痛繩以法，譯者懼，其使不敢動矣。況此小國乎？」乃使教練使持符告譯者曰：「入吾境，有秋毫不如法，吾且斬若。」取軍令狀以還。使者至，羅拜庭下，希亮命坐兩廊飲食之，護出其境，無一人諱者。

英宗卽位，遷太常少卿。獄有盜，法當死，僚官持不可。久之，盜殺守吏遁去。希亮以前議讞于朝，而希亮之議是。僚官懼，欲以事中希亮，希亮自顧無有其事。始，州郡以酒相餉，例皆私有之，而法不可。希亮以遺游士之貧者，旣而曰：「此亦私也。」以家財償之。遂借此上書自劾，求去不已，坐是分司西京。未幾致仕，卒，年六十四。希亮嘗夢異人按圖而告之年，至是果然。贈工部侍郎。

希亮爲人清勁寡欲，不假人以色，自王公貴人，皆嚴憚之。見義勇發，不計禍福。所至，奸民猾吏，易心改行，不改者必誅。然出於仁恕，故嚴而不殘。少與蜀人宋輔游，輔卒於京，母老，子端平幼，希亮養其母終身，以女妻端平，使同諸子學，卒登進士第。

四子。忱〔七〕，度支郎中。恪，滑州推官。恂，大理寺丞。慥字季常，少時使酒好劍，用財如糞土，慕朱家、郭解爲人，閭里之俠皆宗之。在岐下，嘗從兩騎挾二矢與蘇軾遊西山。鵲起於前，使騎逐而射之，不獲，乃怒馬獨出，一發得之。因與軾馬上論用兵及古今成敗，自謂一世豪士。稍壯，折節讀書，欲以此馳騁當世，然終不遇。洛陽園宅壯麗與公侯等，河北有田歲得帛千匹，晚年皆棄不取。遯於光、黃間，曰岐亭。庵居蔬食，徒步往來山中，妻子奴婢皆有自得之意，不與世相聞，人莫識也。見其所著帽方屋而高，曰：「此豈古方山冠之遺像乎？」因謂之「方山子」。及蘇軾謫黃，過岐亭，識之，人始知爲慥云。

論曰：乘雅恬退，穎不阿貴戚，有儒者之風。摯淳靜而不矯，池質易而長厚，肅議法平恕，及、堂、夔淸修自守，蓋侍從之選也。希亮爲政嚴而不殘，其良吏與。馬亮饒才智而寡廉稱，士論以此惜之。

校勘記

〔一〕曲宴　原作「典宴」，長編卷一六〇作「曲燕」；趙升朝野類要卷一說：「有旨內苑留臣下賜宴，謂之曲宴，與大宴不同之義也。」作「曲宴」是。據改。

〔二〕殿中侍御史　「殿」字原脫，據本書卷一六四職官志、東都事略卷六〇本傳補。

〔三〕徙青州　「青州」原作「淸州」。宋代淸州在河北路，而於京東路置有青州，爲京東東路安撫使治所，見本書卷八五地理志。宋會要職官四一之七九：「凡諸路安撫之名，並以逐州知州充。」本傳下文有「屬歲歉，命兼京東安撫使。」則燕肅所徙當是青州無疑。據改。

〔四〕褒　原作「襃」。按琬琰集中編卷一晏殊馬亮墓誌銘記此事，作「公至部，例謁伍員之廟，躬袖詔檢示於晬像」。「晬」當是「睟」之誤寫，漢書卷九三董賢傳顏師古注：「睟古袖字。」今改。

〔五〕鄠縣　當作「雩都」。按蘇軾蘇東坡集前集卷三三陳公弼傳、琬琰集中編卷三一陳希亮墓誌銘都作「雩都」，後者並明載是「虔州雩都」。鄠縣屬京兆府，雩都屬虔州，分別見本書卷八七、八八地理志。此誤。

〔六〕濰州　原作「維州」，蘇東坡集前集卷三三陳公弼傳、琬琰集中編卷三一陳希亮墓誌銘都作「濰州」。按本書卷八五地理志，濰州屬京東路，和陳希亮當時任職地區相符，據改。

〔七〕恍　原作「悅」，據蘇東坡集前集卷三三陳公弼傳、琬琰集中編卷三一陳希亮墓誌銘改。

宋史卷二百九十九

列傳第五十八

狄棐 子遵度　郎簡　孫祖德　張若谷　石揚休　祖士衡
李垂　張洞　李仕衡　李溥　胡則　薛顏　許元　鍾離瑾
孫沖　崔嶧　田瑜　施昌言

狄棐字輔之，潭州長沙人。少隨父官徐州，以文謁路振，振器愛之，妻以女。舉進士中科，以大理評事知分宜縣。歷開封府司錄，知壁州。道長安，爲寇準所厚，準復入相，乃薦通判益州。擢開封府判官，歷京西益州路轉運、江淮制置發運使，累遷太常少卿、知廣州，加直昭文館。代還，不以南海物自隨，人稱其廉。拜右諫議大夫、龍圖閣直學士、權判吏部流內銓，出知滑州，進給事中，徙天雄軍。會給郊賞帛不善，士卒讙譟趣府門，棐不能治。事聞，命侍御史劉夔按視，未及境，衆不自安。棐馳白夔，請給以行河事。夔至，與轉運使李絳誅首惡數人。棐坐罷懦，降知隨州，徙同州。勾當三班院，進樞密直學士，歷知陝、鄭州、河中河南府，復判流內銓。出知揚州，未行，卒。

有狄國賓者，仁傑之後，分仁傑告身與棐，棐奏錄國賓一官，而自稱仁傑十四世孫。棐在河中時，有中貴人過郡，言將援棐於上前。棐答以他語，退謂所親曰：「吾湘潭一寒士，今官侍從，可以老而自汚耶？」其爲政愷悌，不爲表襮，死之日，家無餘貲。

子遵度，字元規。少穎悟，篤志於學。每讀書，意有所得，即仰屋瞪視，人呼之，弗聞也。少舉進士，一斥於有司，恥不復爲。以父任爲襄縣主簿，居數月，棄去。好爲古文，著春秋雜說，多所發明。嘗患時學靡敝，作擬皇太子册文、除侍御史制、裴晉公傳，人多稱之。尤嗜杜甫詩，嘗讚其集。一夕，夢見甫爲誦世所未見詩，及覺，纔記十餘字，遵度足成之，爲佳城篇。後數月卒。有集十二卷。

郎簡字叔廉，杭州臨安人。幼孤貧，借書錄之，多至成誦。進士及第，補試秘書省校書郎、知寧國縣，徙福清令。縣有石塘陂，歲久湮塞，募民浚築，溉廢田百餘頃，邑人爲立生祠。調隨州推官。及引對，眞宗曰：「簡歷官無過，而無一人薦，是必恬於進者。」特改秘書省著作佐郎、知分宜縣，徙知賓州。縣吏死，子幼，贅壻僞爲劵冒有其貲。及子長，屢訴不得直，乃訟于朝。下簡劾治，簡示以舊牘曰：「此爾翁書耶？」曰：「然。」又取僞劵示之，弗類也，始伏罪。

徙藤州，興學養士，一變其俗，藤自是始有舉進士者。通判海州，提點利州路刑獄。官罷，知泉州。累遷尚書度支員外郎、廣南東路轉運使，擢秘書少監、知廣州，捕斬賊馮佐臣。入判大理寺，出知越州，復歸判尚書刑部，出知江寧府，歷右諫議大夫、給事中、知揚州，徙明州。以尚書工部侍郎致仕。祀明堂，遷刑部。卒，年八十有九，特贈吏部侍郎。

簡性和易，喜賓客。即錢塘城北治園廬，自號武林居士。道引服餌，晚歲顏如丹。尤好醫術，人有疾，多自處方以療之，有集驗方數十，行于世。一日，謂其子絜曰：「吾退居十五年，未嘗小不懌，今意倦，豈不逝歟？」就寢而絕。幼從學四明朱頔，長學文於沈天錫，既仕，均奉貲之。後二人亡，又訪其子孫，爲主婚嫁。平居宴語，惟以宣上德、救民患爲意。孫沔知杭州，榜其里門曰德壽坊。然在廣州無廉稱，蓋爲絜所累。絜，終尚書都官員外郎。

孫祖德字延仲，濰州北海人。父航，監察御史、淮南轉運。祖德進士及第，調濠州推官、校勘館閣書籍。時校勘官不爲常職，滿歲而去。改大理寺丞、知楡次縣，上書言刑法重輕。以尙書屯田員外郎通判西京留守司。方冬苦寒，詔罷內外工作，而錢惟演督修天津橋，格詔不下。祖德曰：「詔書可稽留耶？」卒白罷役。

入爲殿中侍御史，遷侍御史。章獻太后春秋高，疾加劇，祖德請還政。已而疾少間，祖德大恐。及太后崩，諸嘗言還政者多進用，遂擢尙書兵部員外郎兼起居舍人、知諫院。言郭皇后不當廢，獲罪，以贖論。久之，遷天章閣待制。

時三司判官許申因宦官閻文應獻計，以藥化鐵成銅，可鑄錢，裨國用。祖德言：「僞銅，法所禁而官自爲，是敎民欺也。」固爭之，出知兗徐蔡州、永興軍。徙鳳翔府，請置鄉兵。改龍圖閣直學士、知梓州，累遷右諫議大夫、知河中府。歷陳許蔡潞鄆亳州、應天府，以疾得潁州，除吏部侍郎致仕，卒。有論事七卷。

祖德少淸約，及致仕，娶富人妻，以規有其財。已而妻悍，反資以財而出之。子珪，江東轉運使。

張若谷字德繇，南劍沙縣人。進士及第，爲巴州軍事推官。會蜀寇掠鄰郡，若谷攝州事，率衆爲守禦備，賊乃引去。調全州軍事推官。入見，眞宗識其名，顧曰：「是嘗在巴州禦賊者耶？」特改大理寺丞、知濛陽縣。三司言：「廣寧監歲鑄緡錢四十萬，其主監宜擇人。」乃以命若谷。歲餘，所鑄贏三十萬緡。擢知處州，歷江湖淮南益州路轉運、江淮制置發運使。入爲三司度支、鹽鐵副使，累遷右諫議大夫、知并州。

先是，麟、府歲以繒錦市蕃部馬，前守輒罷之。若谷以謂：「互市，所以利戎落而通邊情，且中國得戰馬；亟罷之，則猜阻不安。」奏復市如故，而馬入歲增。提舉諸司庫務，權判大理寺，進樞密直學士，歷知澶州、成德軍、揚州、江寧府，入知審官院，糾察在京刑獄，知通進銀臺司、應天府。改龍圖閣學士，徙杭州。會歲飢，斥餘廩爲糜粥賑救之。權判吏部流內銓、知洪州，累官至尚書左丞致仕。

若谷素爲宰相張士遜引拔，然所至亦自有循良跡，不激訐取名云。

石揚休字昌言，其先江都人。唐兵部郎中仲覽之後，後徙京兆。七代祖藏用，右羽林大將軍，明於曆數，嘗召家人謂曰：「天下將有變，而蜀爲最安處。」乃去依其親眉州刺史李鴻，遂爲眉州人。

揚休少孤力學，進士高第，爲同州觀察推官，遷著作佐郎、知中牟縣。縣當國西門，衣冠往來之衝也，地瘠民貧，賦役煩重，富人隸太常爲樂工，僥倖免役者凡六十餘家。揚休請悉罷之。改秘書丞，爲秘閣校理、開封府推官，累遷尚書祠部員外郎，歷三司度支、鹽鐵判官。坐前在開封嘗失盜，出知宿州。

頃之，召入爲度支判官，修起居注。初，記注官與講讀諸儒，皆得侍坐邇英閣。揚休奏：「史官記言動，當立以侍。」從其言。判鹽鐵勾院，以刑部員外郎知制誥、同判太常寺。初，內出香祠溫成廟，帝誤書名稱臣，揚休言：「此奉宗廟禮，有司承誤不以聞。」帝嘉之。兼勾當三班院，爲宗正寺修玉牒官。遷工部郎中，未及謝，卒。

揚休喜閑放，平居養猿鶴，玩圖書，吟詠自適，與家人言，未嘗及朝廷事。及卒，發楮中所得上封事十餘章，其大略：請增諫官以廣言路，置五經博士使學者專其業，出御史按察諸道以防壅蔽，復齒胄之禮以強宗室，擇守令，重農桑，禁奢侈，皆有補於時者。然揚休爲人愼默，世未嘗以能言待之也。至於誥命，尤非所長。

平生好殖財。因使契丹，道感寒毒，得風痺，謁告歸鄉，別墳墓。揚休初在鄉時，衣食不足，徒步去家十八年。後以從官還鄉里，疇昔同貧窶之人尙在，皆曰：「昌言來，必賙我矣。」揚休卒不揮一金，反徧受里中富人金以去。

祖士衡字平叔，蔡州上蔡人。少孤，博學有文，爲李宗諤所知，妻以兄子。楊億謂劉筠曰：「祖士衡辭學日新，後生可畏也。」舉進士甲科，授大理評事、通判蘄州，再遷殿中丞、直集賢院，改右正言、戶部判官。未幾，提舉在京諸司庫務，遷起居舍人、注釋御集檢閱官，遂知制誥，爲史館修撰，糾察在京刑獄，同知通進、銀臺司。

天聖初，以附丁謂，落職知吉州。言者又以在郡不修飭，復降監江州稅。士衡兒時過外家，有僧善相，見之，語人曰：「是兒神骨秀異，他日有名于時，若年過四十，當位極人臣。」年三十九，卒于官。

李垂字舜工，聊城人。咸平中，登進士第，上兵制、將制書。自湖州錄事參軍召爲崇文校勘，累遷著作郎、館閣校理。上導河形勝書三卷，欲復九河故道，時論重之。又累修起居注。丁謂執政，垂未嘗往謁。或問其故，垂曰：「謂爲宰相，不以公道副天下望，而恃權怙勢。觀其所爲,必遊朱崖,吾不欲在其黨中。」謂聞而惡之,罷知亳州,遷潁、晉、絳三州。明道中，還朝，閤門祗候李康伯謂曰：「舜工文學議論稱於天下，諸公欲用爲知制誥，但宰相以舜工未嘗相識，盍一往見之。」垂曰：「我若昔謁丁崖州，則乾興初已爲翰林學士矣。今已老大，見大臣不公，常欲面折之，焉能趨炎附熱，看人眉睫，以冀推輓乎？道之不行，命也。」執政知之，出知均州。卒，年六十九。

五子，仲昌最知名，銳於進取，嘗獻計修六塔河無功，自殿中丞責英州文學參軍。

張洞字仲通，開封祥符人。父惟簡，太常少卿。洞爲人長大，眉目如畫，自幼開悟，卓犖不羣。惟簡異之，抱以訪里之卜者。曰：「郎君生甚奇，必在策名，後當以文學政事顯。」既誦書，日數千言，爲文甚敏。未冠，曄然有聲，遇事慷慨，自許以有爲。時，趙元昊叛擾邊，關、隴蕭然，困於飛輓，且屢喪師。仁宗太息，思聞中外之謀。洞以布衣求上方略，召試舍人院，擢試將作監主簿。

尋舉進士中第，調漣水軍判官，遭親喪去，再調潁州推官。民劉甲者，強弟柳使鞭其婦，既而投杖，夫婦相持而泣。甲怒，逼柳使再鞭之，婦以無罪死。吏當夫極法，知州歐陽脩欲從之。洞曰：「律以教令者爲首，夫爲從，且非其意，不當死。」衆不聽，洞即稱疾不出，不得已讞於朝，果如洞言，脩甚重之。

晏殊知永興軍，奏管勾機宜文字。殊儒臣，喜客，游其門者皆名士，尤深敬洞。改大理丞、知鞏縣。會殊留守西京，復奏知司錄。殊晚節驟用刑，幕府無敢言。洞平居與殊賦詩飲酒，傾倒無不至，當事有官責，持議甚堅，殊爲沮止，洞亦自以不負其知。

樞密副使高若訥、參知政事吳育薦其文學，宜爲館職，召試學士院，充秘閣校理、判祠部。時天下戶口日蕃，民去爲僧者衆。洞奏：「至和元年，敕增歲度僧，舊敕諸路三百人度一人，後率百人度一人；又文武官、內臣墳墓，得置寺撥放，近歲滋廣。若以勳勞宜假之者，當依古給戶守冢，禁毋樵採而已。今祠部帳至三十餘萬僧，失不裁損，後不勝其弊。」朝廷用其言，始三分減一。知太常禮院，宰相陳執中將葬，洞與同列謚爲榮靈，其孫訴之，詔孫抃等復議，改曰恭。洞駁奏：「執中位宰相，無功德而罪戾多，生不能正法以黜之，死猶當正名以誅之。」竟從抃等議。

初，皇后郭氏忤旨得罪廢沒，後仁宗悔之，詔追復其號，二十餘年矣。至是，有司請祔於廟。知制誥劉敞以謂：「春秋書『禘于太廟，用致夫人』。致者，不宜致也。且古者不二嫡，當許其號，不許其禮。」洞奏：「后嘗母天下，無大過惡，中外所知。陛下既察其偶失恭順，洗之於既沒，猶曰不許其禮，於義無當。且廢后立后，何嫌於嫡？此當時大臣護已然之失，乖正名之典，而儆復引春秋『用致夫人』。按左氏哀姜之惡所不忍道，而二傳有非嫡之辭，儆議非是。若從變禮，尙當別立廟。」不行。轉太常博士，判登聞鼓院。仁宗方嚮儒術，洞在館閣久，數有建明，仁宗以爲知經，會覆攷進士崇政殿，因賜飛白「善經」字寵之。洞獻詩謝，復賜詔獎諭。

出知棣州，轉尙書祠部員外郞。河北地當六塔之衝者，歲決溢病民田。水退，强者遂冒占，弱者耕居無所。洞奏一切官爲標給，蠲其租以綏新集。河北東路民富蠶桑，契丹謂之「綾絹州」，朝廷以爲內地不虞。洞奏：「今滄、景，契丹可入之道，兵守多缺，契丹時以販鹽爲名，舟往來境上，此不可不察。願度形勢，置帥、增屯戍以控扼之。」

時天下久安，薦紳崇尙虛名，以寬厚沉默爲德，於事無所補，洞以謂非朝廷福。又謂：「諫官持諫以震人主，不數年至顯仕，此何爲者。當重其任而緩其遷，使端良之士不亟易，而浮躁者絕意。」致書歐陽脩極論之。召權開封府推官。

英宗卽位，轉度支員外郞。英宗哀疚，或經旬不御正殿，洞上言：「陛下春秋鼎盛，初嗣大統，豈宜久屈剛健，自比沖幼之主。當躬萬機，攬羣材，以稱先帝付畀之意，厭元元之望。」大臣亦以爲言，遂聽政。命攷試開封進士，既罷，進賦，題曰孝慈則忠。時方議濮安懿王稱皇事，英宗曰：「張洞意諷朕。」宰相韓琦進曰：「言之者無罪，聞之者足以戒。」英宗意解。

詔訊祁國公宗說獄，宗說恃近屬，貴驕不道，獄具，英宗以爲辱國，不欲暴其惡。洞曰：「宗說罪在不宥。雖然，陛下將懲惡而難暴之，獨以其坑不辜數人，置諸法可矣。」英宗喜曰：「卿知大體。」洞因言：「唐宗室多賢宰相名士，蓋其知學問使然。國家本支蕃衍，無親疏一切厚廩之，不使知辛苦。婢妾聲伎，無多寡之限，至滅禮義，極嗜欲。貸之則亂公共之法，刑之則傷骨肉之愛。宜因秩品立制度，更選老成教授之。」宗室緣是怨洞，痛詆訾言，上亦起藩邸，賴察之，不罪也。

轉司封員外郎、權三司度支判官。對便殿稱旨，英宗遂欲進用，大臣忌之，出爲江西轉運使。江西荐飢，徵民積歲賦，洞爲奏免之。又民輸紬絹〔一〕不中度者，舊責以滿匹，洞命計尺寸輸錢，民便之。移淮南轉運使，轉工部郎中。淮南地不宜麥，民艱於所輸，洞復命輸錢，官爲糴麥，不踰時而足。洞在棣時，夢人稱敕召者，旣出，如拜官然，顧視旌旗吏卒羅于庭。至是，夢之如初。自以年不能永，敎諸子部分家事。未幾卒，年四十九。

李仕衡字天均，秦州成紀人，後家京兆府。進士及第，調鄠縣主簿。田重進守京兆，命仕衡鞫死囚五人，活者四人。重進即其家謂曰：「子有陰施，此門當高大之。」徙知彭山縣，就加大理評事，遷光祿寺丞。父益，以不法誅，仕衡亦坐除名。

後會赦，寇準薦其材，盡復其官，領渭橋輦運，通判邠州，再遷秘書丞，徙知劍州。王均反，仕衡度州兵不足守，即棄城焚芻粟，輦金帛東守劍門。既而賊陷漢州，攻劍州，州空無所資，即趨劍門。仕衡預招賊衆，得千餘人，待之不疑。賊將至，與鈐轄裴臻迎擊之，斬首數千級。乃乘驛入奏，擢尚書度支員外郎，賜服緋魚。已而使者言仕衡嘗棄城，降監虔州稅。召還，判三司鹽鐵勾院。度支使梁鼎言：「商人入粟于邊，率高其直，而售以解鹽。商利益博，國用日耗。請調丁夫轉粟，而輦鹽諸州，官自鬻之，歲可得緡錢三十萬。」仕衡曰：「安邊無大於息民，今不得已而調斂之，又增以轉粟輓鹽之役，欲其不困，何可得哉！」不聽，遂行鼎議，而關中大擾。乃罷鼎度支使，以仕衡爲荆湖北路轉運使，徙陝西。初，歲出內帑緡錢三十萬，助陝西軍費。仕衡言歲計可自辦，遂罷給。

眞宗謁陵寢，因幸洛，仕衡獻粟五十萬斛，又以三十萬斛餽京西。朝廷以爲材，召爲度支副使。上言：「關右既弛鹽禁，而永興、同華耀四州猶率賣鹽，年額錢請減十之四。」詔悉除之。累遷司封郎中，爲河北轉運使。又奏罷內帑所助緡錢百萬。建言：「河北歲給諸軍帛七十萬，而民艱於得錢，悉預假於里豪，出倍償之息，以是工機之利愈薄。方春民不足，請戶給錢，至夏輸帛，則民獲利而官用足矣。」詔優其直，仍推其法于天下。封泰山，獻錢帛、芻糧各十萬，見于行宮，遷右諫議大夫。祀汾陰，又助錢帛三十萬，乃命同林特提舉京西、陝西轉運事〔三〕。權知永興軍，進給事中。踰月，以樞密直學士知益州。

頃之，河北闕軍儲，議者以謂仕衡前過助封祀費，眞宗聞之，以爲河北都轉運使。駕如亳州，又貢絲綿、縑帛各二十萬。後集粟塞下，至鉅萬斛。或言粟腐不可食，朝廷遣使取視之，而粟不腐也。棣州污下苦水患，仕衡奏徙州西北七十里，既而大水沒故城丈餘。南郊，復進錢帛八十萬。先是，每有大禮，仕衡必以所部供軍物爲貢，言者以爲不實。仕衡乃條析進六十萬皆上供者，二十萬卽其羨餘。帝不之罪，謂王旦曰：「仕衡應猝有材，人欲以此中之。然朝廷所須，隨大小卽辦，亦其所長也。」明年旱蝗，發積粟賑民，又移五萬斛濟京西。

遷尚書工部侍郎、權知天雄軍。民有盜瓜傷主者，法當死，仕衡以歲饑，奏貸之。盜起淄、青間，遷刑部侍郎、知青州。前守捕羣盜妻子寘棘圍中，仕衡至，悉縱罷之使去。未幾，其徒有梟賊首至者。入爲三司使，帝作寬財利論以賜之。乃更陝西入粟法，使民得受錢與茶。舊市羊及木，責吏送京師，而羊多道死，木至湍險處往往漂失，吏至破產不能償。仕衡乃許吏私附羊，免其筭，使得補死者；聽民自採木輸官，用入粟法償其直。遷吏部侍郎。仁宗即位，拜尚書左丞，以足疾，改同州觀察使、知陳州。州大水，築大隄以障水患。徙潁州，復知陳州。曹利用，仕衡婿也。利用被罪，降仕衡左龍武軍大將軍，分司西京。歲餘，改左衞大將軍，卒。其後諸子訴其父有勞於國，非意左遷，詔追復同州觀察使。

仕衡前後管計事二十年，雖才智過人，然素貪，家貲至累鉅萬，建大第長安里中，嚴若官府。

子丕緒，蔭補將作監主簿。及仕衡歸老，丕緒時爲尚書虞部員外郎，請解官就養。朝廷以爲郎，故事不許，請削一官，乃聽。未幾，還之。居十餘年，仕衡死，服除，久之不出。大臣爲言，起僉書永興軍節度判官事。歷通判永興軍、同州，知解州、興元府、華州，累遷司農卿致仕，卒。丕緒居官廉靜，不爲矯激。家多圖書，集歷代石刻，爲數百卷藏之。

李溥，河南人。初爲三司小吏，陰狡多智數。時天下新定，太宗厲精政事，嘗論及財賦，欲有所更革，引三司吏二十七人對便殿，問以職事。溥詢其目，請退而條上。命至中書，列七十一事以聞，四十四事卽日行之，餘下三司議可否。於是帝以溥等爲能，語輔臣曰：「朕嘗諭陳恕等，如溥輩雖無學，至於金穀利害，必能究知本末，宜假以色辭，誘令開陳。而恕等強愎自用，莫肯詢問。」呂端對曰：「耕當問奴，織當問婢。」寇準曰：「孔子入太廟，每事問。蓋以貴下賤，先有司之義也。」帝以爲然，悉擢溥等以官，賜錢幣有差。

溥爲左侍禁、提點三司孔目官，請著內外百官諸軍奉祿爲定式。加閤門祗候。催運陝西粮草，赴淸遠軍，還，提舉在京倉草場，勾當北作坊。齊州大水，壞民廬舍，欲徙州城，未決，命溥往視，遂徙城而還。又與李仕衡使陝西，增酒榷緡錢歲二十五萬。三遷崇儀使。

景德中，茶法旣弊，命與林特、劉承珪更定法，募人入金帛京師，入芻粟塞下，與東南茶皆倍其數，卽以溥制置江、淮等路茶鹽礬稅兼發運事，使推行之。歲課緡錢，果增其舊，特等皆受賞。溥時已爲發運副使，遷爲使，仍改西京作坊使。然茶法行之數年，課復損於舊。

江、淮歲運米輸京師，舊止五百餘萬斛，至溥乃增至六百萬，而諸路猶有餘畜。高郵軍新開湖水散漫多風濤，溥令漕舟東下者還過泗州，因載石輸湖中，積爲長隄，自是舟行無患。累遷北作坊使。

時營建玉淸昭應宮，溥與丁謂相表裏，盡括東南巧匠遣詣京，且多致奇木怪石，以傅會帝意。建安軍鑄玉皇、聖祖，溥典其事，丁謂言溥蔬食者周歲，而溥亦數奏祥應，遂以爲迎奉聖像都監、領順州刺史，遷獎州團練使。溥自言江、淮歲入茶，視舊額增五百七十餘萬斤。并言，漕舟舊以使臣若軍大將，人掌一綱，多侵盜，自溥併三綱爲一，以三人共主之，使更相司察。大中祥符九年，初運米一百二十五萬石，纔失二百石。會溥當代，詔留再任，特遷宮苑使。

初，譙縣尉陳齊論榷茶法，溥薦齊任京官，御史中丞王嗣宗方判吏部銓，言齊豪民子，不可用。眞宗以問執政，馮拯對曰：「若用有材，豈限貧富。」帝曰：「卿言是也。」因稱溥畏愼小心，言事未嘗不中利害，以故任之益不疑。然溥久專利權，內倚丁謂，所言輒聽。帝嘗語執政曰：「羣臣上書論事，法官輒沮之，云非有大益，無改舊章，然則何以廣言路。」王旦對曰：「法制數更，則詔令牴牾，故重於變易。」因言：「溥嘗請盜販茶鹽者贓仗皆沒官，已可之矣。」帝曰：「此特畏溥之強，不敢退卻，自今雖小吏言，亦宜詳究行之。」

溥既專且貪，繇是寖爲不法。發運使黃震條其罪狀以聞，罷知潭州。命御史鞫治，得溥私役兵爲姻家林特起第，附官舟販竹木，奸贓十數事。未論決，會赦，貶忠武軍節度副使。仁宗卽位，起知淮陽軍，歷光、黃二州，復以贓敗，貶蔡州團練副使。久之，監徐州利國監，以千牛衞將軍致仕，卒。

胡則字子正，婺州永康人。果敢有材氣。以進士起家，補許田縣尉，再調憲州錄事參軍。時靈、夏用兵，轉運使索湘命則部送芻粮，爲一月計。則曰：「爲百日備，尙恐不支，奈何爲一月邪？」湘懼無以給，遣則遂入奏。太宗因問以邊策，對稱旨，顧左右曰：「州縣豈乏人？」命記姓名中書。後李繼隆討賊，久不解，湘語則曰：「微子幾敗我事。」一日，繼隆移文轉運司曰：「兵且深入，粮有繼乎？」則告湘曰：「彼師老將歸，欲以粮乏爲辭耳，姑以有餘報之。」已而果爲則所料。湘爲河北轉運使，奏改秘書省著作佐郎、僉書貝州觀察判官事。

後以太常博士提舉兩浙榷茶，就知睦州，徙温州。歲餘，提舉江南路銀銅場、鑄錢監，得吏所匿銅數萬斤，吏懼且死，則曰：「馬伏波哀重囚而縱之，吾豈重貨而輕數人之生乎？」籍爲羨餘，不之罪。改江、淮制置發運使，累遷尙書戶部員外郎。眞宗幸亳還，擢三司度支副使。

初，丁謂舉進士，客許田，則厚遇之，謂貴顯，故則驟進用。至是，謂罷政事，出則爲京西轉運使，遷禮部郎中。部內民訛言相驚，至遣使安撫乃定。坐是，徙廣西路轉運使。有番舶遭風至瓊州，且告食乏，不能去。則命貸錢三百萬，吏白夷人狡詐，又風波不可期。則曰：「彼以急難投我，可拒而不與邪？」已而償所貸如期。又按宜州重辟十九人，爲辨活者九人。復爲發運使，累遷太常少卿。

乾興初〔三〕，坐丁謂黨，降知信州，徙福州，以右諫議大夫知杭州。入權吏部流內銓，坐失舉，復爲太常少卿、知池州。未行，復諫議大夫、知永興軍，徙河北都轉運使，以給事中權三司使，通京東西、陝西鹽法，人便之。初，則在河北，殿中侍御史王沿嘗就則假官舟販鹽，又以其子爲名祈買酒場。至是，張宗誨擿發之，按驗得實，出則知陳州。踰月，授工部侍郎、集賢院學士。劉隨上疏言：「則奸邪貪濫聞天下，比命知池州，不肯行，今以罪去，驟加美職，何以風勸在位？」後徙杭州，再遷兵部侍郎致仕，卒。

則無廉名，喜交結，尙風義。丁謂貶崖州，賓客隨散落，獨則間遣人至海上，饋問如平日。在福州時，前守陳絳嘗延蜀人龍昌期爲衆人講易，得錢十萬。絳旣坐罪，遂自成都械昌期至。則破械館以賓禮，出俸錢爲償之。

昌期者，嘗注易、詩、書、論語、孝經、陰符經、老子，其說詭誕穿鑿，至詆斥周公。初用薦者補國子四門助教，文彥博守成都，召置府學，奏改秘書省校書郎，後以殿中丞致仕。著書百餘卷，嘉祐中，詔取其書。昌期時年八十餘，野服自詣京師，賜緋魚，絹百匹。歐陽脩言其異端害道，不當推奬，奪所賜服罷歸，卒。

薛顏字彥回，河中萬泉人。舉三禮中第，爲嘉州司戶參軍。代還引見，太宗顧問之，對稱旨，改將作監丞、監華州酒稅。以秘書省著作佐郎使夔、峽，疏決刑獄。還，改太子左贊善大夫、知雲安軍，徙渝、閬二州，擢三司鹽鐵判官，河北計置粮草。

初，丁謂招撫溪蠻，有威惠，部人愛之。留五年，詔謂自舉代，謂薦顏爲峽路轉運使，累遷尚書虞部員外郎。始，孟氏據蜀，徙夔州于東山，據峽以拒王師，而民居不便也，顏爲復其故城。宜州陳進反，命勾當廣南東、西路轉運司事。賊平，遷金部員外郎，改河東轉運使。

祀汾陰，徙陝西。河中浮橋歲爲水所敗，顏卽北岸釃上流爲支渠，以殺水怒，因取渠水溉其旁田，民頗利之。坊州募人鍊礬，歲久課益重，至有破產被繫不能償者。顏奏：「罷坊礬，則晉礬當大售。」後如其策。徙河北。歷知河陽、杭徐州，累遷光祿少卿，以少府監知江寧府。邏者晝劫人，反執平人以告。顏視其色動，曰：「若眞盜也。」械之，果引伏。轉右諫議大夫、知河南府。

仁宗卽位，遷給事中。丁謂分司西京，以顏雅與善，徙知應天府，又徙耀州。部有豪姓李甲，結客數十人，號「沒命社」，少不如意，則推一人以死鬥之，積數年，爲鄉人患，莫敢發。顏至，大索其黨，會赦當免，特杖甲流海上，餘悉籍于軍。以光祿卿分司西京，卒于家。

嘗屬杜衍爲墓誌，衍却之。仁宗聞其事，他日，謂衍曰：「薛顏有醜行，卿不欲誌其墓，誠清識也。」孫向，自有傳。

許元字子春，宣州宣城人。以父蔭爲太廟齋郎，改大理寺丞，累遷國子博士，監在京榷貨務，三門發運判官。元爲吏强敏，尤能商財利。慶曆中，江、淮歲漕不給，京師乏軍儲，參知政事范仲淹薦元可獨倚辦，擢江、淮制置發運判官。至，則悉發瀕江州縣藏粟，所在留三月食，遠近以次相補，引千餘艘轉漕而西。未幾，京師足食，朝廷以爲任職，就遷副使。遂以尚書主客員外郎爲使，進金部，特賜進士出身，遷侍御史。

嘗欲與施昌言分行二浙、江南調發軍食。仁宗聞之，語輔臣曰：「東南歲比不登，民力匱乏，嘗詔損歲漕百萬石，而元與昌言乃更欲分道而出，是必誅求疲民以自爲功，非朕志也。」下詔戒飭。既而元欲專六路財賦，收羨餘以媚三司，憚諸部不從，請以六路轉運司自隸，既可之矣，而轉運使多論其罪，事遂寢。擢天章閣待制，再遷郎中，以疾請還。歷知揚、越、泰州〔四〕，卒。

元在江、淮十三年，以聚斂刻剝爲能，急於進取，多聚珍奇以賂遺京師權貴，尤爲王堯臣所知。發運使治所在眞州，衣冠之求官舟者，日數十輩。元視勢家貴族，立權巨艦與之；卽小官惸獨，伺候歲月，有不能得。人以是憤怨，而元自以爲當然，無所愧憚。

鍾離瑾字公瑜，廬州合肥人。舉進士，爲簡州推官，以殿中丞通判益州。建言：「州郡旣上雨，後雖凶旱，多隱之以成前奏，請令監司劾其不實者。」擢開封府推官，出提點兩浙刑獄。衢、潤州饑，聚餓者食之，頗廢農作，請發米二萬斛賑給，家毋過一斛。後徙淮南轉運副使，歷京西、河東、河北轉運使，改江、淮制置發運使。殿直王乙者，請自揚州召伯埭東至瓜州，濬河百二十里，以廢二埭。詔瑾規度，以工大不可就，止置牐召伯埭旁，人以爲利。累遷尚書刑部郎中，爲三司戶部副使，除龍圖閣待制、權知開封府。未踰月，得疾，仁宗封藥賜之，使未及門而卒。

孫沖字升伯，趙州平棘人。舉明經，歷古田靑陽尉、鹽山麗水主簿。嘗併喪父母去官，有司循五代故事，必六年乃聽調，沖援古制，以書干宰相，不納。後舉進士，登甲科。授將作監丞，歷通判晉、絳、保州，坐與保州守爭事，降監吉州酒，累遷太常博士。

河決棣州，知天雄軍寇準請徙州治河，命沖往按視。還言：「徙州動民，亦未免治堤，不若塞河爲便。」遂以沖知棣州，自秋至春，凡四決，沖皆塞之，就除殿中侍御史。準爲樞密使，卒徙州陽信〔五〕。而沖坐守護河堤過嚴，民輸送往來堤上者輒榜之，爲使者論奏，徙知襄州。沖復上疏論徙州非便，著河書以獻。

會京西蝗，眞宗遣中使督捕，至襄，怒沖不出迎，乃奏蝗唯襄爲甚，而州將日置酒，無卹民意。帝怒，命即州置獄。沖得屬縣言歲稔狀，馳驛上之。時使者猶未還，帝悟，爲追使者笞之。以侍御史爲京西轉運。塞滑州決河，權知滑州。參知政事魯宗道總河事，用太常博士李渭策，欲盛夏興役。沖言徒費薪楗，困人力，雖塞必決。遂罷知河陽。累遷刑部郎中，歷湖北、河東轉運使。

會南郊賞賜軍士，而汾州廣勇軍所得帛不逮他軍，一軍大譟，捽守佐堂下劫之，約與善帛乃免。城中戒備，遣兵圍廣勇營。沖適至，命解圍弛備，置酒張樂，推首惡十六人斬之，遂定。初，守佐以亂軍所約者上聞，詔給善帛。使者至潞，沖促之還，曰：「以亂而得所欲，是愈誘之亂也。」卒留不與。入判登聞鼓院，以目疾改兵部郎中、直史館、知河中府，徙潞州，復爲河東轉運使，遷太常少卿，擢右諫議大夫，復知潞州，遷翰林院學士。及徙同州，權西京留司御史臺，遷給事中。喪明，卒。

沖爲吏，所至以強幹稱，能任鉤距，多得事情，然無家法，晚節尤寡廉聲。孫永，自有傳。

崔嶧字之才，京兆長安人。進士及第，累官尚書職方員外郎、知遂州。建議瞿塘峽置關如劍門，以察奸人。事既施行，徙提點刑獄。嘉陵江歲調民丁治堤堨，嶧更用州兵代其役。文州蕃卒數剽攻邊戶，守臣慮生事，多以牛酒和遣。嶧請守臣歲時得行邊，益募勇壯，伺其發，一切捕擊之，後無復內寇。就除轉運使。歷三司戶部判官、河東轉運使。會更錢法，潞州民大擾，推其首惡誅之，人心遂定。

後爲戶部副使，以右諫議大夫爲河東都轉運使，遷給事中，還，糾察在京刑獄。諫官、御史言宰相陳執中縱嬖妾殺婢，命按治。嶧以爲執中自以婢不恪笞之死，非妾殺之，頗左右執中，卽授龍圖閣待制、知慶州。羌井坑族亂，潛兵討平。歷知同州、鳳翔府，改工部侍郎、集賢院學士、知河中府。

嶧所至貪奸，比老益甚。在鳳翔，轉運使薛向按之急，不得已至河中。請老，以刑部侍郎致仕，卒。

田瑜字資忠，河南壽安人。舉進士，歷袁、郢、合三州軍事推官，遷大理寺丞，知鹿邑、建陽縣，徙知蒙、江二州，累遷尚書司封員外郎、提點廣南西路刑獄。慶曆中，區希範誘溪洞環州蠻叛，上以瑜習知南方事，就除荆湖北路轉運使。瑜檄屬郡募民擊賊，又督轉粟以守要害，故兵所至皆不乏食，賊勢大挫。

徙兩浙轉運按察使。杭州龍山堤歲決，水冒民居，輒賦芻塞之。瑜與民約，每芻十束，更輸石一尺。率五歲，得石百萬，爲石堤，堤固而歲不調民。加直史館、益州路轉運使，改江、淮制置發運使，擢天章閣待制、知廣州，累遷諫議大夫、權三司戶部副使。

儂智高犯邕，瑜條上用兵禦賊十事。智高平，召對便殿，具言南方山川險要，所以備守之策，乃以爲廣南東路體量安撫使。還，糾察刑獄，同判吏部流內銓，除龍圖閣直學士、知青州。城中有殺人投屍井中者，吏以其無主名，不以聞。瑜廉得之，大出金帛購賊，後數日，鄰州民執賊以告。屬歲凶多盜，瑜立賞罰、設方略捕格之，境中肅然。徙知澶州，背發疽卒。

瑜謹厚少文，而於吏事頗盡心，然御下急，無廉稱。

施昌言字正臣，通州靜海人。舉進士高第，授將作監丞、通判滁州。後以太常博士召試館職，不中選，遷尙書屯田員外郎、知太平州。上政論三十篇。入爲殿中侍御史、開封府判官。安撫淮南，還，以禮部員外郎兼侍御史知雜事，遷三司度支副使，除天章閣待制、河北都轉運使。言事者以爲濱、棣等六州河可涉，宜有城守如邊，以待契丹。詔昌言與宦官楊懷敏往視。懷敏以爲當城如邊，昌言曰：「六州地千里，又河數移徙，城之甚難而無利。契丹未渝盟先自困，非便也。」或請於麟、府立十二砦以拓境，又詔昌言與明鎬、張元度可否，昌言獨以爲：「麟、府在河外，於國家無毫髮入，而至今餽守者，徒以畏蹙國之虛名。今不當又事無利之砦，以重困財力。」就除知慶州。在州所爲不法，語徹朝廷。昌言疑通判陳湜言之，追發湜罪，湜坐廢，昌言亦降知華州。

歷知滄州、河陽，移河北都轉運使。議塞商胡埽決河，令復故道，與北京留守賈昌朝累論。徙江、淮發運使，加龍圖閣直學士、知應天府，又知延州。召還，會塞六塔河，以爲都大修河制置使，辭，弗許，加樞密直學士、知澶州，以便役事。河決，奪一官知滑州，又知杭州，加龍圖閣學士，復知滑州。以老求罷，乃以知越州。至京師，卒。

昌言爲發運使時，召范仲淹後堂，出婢子爲優，雜男子慢戲，無所不言。仲淹怪問之，則皆昌言子也，仲淹大不懌而去。其治家如此。

論曰：狄棐、郎簡、孫祖德、張若谷、石揚休、祖士衡並以文辭高第，累侍從，歷方州，始爲名臣，終鮮大過，考其行事可見也。李垂寧去華近，不肯見宰相；張洞以直言正論爲大臣所忌，則其抱負從可知矣。若李仕衡而下十人，皆能任劇繁，然或寡廉稱，或有醜行，君子恥之。

校勘記

〔一〕紬絹　原作「油絹」，鷄肋集卷六二張洞傳作「紬絹」。按宋代賦稅中有紬、絹二品，見宋會要食貨七〇賦稅雜錄，通常都以「紬絹」連稱。據改。

〔二〕提舉京西陝西轉運事　「京西」二字原倒，據長編卷七四、范仲淹范文正公集卷一一李仕衡神道碑銘乙正。

〔三〕乾興　原作「乾寧」。按宋無「乾寧」年號；本書卷九仁宗紀，乾興元年六月，丁謂罷爲太子少保，分司西京，本書卷二八三丁謂傳、長編卷九八、編年綱目卷八都說謂黨多人皆因而落職補外，此「乾寧」當爲「乾興」之誤。據改。

〔四〕泰州　原作「秦州」。按歐陽修歐陽文忠公集卷三三許元墓誌銘作「泰州」，下文也說「元在江、淮十三年」，以「泰州」爲是。據改。

〔五〕陽信　原倒。按本書卷九一河渠志，大中祥符八年，徙棣州於陽信之八方寺。長編卷八四所載同。據改。

宋史卷三百

列傳第五十九

楊偕 王沿子鼎 杜杞 楊畋 周湛 徐的 姚仲孫

陳太素馬尋 杜曾附 李虛己 張傅 俞獻卿 陳從易

楊大雅

楊偕字次公，坊州中部人。唐左僕射於陵六世孫。父守慶，仕廣南劉氏，歸朝，爲坊州司馬，因家焉。偕少從种放學於終南山，舉進士，釋褐坊州軍事推官、知汧源縣，再調漢州軍事判官。道遇術士曰：「君知世有化瓦石爲黃金者乎？」就偕試之，既驗，欲授以方。偕曰：「吾從吏祿，安事化金哉？」術士曰：「子志若此，非吾所及也。」出戶，失所之。

在官，數上書論時政，又上所著文論。召試學士院，不中，改永興軍節度推官。又上書論陝西邊事，復召試，不赴，即遷秘書省著作佐郎，爲審刑院詳議官，再遷太常博士。宋綬薦爲監察御史，改殿中侍御史。與曹脩古連疏，言劉從德遺奏恩太濫，貶太常博士、監舒州稅。以尙書祠部員外郎知光州，改侍御史，爲三司度支判官。

時郭皇后廢，偕與孔道輔、范仲淹力爭。道輔、仲淹既出，偕止罰金。乃言願得與道輔等皆貶，不報。富民陳氏女選入宮，將以爲后，偕復上疏諫上。以尙書戶部員外郎兼侍御史知雜事。馬季良以罪斥置滁州，自言得致仕。偕以謂致仕用優賢者，不當以寵罪人，又數論陞降之弊，仁宗嘉納之。判吏部流內銓，徙三司度支副使，擢天章閣待制、河北轉運使。按知定州夏守恩贓數萬，守恩流嶺南。明年，丁母憂，願終制，不許，進龍圖閣直學士、知河中府。

元昊反，劉平、石元孫戰沒。偕聞，乃僞爲書馳告延州曰：「朝廷遣救兵十萬至矣。」命傍郡縣大具芻粮、什器以俟。比書至，賊已解去。夏竦爲陝西經略使，請增置土兵，易戍兵歸衞京師。偕言：「方關中財用乏，復增土兵，徒耗國用。今賊勢方盛，雖大增土兵，亦未能減戍兵東歸，竦懼敗事，欲以兵少爲解爾。」竦復奏偕不忠，沮邊計，偕爭愈力。時陝西議立五保，偕又以爲擾民，疏請罷之。徙陝州，又徙河東都轉運使。詔大選三路之民，募爲兵。偕復言：「方今兵不爲少，苟多而不練，則其勢易以敗，又困國而難供。」時論者惟務多兵，而偕論常如此。

進樞密直學士、知并州。及元昊入寇，密詔偕選強壯萬人，策應麟、府。偕奏：「出師臨陣，無紀律則士不用命。今發農卒赴邊，慮在路逃逸及臨陣退縮、不禀號令，請以軍法從事。」詔如所請。并人大驚畏，都轉運使文彥博奏罷之。有中官預軍事素橫，前帥優遇之。偕至，一繩以法，命率所部兵從副總管赴河外，戒曰：「遇賊將戰，一禀副總管節度。」中人不服，捧檄訴。偕叱曰：「汝知違主帥命卽斬首乎？」監軍怖汗，不覺墮笏，翌日告疾，未幾遂卒。於是軍政肅然。

元昊大掠河北，詔修寧遠砦。偕言：寧遠砦在河外，介麟、豐二州之間，無水泉可守。請建新麟州於嵐州，有白塔地可建砦屯兵。謂「遷有五利，不遷有三害。省國用，惜民力，利一也。內禦岢嵐、石府州沿河一帶賊所出路，利二也。我據其要，則河冰雖合，賊不敢逾河而東，利三也。商旅往來以通貨財，利四也。方河凍時，得所屯兵馬五七千人以張軍勢，利五也。今麟州轉輸東芻斗粟，費直千錢，若因循不遷，則河東之民，困於調發無已時，害一也。以孤壘餌敵，害二也。道路艱阻，援兵難繼，害三也。且州之四面，屬羌遭賊驅脅，蕩然一空，止存孤壘，猶四支盡廢，首面心腹獨存也。今契丹又與西賊共謀，待冰合來攻河東，若朝廷不思禦捍之計而修寧遠砦，是求虛名而忽大患也。況靈、夏二州皆漢、唐郡，一旦棄之，一麟州何足惜哉！」書奏，帝謂輔臣曰：「麟州，古郡也。咸平中，嘗經寇兵攻圍，非不可守，今遽欲棄之，是將退而以河爲界也。宜諭偕速修復寧遠，以援麟州。」明年，改左司郎中、本路經略安撫招討使，賜錢五十萬。偕列六事于朝：一、罷中人預軍事；二、徙麟州；三、以便宜從事；四、出冗師；五、募武士；六、專捕援。且曰：「能用臣言則受命，不然則已。」朝廷不從，偕累奏不已，乃罷知邢州，徙滄州。求面論兵事，召還，令間日入對。

偕在并州日，嘗論八陣圖及進神楯、劈陣刀，其法外環以車，內比以楯。至是，帝命以步卒五百，如其法布陣于庭，善之，乃下其法於諸路。其後王吉果用偕刀楯敗元昊於兔毛川。久之，遷翰林侍讀學士、知審官院，復以爲左司郎中。元昊乞和而不稱臣，偕以謂連年出師，國力日蹙，宜權許之，徐圖誅滅之計。諫官王素、歐陽脩、蔡襄累章劾奏：「偕職爲從官，不思爲國討賊，而助元昊不臣之請，罪當誅。陛下未忍加戮，請出之，不宜留處京師。」帝以其章示偕，偕不自安，乃求知越州，道改杭州。時襄謁告過杭而輕遊里市，或謂偕合言於朝。對曰：「襄嘗緣公事抵我，我豈可以私報耶？」又上太平可致十象圖。

還，判太常、司農寺，改右諫議大夫。請老，以尚書工部侍郎致仕。於其歸，特賜宴。嘗召問，賜不拜。卒，遺奏兵論一篇，帝憐之，特贈兵部侍郎。偕性剛而忠朴，敢爲大言，數上書論天下事，議者以爲迂闊難用。與人少合，尤喜古今兵法，有兵書十五卷，集十卷。子忱、慥，皆有雋才，蚤卒。

王沿字聖源，大名館陶人。少治春秋。中進士第，試秘書省校書郎，歷知彭城、新昌二縣，改相州觀察推官，知宗城縣。張知白薦其才，擢著作佐郎，入爲審刑院詳議官，再遷太常博士。上書論：

漢、唐之初，兵革纔定，未暇治邊圉，則屈意以講和。承平之後，我力有餘，而外侮不已，則以兵治之，孝武之於匈奴，太宗之於突厥頡利是也。宋興七十年，而契丹數侵深、趙、貝、魏之間，先朝患征調之不已也，故屈己與之盟。然彼以戈矛爲耒耜，以剽虜爲商賈；而我壘不堅，兵不練，而規規於盟歃之間，豈久安之策哉？

夫善禦敵者，必思所以務農實邊之計。河北爲天下根本，其民儉嗇勤苦，地方數千里，古號豐實。今其地，十三爲契丹所有，餘出征賦者，七分而已。魏史起鑿十二渠，引漳水溉斥鹵之田，而河內饒足。唐至德後，渠廢，而相、魏、磁、洺之地並漳水者，累遭決溢，今皆斥鹵不可耕。故沿邊郡縣，數蠲租稅，而又牧監芻地，占民田數百千頃。是河北之地，雖十有其七，而得賦之實者，四分而已。以四分之力，給十萬防秋之師，生民不得不困也。且牧監養馬數萬，徒耗芻豢，未嘗獲其用。請擇壯者配軍，衰者徙之河南，孳息者養之民間。罷諸坰牧，以其地爲屯田，發役卒、刑徒田之，歲可用獲穀數十萬斛。夫漳水一石，其泥數斗，古人以爲利，今人以爲害，繫乎用與不用爾。願募民復十二渠，渠復則水分，水分則無奔決之患。以之灌溉，可使數郡瘠鹵之田，變爲膏腴，如是，則民富十倍，而帑廩有餘矣。以此馭敵，何求而不可。

詔河北轉運使規度，而通判洺州王軫言：「漳河岸高水下，未易疏導；又其流濁，不可溉田。」沿方遷監察御史，卽上書駁軫說，帝雖嘉之而不卽行，語在河渠志。時樞密副使晏殊以芻擊從者折齒，知開封府陳堯咨、判官張宗誨日嗜酒惰事，沿皆彈奏之。天聖五年，安撫關陝，減諸縣秋稅十二三。還，爲開封府推官。又體量河朔饑民，所至不俟詔，發官廩濟之。就除轉運副使。上言：

本朝制兵刑，未幾於古。自契丹通好三十年，二邊常屯重兵，坐耗國用，而未知所以處之。請敎河北強壯，以代就粮禁卒之闕；罷招廂軍，以其冗者隸作屯田。行之數年，禁卒當漸銷減，而強壯悉爲精兵矣。

古者「刑平國，用中典」，而比者以敕處罪，多重於律。以絹估罪者，敕以緡直代之；律坐髡鈦而役者，敕黥竄以爲卒。比諸州上言，謫卒太多，衣食不足，願勿復謫者七十餘州。以律言之，皆不至是，是以繁文罔之而寘于理也。誠願削深文而用正律，以錢定罪者，悉從絹估；黥竄爲卒者，止從髡鈦。此所謂勝殘去殺，無待百年者也。

被詔鞫曹汭獄于眞定府，遷殿中侍御史。母喪服除，改尙書工部員外郎、知邢州，復起爲河北轉運使。奏罷二牧監，以地賦民。導相、衞、邢、趙水下天平、景祐諸渠，溉田數萬頃。因詣闕奏事，上所著春秋集傳十五卷，復上書以春秋論時事。授直昭文館，爲三司戶部副使，徙鹽鐵，遷兵部員外郎、天章閣待制、陝西都轉運使。時朝廷將減卒戍，就食內地，詔與知州、總管、鈐轄等議。沿卽奏減卒數萬，知樞密院李諮以爲不可，復下沿邊都監議。沿上疏曰：「兵機當在廊廟之上，豈可取責小人哉！」諮惡其言，奏罷之，降知滑州，徙成德軍。建學校，行鄉飲酒禮。

遷刑部郎中、河東都轉運使，加龍圖閣直學士、知并州。時元昊數寇河東，建議徙豐州不報，已而州果陷。進樞密直學士、右司郎中，爲涇原路經略、安撫、招討使兼知渭州〔一〕。增屯兵，城中隘甚，乃築西關城五里。改涇州觀察使。元昊入寇，副都總管葛懷敏率兵出捍，沿教懷敏率兵據瓦亭待之。懷敏進兵鎭戎，沿以書戒勿入，第背城爲砦，以羸師誘賊，賊至，發伏擊之可有功。懷敏不聽，進至定川，果爲所敗。賊乘勝犯渭州，沿率州人乘城，多張旗幟爲疑兵，賊遂引去。坐懷敏敗，復爲龍圖閣直學士、刑部郎中、知虢州，尋降天章閣待制，而爲權御史中丞賈昌朝所奏，落待制。未幾，徙知成德軍，復待制，又徙河中府，卒。

沿好建明當世事，而其論多齟齬。初興河北水利，導諸渠溉民田，論者以爲無益。已而邢州民有爭渠水至殺人者，然後人知沿所建爲利。嘗論以春秋法斷事，然眞定之獄，人以爲沿傳致之。有文集二十卷，唐志二十一卷。子鼎。

鼎字鼎臣，以進士第，累遷太常博士。王堯臣領三司，舉勾當公事，數上書論時政得失。時天子患吏治多弛，監司不舉職，而范仲淹等方執政，擇諸路使者令按舉不法，以鼎提點江東刑獄。與轉運使楊紘、判官王綽競擿發吏，至微隱罪無所貸。於是所部官吏怨之，目爲「三虎」。仁宗聞之，不說，後傳惟幾奉使江東，戒以毋效「三虎」爲也。仲淹等罷，鼎與紘、綽皆爲人所言，時鼎提點兩浙刑獄，降知深州。

王則以貝州反，深卒龐旦與其徒，謀以元日殺軍校、劫庫兵應之。前一日，有告者。鼎夜出檄，遣軍校攝事外邑，而陰爲之備。翌日，會僚吏置酒如常，叛黨愕不敢動。鼎刺得實，徐捕首謀十八人送獄。獄具，俟轉運使至審決。未至，軍中恟恟謀劫囚。鼎因謂僚吏曰：「吾不以累諸君。」獨命取四桀驁者數人，斬于市，衆皆失色，一郡帖然。轉運使至，四未決者半，訊之，皆伏誅。

明年，河北大饑，人相食，鼎經營賑救，頗盡力。徙建州，其俗生子多不舉，鼎爲條教禁止。時盜販茶鹽者衆，一切杖遣之，監司數以爲言，鼎弗爲變。徙提點河北刑獄，治奸贓益急，所劾舉，不避貴勢。召爲開封府判官，改鹽鐵判官，累遷司封員外郎、淮南兩浙荆湖制置發運副使。內侍楊永德奏請沿汴置鋪挽漕舟，歲可省卒六萬，鼎議以爲不可。永德横猾，執政重違其奏，乃令三司判官一員將永德就鼎議，發八難，永德不能復。鼎因疏言：「陛下幸察用臣，不宜過聽小人，妄有所改，以誤國計。」於是永德言不用。

居二年，遂以爲使。前使者多漁市南物，因奏計京師，持遺權貴。鼎一無所市，獨悉意精吏事，事無大小，必出於己。凡調發綱吏，度漕路遠近，定先後爲成法，於是勞逸均，吏不能爲重輕。官舟禁私載，舟兵無以自給，則盡盜官米爲奸。有能居販自贍者，市人持以法，不肯償所逋。鼎爲移州縣督償之，舟人有以自給，不爲奸，而所運米未嘗不足也。入爲三司鹽鐵副使。數與包拯爭議，不少屈。拯素強，然無如之何。遷刑部郎中、天章閣待制、河北都轉運使，徙使河東，卒。

鼎性廉不欺，嘗任其子，族人欲增年以圖速仕，鼎不可。父死，分諸子以財，鼎悉推與其弟。嘗知臨邛縣，轉運使選攝新繁，新繁多職田，斗粟不以自入。奉使契丹，得千縑，散之族人，一日盡。所至不擾，唯市飲食日用物，增直以償。事繼母孝，教育孤姪甚至，自奉養儉約。當官明敏，強直不可撓。所薦士多知名，有終身不識者。然性猜忌，其行部，至於藥餌，皆手自扃鐍。至潞州八義館〔三〕，疾作，不知人事，左右遑遽，發槖奩，悉無題識，莫敢進，以迄於卒。初，鼎與弟豫皆有才氣，好上書言事，仁宗稱之，以爲豫孟浪，鼎所言多可用。豫爲人不事羈檢，以大理寺丞〔三〕知伊闕縣，有異政。棄官浮游江、湖間，殖貨自給以卒。

杜杞字偉長。父鎬，蔭補將作監主簿，知建陽縣。強敏有才。閩俗，老而生子輒不舉。杞使五保相察，犯者得重罪。累遷尚書虞部員外郎、知橫州。時安化蠻寇邊，殺知宜州王世寧，出兵討之。杞言：「嶺南諸郡，無城郭甲兵之備，牧守非才。橫爲邕、欽、廉三郡咽喉，地勢險阻，可屯兵爲援。邕管內制廣源，外控交趾，願擇文臣識權變練達嶺外事者，以爲牧守，使經制邊事。」改通判眞州，徙知解州，權發遣度支判官。盜起京西，掠商、鄧、均、房，焚光化軍，授京西轉運、按察使。居數月，賊平。

會廣西區希範誘白崖山蠻蒙趕反，有衆數千，襲破環州、帶溪普義鎭寧砦，嶺外騷然。擢刑部員外郎、直集賢院、廣南西路轉運按察安撫使。行次眞州，先遣急遞以書諭蠻，聽其自新。次宜州，蠻無至者。杞得州校，出獄囚，脫其械，使入洞說賊，不聽。乃勒兵攻破白崖、黄坭、九居山砦及五峒，焚毁积聚，斩首百余级，复环州。贼散走，希范走荔波洞，杞遣使诱之，赴来降。杞谓将佐曰：「贼以穷蹙降我，威不足制则恩不能怀，所以数叛，不如尽杀之。」乃击牛马，为曼陀罗酒，大会环州，伏兵发，诛七十余人。后三日，又得希范，醢之以遗诸蛮，因老病而释者，才百余人。御史梅挚劾杞杀降失信，诏戒谕之，为两浙转运使。明年，徙河北，拜天章阁待制、环庆路经略安抚使、知庆州。杞上言：「杀降者臣也，得罪不敢辞。将吏劳未录，臣未敢受命。」因为行赏。蕃酋率众千余内附，夏人以兵索酋而劫边户，掠马牛，有诏责杞。杞言：「彼违誓举兵，酋不可与。」因移檄夏人，不偿所掠，则酋不可得，既而兵亦罢去。

杞性强记，博览书传，通阴阳数术之学，自言吾年四十六死矣。一日据厕，见希范与赴在前诉冤，叱曰：「尔狂僭叛命，法当诛，尚敢诉邪！」未几卒。有奏议十二卷。

兄植，以文雅知名，累任监司，终少府监。弟枢，亦强敏，为比部员外郎。有张彦方者，温成皇后母越国夫人客也。坐奸利论死，语连越国夫人。开封不敢穷治，执政以后故，亦不复诘。狱上，中书遣枢虑问，枢扬言将驳正；亟改用谏官陈升之，权倖切齿于枢。前此，御史中丞王举正留百官班论张尧佐除宣徽使，枢尝出班问其故。至是，盖累月矣，坐是罪枢，绌监衡州税，卒。

楊畋字樂道，保靜軍節度使重勳之曾孫。進士及第，授秘書省校書郎、幷州錄事參軍，再遷大理寺丞、知岳州。慶曆三年，湖南徭人唐和等劫掠州縣，擢殿中丞、提點本路刑獄，專治盜賊事。乃募才勇，深入峒討擊。然南方久不識兵，士卒多畏懾。及戰孤漿峒，前軍衄，大兵悉潰，畋踣巖下，藉淺草得不死。卒厲衆平六峒，以功，遷太常博士。未幾，坐部將胡元戰死，降知太平州。歲餘，賊益肆。帝遣御史按視，還言：「畋嘗戰山下，人樂爲用，今欲殄賊，非畋不可。」乃授東染院使、荆湖南路兵馬鈐轄。賊聞畋至，皆恐畏，踰嶺南遁。又詔往韶、連等州招安之。乃約賊使出峒，授田爲民，而轉運使欲授以官與貲，納質使還。畋曰：「賊剽攻湖、廣七年，所殺不可勝計，今使飽貲粮、據峒穴，其勢不久必復亂。」明年春，賊果復出陽山。畋即領衆出嶺外，涉夏、秋，凡十五戰，賊潰，畋感瘴疾歸。蠻平，願還舊官，改尙書屯田員外郎、直史館、知隨州。

召還，爲三司戶部判官，奉使河東。丁父憂，會儂智高陷邕州，召至都門外，辭以喪服不敢見。仁宗賜以服飾御巾，入對便殿。卽日，除起居舍人、知諫院、廣南東西路體量安撫、經制賊盜。畋至韶州，會張忠戰死，智高自廣州回軍沙頭，將濟。畋令蘇緘棄英州，蔣偕焚粮儲，及召开贇〔四〕、岑宗閔、王從政退保韶州。賊勢愈熾，畋不能抗，遂殺蔣偕、王正倫，敗陳曙，復據邕州。畋坐是落知諫院、知鄂州，再降爲屯田員外郎、知光化軍。明年，又降爲太常博士，歲終，徙邠州。

復起居舍人，爲河東轉運使。入爲三司戶部副使，遷吏部員外郎。奉使契丹，以曾伯祖業嘗陷虜，辭不行。河北舊以土絹給軍裝，三司使張方平易以他州絹。畋既同書奏聞，外議籍籍，又密陳其不可。久之，擢天章閣待制兼侍讀、判吏部流內銓。上言：「願擇宗室之賢者，使侍膳禁中，爲宗廟計。」

嘉祐三年冬，河北地震。明年，日食正旦。復上疏曰：「漢成帝時，日食地震，哀、平之世，嫡嗣屢絕，此天所以示戒也。陛下宜早立皇嗣，以答天意。」改知制誥。李珣自防禦使遷觀察，劉永年自團練使遷防禦，畋當草制，封還詞頭。因言：「祖宗故事，郭進戍西山，董遵誨、姚內斌守環、慶，與強寇對壘，各十餘年，未嘗轉官移鎮，重名器也。今珣等無尺寸功，特以外戚故除之，恐非祖宗意。」不報，詔他舍人草制。而范鎮言：「朝廷如以畋言爲是，當罷珣等所遷官；倘以爲非，乞復令畋命詞。」不允。進龍圖閣直學士，復知諫院。

嘉祐六年，京師大水，畋上言：「洪範五行傳：『簡宗廟則水不潤下。』又曰：『聽之不聰，厥罰常水。』去年夏秋之交，久雨傷稼，澶州河決，東南數路，大水爲沴。陛下臨御以來，容受直諫，非聽之不聽也。以孝事親，非簡於宗廟也。然而災異數見，臣愚殆以爲萬機之聽，必有失於審者；七廟之享，必有失於順者，惟陛下積思而矯正之。」乃下其章禮官并兩制考議，咸言南郊三聖並侑，溫成皇后立廟，皆違經禮。於是詔：「自今南郊以太祖皇帝定配，改溫成廟爲祠殿。」

舊制，內侍十年一遷官。樞密院以爲僥倖，乃更定歲數倍之。旼言：「文臣七遷，而內侍始得一磨勘，爲不均。宜如文武官僚例，增其歲考。」遂詔南班以上仍舊制，無勞而嘗坐罪徒者〔五〕，即倍其年。議者謂旼以士人比閹寺爲失。卒，贈右諫議大夫。

旼出於將家，折節喜學問，爲士大夫所稱。在山下討蠻，家問至，即焚之，與士卒同甘苦，破諸峒。及用之嶺南，以無功斥，名稱遂衰。性淸介謹畏，每奏事，必發封數四而後上之。自奉甚約，爲郡待客，雖監司，菜果數器而已。及卒，家無餘貲，特賜黃金二百兩。其後端午〔六〕贈講讀官，御飛白書扇，遣使特賜置其柩。

周湛字文淵，鄧州穰人。進士甲科，爲開州推官。中身言書判，改秘書省著作佐郎、通判戎州。俗不知醫，病者以祈禳巫祝爲事，湛取古方書刻石教之，禁爲巫者，自是人始用醫藥。累遷尚書都官員外郎、知虔州，提點廣南東路刑獄。

初，江、湖民略良人，鬻嶺外爲奴婢。湛至，設方略搜捕，又聽其自陳，得男女二千六百人，給飲食還其家。徙京西路，鄧州美陽堰歲役工數十萬，溉州縣職田，而利不及民，湛奏罷之。爲鹽鐵判官，三司帳籍浩煩，吏胥離析爲弊欺。湛爲立勘同法，歲減天下計帳七千。爲江南西路轉運使，州縣簿領案牘，淆混無紀次，且多亡失，民訴訟無所質，至久不能決。湛爲立號，以月日比次之，詔下其法諸路。又以徭賦不均，百姓巧於避匿，因條其詭名挾佃之類十二事，且許民自言，凡括隱戶三十萬。

還爲戶部判官，又爲夔州路轉運使。雲安鹽井歲賦民薪茅，至破產責不已，湛爲蠲鹽課而省輸薪茅。判鹽鐵勾院，以太常少卿直昭文館，爲江、淮制置發運使。陛辭，仁宗誡以毋納包苴于京師。湛惶恐對曰：「臣蒙聖訓，不敢苟附權要，以謀進身。」湛治煩劇，能得其要，所至喜條上利害，前後至數十百事。天資強記，吏胥滿前，一見輒識其姓名。大江歷舒州長風沙，其地最險，謂之石牌灣，湛役三十萬工，鑿河十里以避之，人以爲利。

除度支副使。舊制，發運司保任軍將至三司，不得考覆而皆遷之。至是，以名上者三十五人，湛盡覆其濫者。拜右諫議大夫。使契丹，辭不行。

知襄州，襄人不善陶瓦，率爲竹屋，歲久侵據官道，簷廡相逼，火數爲害。湛至，度其所侵，悉毀徹之，自是無火患。然豪姓不便，提點刑獄李穆奏湛擾人，徙知相州。右司諫吳及疏曰：「湛裁損居民第，爲官也；百姓侵官而主司禁之，其職然也。況聞湛明著律令，約民以信，乃奉法行事，百姓自知罪不敢訴。郡從事高直溫，夏竦子壻也。竦邸店最廣，故加譖於穆，且謂湛伐木若干株。昔之民居侵越官道，木在道側，既正其侵地，則木在中衢，固宜翦去。又湛種楸桐千餘本，課戶貯水，以嚴火禁。又於民居得衆汲舊井四，廢而復興，人得其利。道傍之井，反在民居之下，其侵越豈不白乎？望詔執政大臣辨正湛、穆是非，明垂獎黜。若謂湛已行之命，憚於追改，是傷風敗俗，貽患於後，不若追改之愈也。湛守大郡，於湛不爲重輕，但國家舉錯有所未安，奉職者將何以勸邪？」未幾卒。湛爲人脫易，少威儀，然善射弩，雖隔屋亦中的云。

徐的字公準，建州建安人。擢進士第，補欽州軍事推官。欽土煩鬱，人多死瘴癘。的見轉運使鄭天監，請曰：「徙州瀕水可無患，請轉而上聞。」從之，天監因奏留的使辦役。的短衣持梃，與役夫同勞苦，築城郭，立樓櫓，以備戰守。畫地居軍民，爲府舍、倉庫、溝渠、廛肆之類，民皆便之。

遷大理寺丞、知吳縣，移梁山軍，通判常州。屬歲饑，出米爲糜粥以食餓者。累遷尙書屯田員外郎、知臨江軍，擢廣南西路提點刑獄。安化州蠻攻殺將吏，所部卒畏誅，謀欲叛。的馳至宜州，慰曉之曰：「爾曹亡懼，能出力討賊，猶可立功以自贖。若朝叛則夕死，非計也。」衆皆斂手聽命。奏復澄海、忠敢軍，後皆獲其用。改知舒州，徙荆湖北路轉運使。辰州蠻彭士義爲寇，的開示恩信，蠻黨悔過自歸。

攝江陵府事，城中多惡少年，欲爲盜，輒夜縱火，火一夜十數發。的籍其惡少年姓名，使相保任，曰：「爾輩遞相察，不然，皆爾罪也。」火遂息。太子洗馬歐陽景猾橫不法，爲里人害，的發其奸，竄之嶺外。以兵部員外郎爲淮南、江、浙、荆湖制置發運副使。奏通泰州海安、如皋縣漕河，詔未下，的以便宜調兵夫濬治之，出滯鹽三百萬，計得錢八百萬緡。遂爲制置發運使。

軍賊王倫起山東，轉掠淮南，的團兵待之。會靑州改遣裨將傅永吉追殺入歷陽，的與賞，遷工部郎中。復治泰州西溪河，發積鹽，加直昭文館。區希範、蒙趕寇衡湘，命的招撫之。既至，再宿，會蠻酋相繼出降。三司以郊祠近，宜召還計事，既還，蠻復叛。除度支副使、荆湖南路安撫使，至桂陽，降者復衆。其欽景、石硋、華陰、水頭諸洞不降者，的皆討平之，斬其酋熊可淸等千餘級。卒於桂陽。

論曰：宋承平時，書生知兵者蓋寡，偕、沿數上書言邊事，策畫論議，有得有失，固皆一時之俊。畋由將家子力學第進士，再討傜賊，前勝後敗，兵家之常也。杞、的俱以征宜州蠻立功，杞則殺降失信，的則招徠以恩，其優劣槪可見矣。湛強敏，所至有治績，史稱善射，抑亦文臣之習武事者歟。鼎性孝友，自奉甚約，而疎於財，居官淸辦，土俗有生子不舉者輒禁之，獨發摘吏奸貽衆怒，或以「虎」目之，豈其然乎？

姚仲孫字茂宗，本曹南著姓，曾祖仁嗣，陳州商水令，因家焉。父曄，舉進士第一，官至著作佐郎。仲孫早孤，事母孝。擢進士第，補許州司理參軍。民婦馬氏夫被殺，指里胥嘗有求而其夫不應，以爲里胥殺之，官捕繫辭服。仲孫疑其枉，知州王嗣宗怒曰：「若敢以身任之耶？」仲孫曰：「幸毋遽決，冀得徐辨。」後兩月，果得殺人者。

調邢州推官，徙資州。轉運使檄仲孫詣富順監按疑獄，全活數十人。資州吏二守，皆惛老，事多決於仲孫。改大理寺丞、知建昌縣。初，建昌運茶抵南康，或露積于道，間爲霖潦所敗，主吏至破產不能償。仲孫爲劵，吏民輸山木，卽高阜爲倉，邑人利之。徙通判彭州。嘗以天下久無事，不可以弛兵備，因上前世禦戎料敵之策，名防邊龜鑑。通判睦州，徙滁州。歲旱饑，有詔發官粟以賑民，而主吏不時給。仲孫旣至州，立劾主吏，夜索丁籍盡給之。累遷尚書屯田員外郎。

王疇守益州，辟通判州事。召爲右司諫。入內都知閻文應求爲都知，仲孫數其罪，白上曰：「方帝齋宿太廟，而文應叱醫官，聲聞行在。郭皇后暴薨，中外莫不疑文應寘毒者。」出文應爲秦州兵馬鈐轄，又稱疾留，復論奏，乃亟去。

以起居舍人知諫院，管勾國子監，以尙書戶部員外郎兼侍御史知雜事。時諫議大夫十二員，仲孫曰：「諫議大夫蓋朝廷之選，不宜以歲月序進。今諸寺卿至前行郎中三十五員，貼近職者猶不在數，若以年勞授，則數年之外，諫議大夫員益多。請覈其選，以處材望之臣，餘悉次補卿監。」乃詔當選者奏聽旨。先是，諸路復提點刑獄，還朝多擢爲省府官。仲孫請第其課爲三等升黜之，卽詔仲孫司考課之法。

歷三司戶部、度支、鹽鐵副使，進天章閣待制、河北都轉運使。大修城壘兵備，仁宗賜詔褒之。權知澶州，河壞明公埽，絕浮橋，仲孫親總役堤上，埽一夕復完。權知大名府，夜領禁兵塞金堤決河。是歲，澶、魏雖大水，民不及患。進禮部郎中、龍圖閣學士，徙陝西都轉運使，未行，權三司使事。屬西北備邊，募兵益屯及賞賜、聘問之費，不可勝計。仲孫悉心經度，雖病，未嘗輒廢事。坐小吏詐爲文符，出知蔡州。因母憂喪一目，卒。

陳太素字仲華，河南緱氏人。中進士第。嘗爲大理詳斷官〔七〕，入審刑爲詳議官，權大理少卿，又判大理事。任刑法二十餘年，朝廷有大獄疑，必召與議。太素爲推原人情，以傅法意，衆皆釋然，自以爲不及。雖號明習法令，然所論建，亦或有不中。每臨案牘，至忘寢食，大寒暑不變。子弟或止之，答曰：「囹圄之苦，豈不甚於我也。」歷知江陰軍、兗州、明州，有治跡。在大理，耳疾，數求罷，執政以爲任職，弗許。累官至尙書兵部郎中，卒。太素家行修治，尤喜論刑名。常以爲有司議法，當據文直斷，不可求曲當法；求曲當法，所以亂也。

同時有馬尋者，須城人。舉毛詩學究，累判大理寺，以明習法律稱。歷提點兩浙陝西刑獄、廣東淮南兩浙轉運使，知湖、撫、汝、襄、洪、宣、鄧、滑八州。襄州饑，人或羣入富家掠囷粟，獄吏鞫以強盜，尋曰：「此脫死爾，其情與強盜異。」奏得減死，論著爲例。終司農卿。

又有杜曾者，濮州人。爲吏號知法，嘗言：「國朝因唐大中制，故殺，人雖已傷未死、已死更生，皆論如已殺。夫殺人者死，傷人者刑，先王不易之典。律雖謀殺已傷則絞，蓋甚其處心積慮，陰致賊害爾。至於故殺，初無殺意，須其已死，乃有殺名；苟無殺名而用殺法，則與謀殺孰辨？自大中之制行，不知殺幾何人矣。請格勿用。」又言：「近世赦令，殺人已傷未死者，皆得原減，非律意。請傷者從律保辜法，死限內者論如已殺，勿赦。」皆著爲令。

李虛己字公受，五世祖盈，自光州從王潮徙閩，遂家建安。父寅，有淸節，仕江南李氏，至諸司使。江南國除，授殿前承旨，辭不拜。時僞官皆入留京師，而寅母獨在江南，乃遣其長子歸養。舉進士，起家爲衢州司理參軍。母老，棄官以歸。虛己亦中進士第，歷沈丘縣尉，知城固縣，改大理評事，累遷殿中丞，提舉淮南茶場。召知滎州，未行，改遂州。

時太宗勵精政事，嘗手書累二十餘紙，曰：「公勤潔己、奉法除奸、惠愛臨民者，乃可書爲勞績，月給奉以實錢。」命有司擇羣臣以治最聞者賜之，仍諭曰：「除奸之要，在乎奉法，不可因以生事。」時虛己被賜，因獻詩自陳父子遭遇，榮及祖母。帝悅，爲批其紙尾曰：「虛己學古入官，榮親事生，奉書爲郡，欲布新規，朕得良二千石矣。」遂賜五品服，又賜其祖母錢五十萬，命翰林學士張洎會兩制、三館儒臣徧閱所批詔。其後以南郊恩封羣臣母妻，虛己又請罷其妻封以授祖母，詔悉封之，世以爲榮。

會遣使察川峽吏能否，而州多不治，唯虛己與薛顏、邵曄、查道數人，以能任職稱。再遷尚書屯田員外郎。以便親，請通判洪州。是時寅已謝歸，春秋高，寅母尚無恙，虛己雙轝迎侍。寅至豫章，樂其山水，曰：「此可以終吾身也。」遂臨州之東湖，築第宇以居。虛己爲侍御史，出提點荆湖南路刑獄，徙淮南轉運副使，累遷兵部郎中，爲龍圖閣待制，歷判大理寺。久之，求補外，眞宗稱其儒雅循謹，特遷右諫議大夫。數月，出知河中府。召權御史中丞。未幾，以疾辭，進給事中、知洪州。遷尚書工部侍郎，徙池州。求分司南京，卒。初，寅之請老，年未六十。虛己分司而歸，年六十九。其季虛舟仕至餘干縣令，坐法免官，不復言仕。

初，太宗既賜虛己錢，翌日，以語宰相曰：「虛己詩思可嘉，予錢五十緡矣。」宰相對以所予乃五十萬，帝知其誤，由是詔羣臣以章獻者閤門勿受，皆由中書門下閱而上之。然論者謂虛己父子篤行，家甚貧，雖人主一時之誤，殆天賜也。寅事親孝，治家有法，閨門之內肅如也。虛己、虛舟又以孝友淸愼世其家。虛舟之子寬，爲尙書金部郎中；定，爲司農少卿，爲吏頗有能名。

虛己喜爲詩，數與同年進士曾致堯及其壻晏殊唱和。初，致堯謂曰：「子之詞詩雖工，而音韻猶啞。」虛己未悟。後得沈休文所謂「前有浮聲，則後須切響」，遂精於格律。有雅正集十卷。

張傅字巖卿，唐初功臣公謹之裔。祖播，爲亳州團練副使，子孫因爲譙人。傅進士及第，稍遷秘書省著作佐郎、知奉符縣。時方修會眞宮、天書觀及增治岳祠，以辦事稱，賜錢二十萬。宰相向敏中册東岳帝號還，薦之，知楚州。會歲饑，貽書發運使求貸粮，不報。因歎曰：「民轉死溝壑矣，報可待邪？」乃發上供倉粟賑貸，所活以萬計，因拜章待罪，詔獎之。提點江西刑獄，徙江東，就除轉運使，入權三司鹽鐵判官。會河決濟北，民多被害，命安撫京東。累遷工部郎中，出爲兩浙轉運使，改荆湖北路，復爲鹽鐵判官，再遷兵部，爲陜西轉運使，徙江、淮發運使，未至，召還。屬西京奏兵食乏，因言馮翊、華陰積粟多，可運二十萬石，繇三門下濟之。遂留爲侍御史知雜事，判吏部流內銓，進三司度支副使。以疾請外，遷太常少卿、知應天府。逾月，爲右諫議大夫，徙青州，遷給事中、知鄆州，復知應天府，遂以工部侍郎致仕，卒。

傅強力治事，七爲監司，所至審覈簿書，勾擿奸隱，州縣憚之。傅曰：「奚爲我憚哉。吾所以事事致察者，正所以愛州縣也。吏不敢慢，則州縣不復犯法矣。」人亦以爲然。天禧中，有術士自言數百歲，少時嘗游秦悼王家，歷見唐肅宗、代宗朝，由是出入禁中，見尊重，人無敢詰其僞。傅見之，訊以唐事，術士語屈。

俞獻卿字諫臣，歙人。少與兄獻可以文學知名，皆中進士第。獻可有吏稱，歷吏部郎中、龍圖閣待制。獻卿起家補安豐縣尉。有僧貴寧，積財甚厚，其徒殺之，詒縣給言師出遊矣。獻卿曰：「吾與寧善，不告而去，豈有異乎？」其徒色動，因執之，得其所瘞尸，一縣大驚。再調昭州軍事推官，會宜州陳進亂，象州守不任事，轉運使檄獻卿往佐之。及至，守謀棄城，獻卿曰：「臨難苟免，可乎？賊至，尙當力擊；不勝，有死而已，奈何棄去。」初，昭州積緡錢鉅萬，獻卿盡用平糴，至積穀數萬，及是大兵至，賴以饋軍。改大理寺寺丞，爲本寺詳斷官。歷知愼、仁和二縣，再遷太常博士、知南雄州，徙潮州。

除殿中侍御史，爲三司鹽鐵判官。上言：「天下穀帛日益耗，物價日益高，欲民力之不屈，不可得也。今天下穀帛之直，比祥符初增數倍矣。人皆謂稻苗未立而和糴，桑葉未吐而和買。自荆湖、江、淮間，民愁無聊，轉運使務刻剝以增其數，歲益一歲。又非時調率營造，一切費用，皆出於民，是以物價積高，而民力積困也。陛下誠以景德中西、北二邊通好最盛之時一歲之用，較之天禧五年，凡官吏之要冗，財用之盈縮，力役之多寡，賊盜之增減，較然可知其利害也。況自天禧以來，日侈一日，又甚于前。夫危不盈者漏在下，木不茂者蠹在內。陛下宜知其有損於彼，無益於此，與公卿大臣，朝夕圖議而救正之。」帝納其言，爲罷諸宮觀兵衞，又命官除無名之費以鉅萬計。

淮、浙鹽利不登，命獻卿往經度之，更立新法，歲增鹽課緡錢甚衆。會其兄爲鹽鐵副使，徙開封府判官。朝廷擇陝西轉運使，宰相連進數人，不稱旨。他日，獻卿在所擬中。帝曰：「此可以除陝西轉運使。」時邊吏多因事邀功，涇原路鈐轄擅於武延川〔八〕鑿邊壕、置堡砦，獻卿度必招寇患，亟檄罷之。未幾，賊果至，殺將士，塞所鑿壕而去。徙京西。因入對，甚言趙振堪將帥，范仲淹、明鎬可大用，及條上邊策甚備。

除福建轉運使，還判三司鹽鐵勾院，累遷尚書刑部郎中、直史館、知荆南，歷戶部、度支、鹽鐵副使，以右諫議大夫、集賢院學士知杭州。暴風，江潮溢決堤，獻卿大發卒鑿西山，作堤數十里，民以爲便。還，勾當三班院，知通進、銀臺司，最後知應天府，以刑部侍郎致仕，卒。

陳從易字簡夫，泉州晉江人。進士及第，爲嵐州團練推官，再調彭州軍事推官。王均盜據成都，連陷綿、漢諸郡，彭人謀殺兵馬都監以應之。時從易攝州事，斬其首謀者，召餘黨曉以禍福，貰之，衆皆呼悅。乃率厲將吏，修嚴守械，戒其家僮積薪舍後，曰：「吾力不足以守，當死於此。」賊聞其有備，不敢入境。賊平，安撫使王欽若以狀聞，召爲秘書省著作佐郎、大理寺詳斷官。遷太常博士，出知邵武軍。預修册府元龜，改監察御史。眞宗宴近臣崇和殿，召從易預，賦詩稱旨。遷侍御史，改刑部員外郎、直史館、知虔州。會歲大饑，有持杖盜取民穀者，請一切減死論，凡生者千餘人。

天禧中，坐薦送别頭進士失實，降工部員外郎。以父老，求鄉郡。宰相寇準惡其踈己，除吉州，從易因對自言改福州。未行，遭父喪，服除，糾察在京刑獄，出爲湖南轉運使，徙知荆南，擢太常少卿、直昭文館、知廣州。又坐嘗課校太淸樓書字非僞誤而從易妄判竄之，降直史館。明年復職。在廣三年，以淸德聞。入爲左司郎中、知制誥。

初，景德後，文士以雕靡相尚，一時學者鄉之，而從易獨守不變。與楊大雅相厚善，皆好古篤行，時朝廷矯文章之弊，故並進二人，以風天下。兼史館修撰，遷左諫議大夫。命使契丹，以年老，辭不行。又辭職請補郡，進龍圖閣直學士、知杭州，卒。

從易好學強記，爲人激直少容，喜別白是非，多面折人，或尤其過，從易終不變。王欽若最善之，嘗謂人曰：「數日不見簡夫，輒忽忽不懌。」及廢居南京，時丁謂方用事，人畏謂，無敢往見欽若者。從易將使湖南，欲過之，遇汴水旱涸，遂告謂曰：「從易願使湖外者，非獨爲貧也，亦以王公在宋，故就省之爾。今汴涸，義不可從他道進，幸公許少留。」謂卽大喜曰：「王公之門，獨君爲知我者。」留權糾察刑獄，從易不敢當，乃聽歸館，須汴通乃行。時寇準貶道州，謂又謂從易曰：「盧陵之事，可以釋憾矣。」從易對曰：「當以故相事之爾。」謂有愧色。其行志多類此。所著泉山集二十卷，中書制稿五卷，西淸奏議三卷。

楊大雅字子正，唐靖恭諸楊虞卿之後。虞卿孫承休，唐天祐初，以尙書刑部員外郎爲吳越國册禮副使，楊行密據江、淮，道阻不克歸，遂家錢塘。大雅，承休四世孫也。錢俶歸朝，挈其族寓宋州。大雅素好學，日誦數萬言，雖飲食不釋卷。進士及第，歷新息、鄢陵縣主簿，改光祿寺丞、知新昌縣，徙知潯州，監在京商稅，再遷秘書丞。

咸平中，交趾獻犀，因奏賦，召試，遷太常博士。久之，又上書自薦，獻所爲文，復召試。直集賢院，出知筠、袁二州，提舉開封府界諸縣鎭事，爲三司鹽鐵判官，知越州，提點淮南路刑獄。還，考試國子監生，坐失薦，迭降監陳州酒。徙知常州，判三司都磨勘司、戶部勾院。遷集賢殿修撰、知應天府。還，糾察在京刑獄，以兵部郎中知制誥。大雅初名侃，至是，避眞宗藩邸諱，詔改之。居二歲，拜右諫議大夫、集賢院學士、知亳州，卒。

大雅朴學自信，無所阿附，直集賢院二十五年不遷，有出其後者，往往致榮顯。或笑其違世自守，大雅嘆曰：「吾不學乎世，而學乎聖人，由是以至此。吾之所有，不敢以薦於人，而嘗自獻乎天子矣。」天禧中，使淮南，循江按部，過金陵境上，遇風覆舟，得傍卒拯之，及岸，冠服盡喪。時丁謂鎭金陵，遣人遺衣一襲，大雅辭不受，謂以爲歉。宰相王欽若亦不悅之。晚與陳從易並命知制誥。大雅嘗因轉對，上原治十七篇。所著大隱集三十卷，西垣集五卷，職林二十卷，兩漢博聞十二卷。

論曰：仲孫以才力自奮於時，論事著效，號爲能吏。太素、尋、曾能知法意，理官之良

也。虛己、獻卿立朝雖微，卓犖大節，及爲他官，所至有吏稱。若從易拒釋憾之言，大雅辭

襲衣之遺，卒使權奸愧歎，抑又可尚哉。

校勘記

〔一〕涇原路經略安撫招討使兼知渭州　「渭州」原作「滑州」。按涇原路經略安撫使治所在渭州，見本書卷八七地理志；宋代安撫使例以守臣兼任，則王沿所兼知的當是渭州，下文有「賊乘勝犯渭州，沿率州人乘城」語可證。長編卷一二九正作「渭州」，據改。

〔二〕潞州八義館　「潞州」原作「路州」。按宋無「路州」，而河東路有潞州。金史卷二六地理志「潞州」條，上黨縣有八義鎮。今改。

〔三〕大理寺丞　「寺」原作「事」。按本書卷一六五職官志，有大理寺丞，無「大理事丞」，「事」是「寺」字之訛，今改。

〔四〕开賛殿、局本作「幵賛」，疑當作「亓賛」，參見本書卷一五神宗紀校勘記〔四〕。

〔五〕無勞而嘗坐罪徙者　「徙」原作「徒」，據長編卷一九五、編年綱目卷一六改。

〔六〕端午　原作「端平」。按宋代大臣生日，正旦、端午、重陽、冬至等節，例有賞賜。端午在夏日，故仁宗常用飛白體書扇贈給大臣。宋會要崇儒六之六說：「〔天聖〕四年五月端午，遣內侍賜中書、

樞密院御書飛白扇子各一合。」可證。長編卷一九六載楊畋此事作「端午」，「端平」係「端午」之訛，據改。

〔七〕詳斷官　原作「評斷官」。按本書卷一六五職官志，大理寺無評斷官而有詳斷官；本卷俞獻卿、陳從易傳，兩人都做過大理寺詳斷官，「評」是「詳」字之訛。據改。

〔八〕武延川　原作「武英州」，據劉敞公是集卷五三俞獻卿墓誌銘、武經總要前集卷一八改。